Journaliste

Concours d'entrée en école de journalisme

■ Anne-Lise Carlo,
journaliste

■ Yoanna Sultan-R'bibo,
journaliste

Sup'FOUCHER

ISBN 978-2-216-11315-6

Sommaire

PARTIE 3

PARTIE 4

Les épreuves d'admission

PARTIE 4

PARTIE 5

Annales journalisme 2009

Devenir journaliste

« Je panique complètement ! L'épreuve d'actualité, je ne sais vraiment pas comment la travailler. J'ai l'impression de me perdre dans ma préparation. »
À l'approche des concours, Sarah s'angoisse, en mal de méthodes et de conseils.
Il y a quelques années, nous étions à sa place, décontenancées par ces concours d'un genre particulier. Aujourd'hui journalistes, nous avons eu envie d'écrire un guide. Un guide pour vous permettre de réussir les concours aux écoles de journalisme, concours à la fois originaux, passionnants, et déstabilisants.
Un guide pour répondre à vos interrogations, vos doutes et vous proposer des conseils de préparation.
« Les concours de journalisme ? Mais ça ne se prépare pas ! » Ce discours, vous l'entendrez souvent, de la part de ceux qui redoutent le formatage des candidats. Il est vrai que ces concours ne se « bachotent » pas. D'ailleurs, notre ouvrage ne vous donnera pas le moule de la réussite. Il est fait pour vous orienter, vous rassurer. Bien plus qu'un simple livre de révisions, ce guide décrypte les attentes des examinateurs, les spécificités des épreuves, les méthodes pour les préparer. Au fil des pages, d'anciens candidats, aujourd'hui journalistes, vous livrent leurs témoignages et vous conseillent.
Leur expérience vous permettra de saisir l'état d'esprit de ces concours faits d'épreuves concrètes, pratiques, qui vous plongent dans le bain journalistique.
À vous de jouer le jeu et de révéler le journaliste qui est en vous ! Soyez dès aujourd'hui curieux et ouverts sur le monde.
Plus qu'un métier, le journalisme est une passion. Avoir envie de rendre compte, d'expliquer, aimer les gens, être à leur écoute et transmettre leur message. Au quotidien, le journaliste porte une responsabilité, celle d'être à la source de l'information. Au-delà du cliché du grand reporter couvrant les conflits aux quatre coins du monde, il existe de multiples façons d'exercer ce métier. Du localier au correspondant à l'étranger, en passant par le pigiste ou le secrétaire de rédaction... tous partagent le même désir d'informer. C'est de cette réalité du métier qu'il faut être conscient avant de se lancer dans l'aventure des concours. Une aventure longue, exigeante, mais qui en vaut la peine.

Les auteurs.

Paroles de candidats

Qu'on les ait passés il y a deux, cinq, ou vingt ans, les concours des écoles de journalisme restent gravés dans un petit coin de la mémoire. Les anciens candidats sont donc les mieux placés pour vous livrer leurs impressions et vous donner quelques conseils précieux.

1 Conseils

« Fais tout pour te différencier. Voilà ce que je dirais à un candidat. Les examinateurs attendent des gens qui ont de la personnalité. On ne leur demande pas d'être parfaitement au point sur le choix d'un angle, ni de connaître sur le bout des doigts les données démographiques du Bénin, mais de montrer qu'ils connaissent et aiment l'actualité, tout en cultivant un esprit critique et une façon de penser originale.
De la même manière, montrer que l'on est passionné ne pourra jamais vous desservir. »

Florent Maurin, candidat aux concours en 2000.

« Il faut avoir confiance en soi. Beaucoup de choses en dépendent. Il faut se dire qu'on n'est pas moins bon que son voisin. Et surtout, ne pas se décourager.
Un échec la première année, ce n'est rien, et ça arrive à tout le monde. Il faut s'y remettre, retenter sa chance l'année d'après, de manière plus décontractée, et avec un peu plus de recul. »

Audrey Guiller, candidate aux concours en 2001.

« Je conseille de ne pas hésiter à prendre contact en amont avec un "jeune ancien" de l'école. Cela vous donnera des repères. Vous trouverez leurs coordonnées sur les sites Internet des écoles. Ils sont en général de bon conseil ! »
Thomas Baumgartner, candidat aux concours en 1999.

« Quel que soit votre classement à l'écrit, dites-vous que rien n'est joué. Les derniers peuvent très bien remonter dans le classement après l'oral, et les premiers dégringoler. »

Célia Mériguet, candidate aux concours en 2000.

« Un conseil : sélectionnez attentivement les concours que vous avez envie de passer. Ne les tentez pas tous, cela ne sert à rien, et c'est épuisant ! »

Pierre Bonnet, candidat aux concours en 2000.

« Il ne faut jamais lâcher le morceau ! Oubliez les autres qui tentent de vous impressionner, en récitant par cœur le nom de tous les chefs d'État africains depuis quarante ans ! Prenez du plaisir, et faites-vous confiance, même si on a l'horrible impression de ne rien retenir et de ne rien savoir. »

Charlotte Patron, candidate aux concours en 2000.

« Je pense qu'il faut vraiment s'imprégner du milieu, entrer dans le bain journalistique. Pendant quelques mois, lisez des bouquins, rencontrez des journalistes, faites des stages. Cela vous aidera beaucoup. »

Elsa Fayner, candidate aux concours en 2001.

2 Impressions

« Le concours m'a paru évidemment très différent des examens que j'avais passés jusque-là, en médecine et en lettres. Mais je l'ai trouvé assez bien adapté au métier auquel nous aspirons. Contrairement aux examens universitaires qui évaluent un savoir et une capacité conceptuelle à l'exprimer, j'ai eu le sentiment que pour ce concours, j'étais jugé sur une personnalité et sur mon degré d'adaptation concrète au genre de travail qui m'attendait. »

Jean-Yves Boulic, candidat au CFJ en 1967, éditorialiste à *Ouest-France*.

« Ces concours, c'est vraiment l'usine ! On se retrouve dans des amphis où il y a des centaines de candidats (on retrouve souvent les mêmes, d'ailleurs), c'est assez impressionnant. Si bien que l'on se demande si on a la moindre chance d'aller jusqu'à l'oral. Un conseil : rester motivé ! »

Léo Pajon, candidat aux concours en 2000.

« On ne les oublie jamais ! Vingt ans après, je peux encore vous dire tous les sujets sur lesquels je suis tombée. D'ailleurs, lorsque je suis devenue membre du jury, je ne pouvais m'empêcher de me mettre à la place des candidats ! C'était comme si j'avais le trac pour eux. »

Béatrice Houchard, candidate aux concours en 1976, membre du jury au CFJ.

« Mon souvenir des concours ? Des rencontres, des moments sympas, mais, il ne faut pas se le cacher, beaucoup de boulot ! Je crois que quand on se lance dans cette aventure, il faut y aller à fond. »

Audrey Guiller, candidate aux concours en 2001.

« Moi, j'y allais vraiment pour voir ce que c'était. Je n'ai passé que deux écoles, en me disant que, de toute façon, je retenterais ma chance l'année d'après. Finalement, ma décontraction a payé. J'ai été admis alors que je ne m'y attendais pas du tout ! »

Grégoire Lemarchand, candidat aux concours en 1998.

« Bizarrement, alors que c'est plutôt un concours sérieux, à enjeux, où l'on s'attend à ce que les gens se marchent dessus à la sortie des épreuves, j'ai plutôt gardé une impression de grande camaraderie. J'ai rencontré des personnes avec qui je suis restée pendant toute la durée des concours, que je retrouvais dans toutes les villes. On mangeait ensemble, on rentrait à la cité U ensemble, on riait entre chaque épreuve, on allait boire un verre le soir... Je crois que c'est important de passer les concours dans un état d'esprit qui ne soit pas "guerrier"... et de partager ces moments avec d'autres candidats. »

Élodie Ratzimbazafy, candidate aux concours en 2000.

« Bon courage ! Ça en vaut la peine ! »

Tous

PARTIE 1

Devenir journaliste

FICHE 1

Pourquoi faire une école reconnue par la profession ?

Être diplômé d'une école de journalisme reconnue reste aujourd'hui le meilleur passeport pour s'assurer un bel avenir dans la profession. Même si à peine 20 % des journalistes en activité sont passés par une école (filière généraliste), cette formation reste un label de qualité apprécié des entreprises de presse.

1 Les treize écoles reconnues

A. Présentation

Quatorze écoles sont actuellement reconnues par la profession. Ce sont :
- l'École supérieure de journalisme de Lille (ESJ) ;
- le Centre de formation des journalistes de Paris (CFJ) ;
- le Centre universitaire d'enseignement du journalisme de Strasbourg (CUEJ) ;
- l'École des hautes études en sciences de l'information et de la communication de Paris (Celsa) ;
- l'Institut pratique de journalisme de Paris (IPJ) ;
- l'École de journalisme et de communication de Marseille (EJCM) ;
- l'École de journalisme de Toulouse (EJT) ;
- l'Institut de journalisme de Bordeaux-Aquitaine (IJBA) ;
- l'Institut universitaire de technologie de Tours (IUT de Tours) ;
- l'Institut universitaire de technologie de Lannion (IUT de Lannion) ;
- le DESS de l'Institut France Presse (IFP), Paris ;
- le master journalisme de l'Institut de la communication et des médias de Grenoble (ICM) ;
- l'École de journalisme de Sciences-Po Paris ;

Ce sont les concours de ces écoles reconnues que nous aborderons dans cet ouvrage.

B. Avantages

Une école reconnue signifie que la formation qu'elle propose à ses élèves a été validée par la commission paritaire pour l'emploi. Résultat : passer par un établissement de ce type permet d'obtenir plus rapidement sa carte de presse qu'un journaliste issu d'une formation universitaire. La carte de presse, délivrée par la commission paritaire, est en quelque sorte un « passeport professionnel » : elle donne officiellement le statut de journaliste à une personne tirant l'essentiel de ses revenus de cette activité. Au 2 janvier 2004, on comptait 35 539 journalistes titulaires de la carte de presse en France.
Les débutants dans le métier passent tous par le statut de « journaliste stagiaire ». Grâce à une formation reconnue, ce statut ne durera qu'un an au lieu de deux pour les autres. Avoir sa carte de presse permet ainsi de gravir plus vite les échelons dans la grille des salaires du journalisme.

C. Les écoles non reconnues

Il existe plusieurs autres écoles de journalisme en France. Si vous échouez aux concours des écoles reconnues, vous pouvez toujours tenter votre chance auprès de ces formations privées. Attention ! Votre diplôme ne sera pas reconnu par la profession et le contenu des études dispensées n'y est pas garanti. Renseignez-vous bien sur les programmes d'enseignements proposés. Assurez-vous notamment qu'une place importante est accordée à l'enseignement pratique.

2 Une clé d'entrée dans le métier

A. Une formation complète

La formation dispensée par les écoles de journalisme est complète car elle permet aux élèves de s'initier aux différentes techniques professionnelles (presse écrite, télévision, radio et, pour certaines, agences de presse). Pour garantir cette formation, les écoles disposent toutes de matériel performant (matériel informatique, studio-télé, studio-radio, PAO, fil AFP ou Reuters). À la sortie, vous aurez ainsi la possibilité de passer d'un média à un autre sans difficulté.

Grâce à cet apprentissage pluridisciplinaire, l'école donne à ses élèves une vision globale du métier de journaliste. « *L'école permet de confronter les mythes récurrents du métier à la réalité, de trouver le média qui vous fait vibrer, vous motive* », estime Éric Maitrot, ancien directeur des études de l'ESJ. D'après Aline Réale, ancienne secrétaire générale du CFJ, « *le premier atout de l'école est de former des journalistes polyvalents* ».

Les enseignements d'une école de journalisme sont à 80 % d'ordre pratique et à 20 % d'ordre théorique.

1. L'apprentissage pratique

Grâce au matériel présent dans les écoles, les élèves travaillent dans des conditions quasi réelles. Ils enchaînent ainsi des « sessions » pratiques jusqu'à acquérir une maîtrise totale de chaque média. Les professeurs qui les suivent sont des professionnels, généralement en activité. À la sortie, vous serez donc immédiatement opérationnel(le) pour travailler dans les rédactions. « *À l'école, on a le droit de se tromper, de faire des erreurs. C'est une chance car une fois dehors, on ne vous pardonnera rien. L'école permet donc d'être beaucoup mieux armé* », explique Éric Maitrot (ESJ).

L'école permet aussi de faire des stages de qualité à la fin de la première année d'études (souvent en presse quotidienne régionale ou PQR) puis à la fin de votre apprentissage.

Les jeunes diplômés sont généralement placés dans des rédactions à la sortie de l'école. Dans de nombreux organes de presse, des places leur sont réservées durant la période estivale. Une première longue expérience qui débouche même parfois sur un emploi à durée indéterminée. « *Récemment, ces placements sont devenus plus délicats, la presse connaissant une situation de crise. Sur les toutes dernières promotions, de nombreux élèves sont devenus pigistes* », explique Grégoire Lemarchand, président de l'association des anciens du CFJ. En effet, la mauvaise santé de la presse française fait que de plus en plus de journalistes débutent par la pige et restent pigistes une ou deux années avant d'intégrer une rédaction.

Mais les écoles préparent maintenant leurs élèves à affronter cette réalité professionnelle difficile.

L'école donne aussi la possibilité de participer à des « bourses », réservées aux élèves des écoles. Journaux (*L'Équipe*), radios (Radio-France, RTL, Europe 1) ou télévisions (TF1 et France 2) organisent des concours. Les élèves gagnants se voient ainsi proposer un contrat à durée déterminée au sein de la rédaction.

2. Et l'apprentissage théorique

L'enseignement théorique est souvent très utile. Il permet tout d'abord d'approfondir votre culture générale. Des cours d'économie, d'histoire, de relations internationales et de langues sont dispensés aux élèves. Mais les cours les plus spécifiques sont ceux en rapport avec le métier : histoire de la presse, déontologie et éthique, économie et droit de la presse.

B. Un label qualité

Avoir suivi une formation dans une école reconnue est un faire-valoir sur votre *curriculum vitae*. Presque un label de qualité pour les entreprises de presse. *« C'est l'écho qui nous revient lorsque nos élèves arrivent dans les rédactions »*, assure Éric Maitrot (ESJ). *« Les rédacteurs en chef veulent à tout prix des journalistes ayant fait une école »*, renchérit Aline Réale (CFJ). Résultat, l'école permet une intégration plus rapide dans la profession.

C. Un réseau

Faire une école permet aussi de se créer plus facilement un carnet d'adresses fourni. *« Au travers des journaux écoles et des piges qu'ils font durant la deuxième année, les élèves se créent leurs premiers contacts professionnels. À la sortie de l'école, il sera plus facile de les réactiver »*, explique Didier Williame, directeur des études de l'IPJ. *« Nos enseignants sont des journalistes en poste. Le réseau de connaissances se fait dès l'école »*, ajoute Aline Réale (CFJ). Entre les enseignants et les anciens de l'école, les repérages se font vite et cela peut s'avérer utile. Le phénomène de réseau est très important dans ce métier. Construire ce tissu relationnel peut être déterminant dans le cadre d'une future embauche.

D. Un formatage ?

Depuis peu, un débat est apparu sur le formatage « supposé » des jeunes journalistes passés par les écoles. François Ruffin, ancien élève du CFJ (promotion 2002), fait ainsi une vive critique du Centre de formation des journalistes dans son livre *Les Petits Soldats du journalisme*. Il reproche notamment aux écoles de chercher uniquement à former des journalistes répondant à la demande des rédactions. Éric Maitrot (ESJ) pense, lui, que *« si formatage il y a, il se fait bien avant l'école de journalisme »*, c'est-à-dire dans les cursus scolaires et universitaires des futurs journalistes.

Et force est de reconnaître que l'homogénéité des parcours des candidats est grande. Pour changer cela, les écoles cherchent progressivement à faire évoluer leurs critères de recrutement.

3 Qui sont les candidats ?

Le profil des candidats aux concours de journalisme, et donc des futurs élèves des écoles, est depuis très longtemps le même.

A. Les filières

Deux grands groupes se distinguent : les candidats issus d'une filière universitaire et les candidats issus des instituts d'études politiques (IEP). Longtemps majoritaires dans les écoles, le nombre des élèves issus de Sciences-Po a tendance à diminuer légèrement pour venir égaler les « universitaires ».

Dans les filières universitaires, ce sont les formations en histoire qui prédominent, suivies des formations littéraires puis des cursus juridiques. Les autres filières, comme les langues par exemple, sont minoritaires. À noter toutefois, parmi ces candidats issus aussi bien de l'université que de Sciences-Po, la très grande proportion de ceux qui ont suivi une classe préparatoire (hypokhâgne ou khâgne) au début de leur cursus supérieur.

Néanmoins, les écoles précisent que le recrutement reste assez souple et il n'est pas rare de voir des candidats au profil atypique (écoles de commerce, IUFM...) réussir les concours. « *Nous sommes très sensibles à ces parcours atypiques. Des candidats qui ont une formation en sciences, en économie ou en STAPS, par exemple, me semblent avoir des chances de trouver plus facilement un emploi à la sortie de l'école. Les rédactions recherchent ce type de profil* », souligne Didier Williame (IPJ).

- **Exemple**

Répartition de 94 étudiants admis à l'ESJ en 2003

- 21 % proviennent de Sciences-Po ;
- 18 % ont suivi une formation en histoire ;
- 15 % en lettres ;
- 11 % en sciences ;
- 8 % en langues ;
- 6 % en droit ;
- 6 % en information-communication.

- **Exemple**

L'accord avec les Sciences-Po de province : bac + 6

Depuis mars 2004, les huit instituts d'études politiques d'Aix, Bordeaux, Grenoble, Lille, Lyon, Rennes, Strasbourg et Toulouse et les trois écoles de journalisme CFJ, ESJ Lille et IPJ, ont décidé la mise en œuvre d'une convention de coopération pour baliser le parcours des étudiants d'IEP se destinant au journalisme.

Cet accord permet aux candidats d'obtenir en six années après le baccalauréat à la fois le diplôme d'un IEP et un diplôme de journalisme, reconnu par la profession.

Selon les termes de cette convention, les étudiants des IEP passeront en fin de quatrième année le concours normal des écoles de journalisme. S'ils sont reçus, ils effectueront un premier semestre conçu conjointement avec l'école de journalisme, dans leur IEP d'origine. Ils effectueront ensuite un second semestre, puis une sixième année dans l'école de journalisme qu'ils ont intégrée.

B. Le niveau d'études

La plupart des recrutements dans les écoles peuvent se faire à partir du niveau bac + 2 (niveau DEUG) ou à bac + 3 (système LMD), sauf pour les instituts universitaires de technologie (IUT) où l'admission se fait au niveau bac ou bac + 1.

Mais, dans la réalité, le niveau des candidats est beaucoup plus élevé. Dans une promotion récente de l'ESJ, aucun étudiant admis ne l'a été à bac + 2. Tous ont au minimum une licence (bac + 3), voire évidemment plus. La moyenne de niveau d'études dans une promotion se situant à bac + 4 (maîtrise), voire bac + 5. « Avec l'harmonisation européenne des diplômes, et l'instauration du système LMD (licence-maîtrise-doctorat), nous recruterons désormais au niveau licence », assure Éric Maitrot (ESJ). De manière générale, les écoles tenteront sûrement dans les années à venir de diversifier les profils des candidats, et de moins recruter de « surdiplômés ».

FICHE 2

L'ESJ, école supérieure de journalisme – Lille

L'École supérieure de journalisme de Lille, établissement privé d'enseignement technique supérieur, a été créée en 1924. Cette institution est l'une des toutes premières du genre à avoir été fondée en Europe. Dès 1956, l'école est agréée par la profession. Elle est aujourd'hui reconnue dans toutes les grandes rédactions.

1 La formation

A. La filière généraliste

L'école forme chaque année 56 journalistes généralistes et polymédias : télévision, radio, presse écrite, agence. La formation dure deux ans. Au programme, quelques cours théoriques et beaucoup de sessions pratiques, au cours desquelles les étudiants apprennent leur futur métier sur le terrain. L'école dispose de studios numériques en radio et télévision, de salles multimédias, tous reliés au fil AFP. Un avantage : l'ESJ, fortement ancrée dans sa région, privilégie les reportages locaux.

Les intervenants sont tous journalistes professionnels.

En milieu de deuxième année les étudiants sont amenés à se spécialiser durant une « intensive » de sept à huit semaines en fin d'année.

B. Les filières spécialisées

Les conditions d'admission sont assez semblables à celles de la filière généraliste.

Certaines épreuves du concours sont les mêmes. Seule l'admission à la filière journalisme et agriculture est particulière : le candidat doit passer un écrit (synthèse de dossier) et un oral de motivation devant un jury composé de permanents de l'ESJ, de l'ISA (Institut supérieur d'agriculture de Lille) et de professionnels de la presse agricole.

1. Filière journaliste scientifique

Depuis 1993, l'école forme au journalisme des étudiants issu de sections scientifiques et techniques (ayant au minimum une maîtrise scientifique ou un diplôme équivalent).

2. Filière presse hebdomadaire régionale

Cette filière forme pendant un an une vingtaine de personnes au travail de journalisme en rédaction locale à destination des hebdomadaires régionaux. Destinée en priorité à des journalistes en exercice, la formation est également ouverte à des étudiants titulaires d'un DEUG et âgés de moins de 24 ans.

3. Filière journalisme et agriculture

Pour suivre cette formation, les candidats doivent être inscrits en cinquième année d'une des écoles de la FESIA (Fédération des écoles supérieures en agriculture) et avoir soutenu leur mémoire de fin d'études. La formation journalisme et agriculture est l'un des domaines d'approfondissement (DA) proposés aux étudiants de cinquième année des établissements membres de la FESIA.

C. La formation de journaliste reporter d'images (JRI)

Elle a pour but de permettre à l'étudiant d'apprendre le langage des images et des sons dans le reportage, d'acquérir et de perfectionner les bases nécessaires à l'utilisation de la caméra Betacam. Elle intègre l'apprentissage au journalisme de télévision dispensé en première et en seconde année (test d'aptitude organisé en interne au cours de la seconde année d'études). À l'issue de cette formation, l'étudiant reçoit, outre le diplôme de l'école, un certificat spécifique de formation « journaliste reporter d'images ».

2 Le concours

A. Les épreuves

Depuis 2006, le CFJ, l'ESJ et l'IPJ ont un concours écrit unique, composé d'épreuves d'admissibilité communes et d'épreuves d'admissibilité propres à chaque école. Les oraux restent spécifiques à chaque école, ainsi que les épreuves d'admission, pour respecter les valeurs et critères propres à chacune d'entre elles.

1. Épreuves d'admissibilité communes

- Épreuve de français (45 min - coef. 2).
- Épreuve d'anglais (1 h 30 - coef. 2).
- Questionnaire d'actualité / Interrogation sur le monde contemporain (2 h - coef. 3).
- Synthèse à partir d'un dossier (4 h - coef. 2).

2. Épreuves d'admissibilité spécifiques

- Compte rendu de film (1 h 30 - coef. 4).
- Libre propos sur un thème imposé (1 h 30 - coef. 4).
- Question développée d'actualité (2 h - coef. 2).

3. Épreuves d'admission

Elles se déroulent sur une journée, courant juillet.

- Oral sur un sujet préparé à l'avance.
- Oral de motivation.
- Oral d'anglais.

À l'issue de ces épreuves, 56 candidats sont admis.

B. Conditions et modalités d'inscription

1. Conditions

Avoir moins de 26 ans et être titulaire d'un bac + 2 ou grade universitaire équivalent à 120 crédits ECTS. Pour les étudiants entre 26 ans et 35 ans (3e voie), l'ESJ ouvre sa formation à des candidats salariés, indépendants ou demandeurs d'emploi ayant exercé une activité professionnelle significative. Ils doivent être titulaires au minimum d'un diplôme de niveau bac + 2 ou bénéficier d'une validation d'acquis correspondante, reconnue par l'Éducation nationale, et justifier d'une expérience professionnelle d'au moins trois ans.

2. Retrait du dossier

L'inscription se fait uniquement en ligne. Soit directement à l'adresse : www.concourspemep.com, soit en utilisant le lien disponible dans la rubrique « concours » du site de l'ESJ (www.esj-lille.fr). Après avoir rempli le formulaire de pré-inscription, vous devez immédiatement envoyer à ou aux écoles choisies les pièces complémentaires :

- CV ;

- lettre de motivation ;
- photo d'identité ;
- photocopie du dernier diplôme obtenu ou relevé de notes attestant des 120 crédits ECTS ;
- photocopie de la carte étudiant de l'année en cours pour les non titulaires d'une L2 ;

• pour les « 3e voie », justificatifs d'expériences professionnelles d'un minimum de trois ans (contrats, fiches de salaires, attestations...).

3. Envoi du dossier

ESJ Lille
50, rue Gauthier de Châtillon – 59046 Lille Cedex

4. Les droits de concours

Ils sont fixés à 194 euros pour un concours, 350 euros pour deux concours, 428 euros pour trois concours. L'ESJ Lille accorde un remboursement intégral des frais de concours sur critères sociaux et de mérite à vingt candidats éligibles à cette aide et admissibles à l'oral. Pour en bénéficier, il faut joindre, avec votre dossier d'inscription, le formulaire de remboursement des frais de concours dûment complété et accompagné des pièces justificatives demandées.

5. Frais de scolarité

3 500 euros par année de scolarité. Grâce à des bourses d'organismes professionnels ou à la contribution des anciens élèves, ce montant peut être réduit et des facilités de paiement peuvent être accordées pour certains cas individuels.

6. Télépréparation au concours d'entrée

L'école supérieure de journalisme de Lille met en place chaque année une préparation à distance aux épreuves de son concours d'entrée. Elle se déroule donc *via* Internet, en deux sessions de neuf semaines comportant chacune une épreuve d'actualité (sous forme de quiz automatisé) et une épreuve au choix parmi la synthèse de dossier, le libre propos et le compte rendu de film. Renseignements : teleformation@esj-lille.fr.
Par ailleurs, l'ESJ et le blog participatif Bondy Blog ont signé un partenariat qui permet notamment de créer une classe préparatoire pour les concours des écoles de journalisme pour des étudiants issus de la diversité. Cette « prépa » sera organisée sous forme de sessions en ligne, après une période de démarrage dans les locaux de l'ESJ Lille et à Bondy. Les étudiants seront sélectionnés sur dossier, sur la base de critères sociaux et scolaires afin de donner les mêmes chances à tous ceux qui se présentent sur la ligne de départ des concours.

7. Annales

Pour recevoir les annales des filières généraliste, scientifique ou PHR, adresser votre demande à la direction des études en joignant un chèque de 16 euros à l'ordre de l'ESJ et une enveloppe (260 x 330 avec soufflet, affranchie à 3,48 euros) libellée à vos nom et adresse, en n'oubliant pas de préciser la filière concernée.
Les annales Pemep sont aussi disponibles au prix de 29 euros pour une année, et de 45 euros pour deux années. Pour les recevoir, veuillez adresser un chèque à l'adresse suivante : PEMEP, 26, rue de Naples – Paris 75008, en indiquant la ou les années choisies, votre nom et adresse de livraison. Les annales peuvent aussi être achetées sur place.

8. Coordonnées

50, rue Gauthier-de-Châtillon – 59046 Lille Cedex
Tél. : 03 20 30 44 00 – www.esj-lille.fr

FICHE 3 Le CFJ, centre de formation des journalistes – Paris

Le Centre de formation des journalistes est un établissement d'enseignement supérieur technique et professionnel privé. Il a été fondé à la Libération par une équipe de cadres issus de la Résistance. Leur mission était alors de former une presse française renouvelée, les professionnels lui faisant défaut. Sa mission est toujours la même aujourd'hui. Plus de 2 000 journalistes ont été formés par le CFJ.

1 La formation

A. La filière généraliste

La scolarité dure vingt mois et comprend deux à trois stages en entreprise. Son objectif est de former une quarantaine de journalistes complets et polyvalents. Au programme des premiers mois, l'apprentissage des bases du métier (techniques rédactionnelles, travail de desk...) et le travail sur le terrain (comptes rendus, reportages, interviews). Au terme de cette période d'initiation, commencent des exercices pratiques d'agence, de secrétariat de rédaction, de photo, de radio, de télévision.

Durant cette formation, la réalisation de journaux-écoles est prévue. Après ce parcours commun, intervient la spécialisation dans un média (presse écrite, radio ou télévision), faite en fonction du choix des élèves mais aussi de leurs aptitudes.

B. La formation de journaliste reporter d'images (JRI)

Le CFJ a été la première école en France et en Europe à former des journalistes reporters d'images (JRI). Les JRI ne sont pas seulement des « hommes d'images » mais aussi et surtout des journalistes polyvalents, aussi à l'aise dans une rédaction que derrière la caméra. Ils sont aujourd'hui très recherchés par les chaînes de télévision et les grandes agences de reportage.

Les candidats intéressés par cette formation doivent se faire connaître dès l'inscription. Pendant les douze premiers mois, ils suivront la même formation que les étudiants de la filière générale. La formation spécifique de JRI se déroule en seconde année.

2 Le concours

A. Les épreuves

Depuis 2006, le Centre de formation des journalistes (CFJ), l'École supérieure de journalisme de Lille (ESJ), et l'Institut pratique du journalisme (IPJ) ont un concours écrit unique, composé d'épreuves d'admissibilité communes et d'épreuves d'admissibilité propres à chaque école. Les oraux restent spécifiques à chaque école, ainsi que les épreuves d'admission, pour respecter les valeurs et critères propres à chacune d'entre elles.

1. Épreuves d'admissibilité communes

- Épreuve de français (45 min – coef. 2).
- Épreuve d'anglais (1 h 30 – coef. 2).
- Questionnaire d'actualité (2 h – coef. 2).

- Synthèse à partir d'un dossier (4 h – coef. 3).

2. Épreuves d'admissibilité spécifiques

- Sujet d'actualité (2 h – coef. 3).
- Questionnaire de culture générale (45 min – coef. 3).
- Épreuve de créativité (2 h – coef. 2).

3. Épreuves d'admission

Elles se déroulent en juillet.
- Épreuve écrite d'enquête-reportage (coef. 2 – une journée).
- Épreuve orale d'enquête-reportage (coef. 1 – 20 à 30 min).
- Classement de dépêches (coef. 1 – de 35 à 45 min).
- Entretien de motivation (coef. 2).

4. Épreuves spécifiques pour les JRI

- Enquête-repérage (coef. 2 – une journée).
- Analyse d'un reportage télévisé (coef. 2 – 1 h 30).

B. Conditions et modalités d'inscription

1. Conditions

Être titulaire au minimum d'un DEUG complet ou d'un diplôme bac + 2 et être âgé de 26 ans maximum.
Les candidats ne remplissant pas ce critère d'âge ou de diplôme peuvent éventuellement obtenir une dérogation. Ils doivent adresser une demande dûment motivée, accompagnée d'un *curriculum vitae* détaillé, indiquant obligatoirement leur date de naissance, par courrier, à la secrétaire générale du CFJ avant le mois d'avril.

2. Retrait du dossier

Vous devez d'abord remplir avant la date limite le formulaire de pré-inscription qui est disponible à l'adresse : www.concourspemep.fr, régler les frais de concours en ligne par carte bancaire ou par envoi de chèque. Puis à réception de votre confirmation de pré-inscription, envoyer à chaque école choisie les pièces complémentaires suivantes : CV, lettre de motivation, photocopie du dernier diplôme obtenu et une photo d'identité.

! *Le candidat choisit son centre d'examen sur le formulaire en ligne. Les sept centres d'examens : Paris – Bordeaux – Lille – Lyon – Marseille – Nancy – Rennes.*

L'inscription est définitive au reçu du dossier papier. Pour les candidats ne disposant pas d'Internet et d'une imprimante, l'envoi ou le retrait du dossier au CFJ reste possible (35, rue du Louvre – 75002 Paris).
La convocation est envoyée 15 jours avant les épreuves éliminatoires.
Les droits d'inscription sont :
- 194 € pour un concours ;
- 350 € pour 2 concours (au lieu de 388 €) ;
- 428 € pour 3 concours (au lieu de 582 €).

3. Frais de scolarité

3 500 euros (750 euros pour les boursiers de l'Éducation nationale).

4. Annales

Les annales Pemep sont aussi disponibles au prix de 29 euros pour une année, et de 45 euros pour deux années. Pour les recevoir, veuillez adresser un chèque à l'adresse suivante : PEMEP, 26 rue de Naples – Paris 75008, en indiquant la ou les années choisies, votre nom et adresse de livraison. Les annales peuvent aussi être achetées sur place.

5. Coordonnées

35, rue du Louvre – 75002 Paris
Tél. : 01 44 82 20 00 – www.cfpj.com

FICHE 4

Le CUEJ – Strasbourg

En 1958, le CUEJ, centre universitaire d'enseignement du journalisme, est le premier site français de formation au journalisme installé dans l'Université. Reconnu par la convention collective des journalistes dix ans plus tard, le CUEJ de Strasbourg jouit aujourd'hui de la même réputation que les écoles privées.

1 La formation

Le diplôme dispensé est une maîtrise sciences et techniques (MST) de journalisme. Les enseignements sont dispensés sur deux années universitaires de 32 semaines chacune. Ils sont complétés par des stages en entreprise, entre la première et la seconde année, et au terme de la scolarité. L'appropriation des savoirs thématiques et techniques s'effectue à partir de projets éditoriaux réellement publiés. À titre d'exemple, les étudiants de première année réalisent un bimensuel ayant pour territoire les quartiers périphériques de Strasbourg, *Viva cité*.

2 Le concours

A. Les épreuves

1. Épreuves d'admissibilité

– Article sur un thème de société (note sur 50 – 3 h).
Connaissance de l'actualité (note sur 50 – 2 h).
– Résumé en français d'un article en anglais ou en allemand (note sur 60 – 2 h).
– Observation/reportage (note sur 80 – 3).
– Culture générale (note sur 50 – 2).

2. Épreuves d'admission

– Oral d'actualité et de culture générale (note sur 50).
– Oral de motivation (note sur 50).
Une quarantaine d'étudiants sont admis au final.

B. Conditions et modalités d'inscription

1. Conditions

En raison de la Réforme LMD (Licence/Master/Doctorat), le CUEJ délivre un Master professionnel de journalisme, depuis la rentrée universitaire 2005-2006. Ce Master est accessible sur concours, aux titulaires d'une licence ou d'un diplôme de niveau bac + 3.

2. Retrait du dossier

Dossier à retirer à partir de février au CUEJ ou par correspondance, en envoyant une enveloppe petit format libellée à vos nom et adresse, affranchie au tarif lettre. À retourner courant mai en y joignant une photocopie de la carte d'identité, une photo d'identité, deux enveloppes petit format libellées à vos nom et adresse et affranchies au tarif lettre, un chèque de 91 euros pour les droits d'inscription, une attestation de votre diplôme en cours.

3. Frais de scolarité

280 euros de droits universitaires hors couverture sociale.

4. Annales

Disponibles en ligne, liste des sujets proposés depuis 1997.

5. Coordonnées

MST journalisme – Université Robert Schuman
11, rue du Maréchal Juin – BP 13 – 67043 Strasbourg
Tél. : 03 88 14 45 34 – http://cuej.u-strasbg.fr

FICHE 5

Le CELSA – Paris

Le CELSA, école des hautes études en sciences de l'information et de la communication, fait partie de l'université Paris-Sorbonne (Paris-IV). Cette école forme au journalisme dans le cadre d'un département spécifique, créé en 1979, qui dispose d'une large autonomie et dispense ses propres enseignements.

1 La formation

La scolarité s'étale sur deux années, soit quatre semestres. Elle alterne cours théoriques et enseignements professionnels (trois périodes de stages sur sept mois minimum). Le CELSA offre une formation généraliste même si, en fin de formation, un approfondissement sous forme de dominante consacrée aux principaux médias est prévu. Ces deux années de formation sont sanctionnées par le master professionnel en journalisme et par le diplôme de fin d'études du CELSA, mention journalisme. Les enseignements sont assurés par des journalistes, des universitaires et des professionnels de la presse et des médias. Les étudiants disposent de studios (télévision, radio, multimédia) équipés pour le reportage, le montage et la diffusion des journaux, de salles informatiques (PC, Mac) et d'un espace multimédia.

2 Le concours

A. Les épreuves

1. Épreuves écrites d'admissibilité

200 points. Elles se déroulent en avril.
- Dossier de dépêches (4 h – coeff. 4).
- Culture générale et connaissance de l'actualité (2 h – coeff. 3).
- Anglais (2 h – coeff. 3).

2. Épreuves orales d'admission

200 points. Elles se déroulent en juin-juillet.
- Examen oral d'anglais (coef. 2).
- Entretien avec le jury (coef. 8).

À l'issue de ces épreuves, environ 25 candidats sont recrutés chaque année.

B. Conditions et modalités d'inscription

1. Conditions

La formation est accessible sur concours à bac + 3. Pour s'inscrire en Master journalisme, les étudiants doivent avoir suivi un cycle de trois années d'études supérieures dans un établissement public ou privé, français ou étranger. L'attestation de réussite à ces trois années (diplôme ou passage en 4e année) sera exigée lors de la rentrée universitaire.

L'âge limite pour concourir est fixé à 24 ans au 31 décembre de l'année du concours. La limite est repoussée à 25 ans pour les titulaires d'un diplôme bac + 4... Les étudiants non francophones devront justifier d'un bon niveau de français (diplôme français ou DELF, DALF, TEF, TCF...).

2. Retrait du dossier

La pré-inscription se fait sur Internet (www.celsa.fr) à partir de janvier. L'inscription définitive est enregistrée à la réception par courrier des pièces demandées avant la mi-mars. Aucun dossier papier n'est envoyé aux candidats.

3. Frais de scolarité

Il vous faudra vous acquitter des droits universitaires.

4. Annales

Extraits disponibles en ligne.

5. Coordonnées

77, rue de Villiers – 92200 Neuilly-sur-Seine
Tél. : 01 46 43 76 76 – www.celsa.fr

FICHE 6

L'IPJ, institut pratique du journalisme – Paris

Créé en 1978, l'Institut pratique du journalisme est un établissement privé d'enseignement technique supérieur, reconnu par l'État et la profession. L'IPJ est devenu, en vingt-cinq ans, une école de référence.

1 La formation

L'école forme en deux ans des professionnels de la presse écrite, de l'audiovisuel, du multimédia et de l'editing. La pédagogie est fondée sur le travail de terrain, en équipe, dans l'ambiance d'une rédaction. La première année d'étude comporte une formation générale sur le monde contemporain. Les étudiants effectuent un stage de plusieurs mois. La seconde année est fondée sur la maîtrise des outils journalistiques (télévision, radio), sur une approche de certaines spécialités (sport, politique, étranger), et des logiciels d'editing.

2 Le concours

A. Les épreuves

Depuis 2006, le CFJ, l'ESJ et l'IPJ ont un concours écrit unique, composé d'épreuves d'admissibilité communes et d'épreuves d'admissibilité propres à chaque école. Les oraux restent spécifiques à chaque école, ainsi que les épreuves d'admission, pour respecter les valeurs et critères propres à chacune d'entre elles.

1. Épreuves d'admissibilité communes

- Épreuve de français (45 min – coef. 1).
- Épreuve d'anglais (2 h – coef. 1).
- Questionnaire d'actualité (2 h – coef. 1).
- Synthèse à partir d'un dossier (4 h – coef. 2).

2. Épreuves d'admissibilité spécifiques

- Questionnaire de culture générale (coef. 1).
- Questionnaire sur la France et l'Europe (coef. 1).
- Rédaction d'un synopsis-article (coef. 3).

3. Épreuves d'admission

Elles se déroulent en juillet.

- Langue (anglais, allemand ou espagnol) [points au-dessus de la moyenne].
- Réflexion sur un thème d'actualité (coef. 4).
- Entretien avec des journalistes professionnels (coef. 3).
- Entretien avec la direction et les enseignants (coef. 3).

B. Conditions et modalités d'admission

1. Conditions

Avoir moins de 26 ans et être titulaire d'une licence ou d'un diplôme équivalent. Être titulaire du permis B à la date de la rentrée (pour le stage).

2. Retrait du dossier

L'inscription se fait uniquement en ligne. Soit directement à l'adresse : www.concourspemep.com, soit sur le site www.ipjparis.org. Les droits de concours sont fixés à 194 euros pour un concours, 350 euros pour deux concours, 428 euros pour trois concours.

3. Frais de scolarité

4 380 euros par année, payables en trois versements.
Pour les annales : envoyer un chèque de 22 euros à l'ordre de l'IPJ et une enveloppe format 26 x 33 affranchie à 3,48 euros à vos nom et adresse. Des extraits sont consultables sur le site de l'école.

4. Annales

Les annales Pemep sont aussi disponibles au prix de 29 euros pour une année, et de 45 euros pour deux années. Pour les recevoir, veuillez adresser un chèque à l'adresse suivante : PEMEP, 26 rue de Naples – Paris 75008, en indiquant la ou les années choisies, votre nom et adresse de livraison. Les annales peuvent aussi être achetées sur place.

5. Coordonnées

24, rue Saint-Georges – 75320 Paris
Tél. : 01 72 74 80 00 – www.ipjparis.org

FICHE 7

L'EJCM – Marseille

L'EJCM, École de journalisme et de communication de Marseille a été créée en novembre 1982. Son concours d'entrée a une vocation nationale.

1 La formation

L'École de journalisme de Marseille accueille environ vingt élèves par promotion.
Le master pro, spécialité « journalisme », offre une formation polyvalente aux métiers du journalisme (presse écrite, radio, télévision et journalisme *on line*). Cette formation dispense des enseignements fondamentaux indispensables à une bonne connaissance du contexte dans lequel s'exerce le métier (économie et droit des médias, histoire de la presse, sciences politiques...), mais aussi des enseignements techniques et professionnels.
L'enseignement, à la fois fondamental et pratique, s'accomplit dans un environnement technique conforme aux normes professionnelles en vigueur (studio radio numérique, télévision numérique, fil AFP, ordinateurs en réseau reliés à internet).

2 Le concours

A. Les épreuves

1. Épreuves écrites d'admissibilité

Elles se déroulent en mai.
- Épreuve de connaissance du français.
- Dissertation de culture générale.
- Épreuve de synthèse de documents.
- Épreuve d'anglais.

2. Épreuve orale d'admission

Elle se déroule en juin.
Entretien avec un jury composé d'universitaires et de journalistes.
À l'issue de ces épreuves, de 20 à 25 candidats sont recrutés chaque année.

B. Conditions et modalités d'inscription

1. Conditions

Le concours est ouvert aux étudiants titulaires, au minimum, d'une licence, d'un diplôme d'IEP ou de tout autre titre équivalent (bac + 3).

2. Retrait du dossier

Les frais d'inscription au concours (couvrant les frais d'organisation du concours), s'élèvent à 76 €. Dès réception du dossier complet d'inscription, les annales du concours de l'année précédente sont transmises par retour de courrier aux candidats.

3. Frais de scolarité

850 € par an + 450 € de droits universitaires. Les étudiants boursiers bénéficient d'une exonération du paiement de la contribution pédagogique.

4. Coordonnées

21, rue Virgile Marron – 13392 Marseille Cedex 05
Tél. : 04 91 24 32 00 – www.ejcm.univ-mrs.fr

FICHE 8

L'EJT, école de journalisme de Toulouse

L'École de journalisme de Toulouse est un établissement privé associatif d'enseignement supérieur, reconnu par les organismes paritaires de la presse depuis décembre 2001.

1 La formation

L'école a pour vocation de former des jeunes diplômés au métier de journaliste dans la presse quotidienne régionale (PQR), nationale (PQN), dans les médias audiovisuels et les périodiques. Elle entend aussi leur donner des clés de lecture suffisantes dans des domaines essentiels comme la politique, l'histoire, la culture, le droit institutionnel, les langues. La scolarité dure trois ans, répartis entre vingt mois d'école et vingt semaines de stage (entre juin et septembre après la deuxième année, entre février et juin la troisième année).

2 Le concours

A. Les épreuves

Les huit épreuves sont réparties sur trois jours, fin juin.

► **1er jour**

- Questionnaire d'actualité (coefficient 2).
- Questionnaire de culture générale (coefficient 2).
- Rédaction d'un article sur une question de société (coefficient 3).
- Correction orthographique, syntaxique, grammaticale de textes (coefficient 2).
- Épreuve de légendage de photos d'actualité (coefficient 2).

► **2e jour**

- Reportage dans la ville de Toulouse sur un thème imposé (coefficient 3).

► **3e jour**

- Épreuve orale de langue (anglais, allemand ou espagnol) [coefficient 2].
- Entretien de motivation avec un jury d'universitaires et de journalistes (coefficient 3).

Trente étudiants seront admis au final.

B. Conditions et modalités d'inscription

1. Conditions

Être muni d'un diplôme bac + 2 minimum, ou d'un bac avec expérience journalistique.

2. Retrait du dossier

Remettre le dossier d'inscription au plus tard deux semaines avant la session du concours, courant juin. Joindre une photo d'identité, la copie des diplômes et la somme de 100 euros au titre des droits d'inscription. Une convocation individuelle sera adressée à chaque candidat.

3. Frais de scolarité

3 650 euros en première et en deuxième année, 3 000 euros la troisième année.

4. Renseignements

Demander la plaquette de l'école en adressant à l'EJT une enveloppe au format A5 timbrée à 0,70 euro avec vos nom et adresse.

5. Coordonnées

31, rue de la Fonderie – 31068 Toulouse Cedex
Tél. : 05 62 26 54 19 – www.ejt.fr.tm

FICHE 9

L'IJBA – Bordeaux-Aquitaine

L'IJBA, Institut de journalisme de Bordeaux-Aquitaine, a pris la suite de l'IUT créé en 1967 par Robert Escarpit. Il délivre dorénavant un master professionnel de journalisme en remplacement de l'ancien DUT.

1 La formation

Le master professionnel de journalisme se déroule sur deux années, subdivisées chacune en deux semestres. La notation est fondée sur le principe du contrôle des connaissances.
La formation est assurée par une équipe pédagogique d'universitaires et de journalistes de la presse écrite, de la radio et de la télévision régionales et nationales. L'enseignement est fondé sur une scolarité de 35 heures par semaine.

A. Le diplôme d'université de Journaliste reporter d'images (JRI)

Ce concours est ouvert aux journalistes professionnels, aux diplômés d'une des écoles de journalisme reconnues par la convention collective, aux candidats justifiant d'une expérience dans le secteur d'activité (3 ans minimum). Les cours se déroulent de novembre à juin.
La formation de Journaliste reporter d'images est centrée sur la pratique et comporte des stages en entreprises audiovisuelles, fournis par l'IJBA, notamment un remplacement rémunéré de JRI de deux à quatre mois dans les sociétés de télévision (France 3, France 2, TF1...) à l'issue de la formation. La formation coûte 6 050 €. Les candidats peuvent bénéficier, dans certains cas, de congés formation, de financements partiels ou totaux par l'ANPE ou l'ASSEDIC.

2 Le concours

A. Les épreuves

1. Épreuves écrites d'admissibilité

Elles se déroulent en mai.
– Épreuve de français : vocabulaire, grammaire et syntaxe (15 points).
– Questionnaire d'actualité et de culture générale (15 points) destiné à évaluer les connaissances des candidats.
– Projet d'enquête (20 points) destiné à évaluer la connaissance des sources d'information et la capacité à mettre en œuvre une démarche cohérente.
– Résumé de film (15 points) destiné à apprécier les qualités d'expression des candidats.
Les résultats des épreuves écrites seront adressés aux candidats à partir de début juin.

2. Épreuves orales d'admission

Elles se déroulent en juin.
Le jury est composé de deux enseignants. L'entretien dure trente minutes et comporte quatre parties :

– le candidat remet au jury une production journalistique écrite qu'il juge de grande qualité (photo, article de presse, dessin, impression de page web) et l'accompagne oralement d'un bref commentaire (5 points) ;
– le candidat est interrogé sur ses motivations, ses expériences professionnelles, son projet et son parcours (10 points) ;
– il est invité à parler pendant cinq minutes d'un sujet de son choix qui doit convaincre le jury de sa capacité à construire un récit faisant appel à ses capacités d'analyse (10 points) ;
– l'entretien porte aussi sur l'actualité et sur la capacité du candidat à dépasser les faits pour les mettre en perspective (10 points).

B. Conditions et modalités d'inscription

1. Conditions

Peuvent déposer un dossier :
– les titulaires d'une licence, d'un diplôme équivalent ou supérieur ;
– les étudiants susceptibles de valider une licence d'enseignement supérieur avant le 31 juillet 2009 ;
– les candidats à une validation d'acquis professionnels (VAP) justifiant de 5 années d'activité professionnelle.

2. Retrait du dossier

Le dossier d'inscription est téléchargeable directement sur le site de l'IJBA (http://www.ijba.u-bordeaux3.fr/).
Le premier critère de sélection est de fournir un dossier complet, classé et lisible.
Tout dossier incomplet sera systématiquement écarté sans avis de l'Institut.
Les dossiers seront distribués jusque fin mars.

3. Frais de scolarité

Le prix de la formation comprend :
– les droits d'inscription universitaire (environ 206 euros) ;
– la Sécurité sociale étudiante (environ 180 euros).
Des séjours en France ou à l'étranger peuvent être organisés pendant la formation dans le cadre des cours de langue, des sessions de reportages ou des magazines.
Une contribution aux frais, entre 75 euros et 300 euros, peut être demandée aux étudiants qui y participent.

4. Coordonnées

1, rue Jacques Ellul – 33080 Bordeaux Cedex
Tél. : 05 57 12 20 20 – www.iut.u-bordeaux3.fr/journalisme/

FICHE 10 L'IUT de journalisme de Tours

L'IUT de Tours est reconnu par la convention collective au même titre que les autres écoles qui recrutent, elles, à bac + 3 et au-delà. Ce n'est pas une école préparatoire aux autres centres de formation. L'IUT est une stratégie d'études différente.

1 La formation

A. Le D.U.T.

La scolarité dure deux ans. L'enseignement forme aux métiers du journalisme en général, avec pour dominante l'actualité sous toutes ses formes (locale, nationale, internationale). L'IUT prépare à tous les médias : radio, télévision, presse écrite, et implicitement multimédia. La scolarité est articulée autour de quatre centres d'intérêt :
- savoir communiquer ;
- comprendre l'environnement ;
- connaître les outils
- maîtriser les méthodes et techniques professionnelles.

En première année, le stage a lieu exclusivement dans la presse écrite, soit dans une rédaction locale, soit dans un secrétariat de rédaction. En seconde année, deux périodes de stage sont prévues : l'une en décembre, l'autre en avril, dans le média choisi par l'étudiant.

B. L'année spéciale

L'IUT de Journalisme de Tours propose également une formation d'un an seulement appelée « Année spéciale ». Peuvent être candidats à cette formation les étudiants ayant au minimum le niveau bac + 2. Les étudiants ayant des spécialités universitaires recherchées en presse magazine sont particulièrement appréciés. Le nombre de places est limité à 16.

2 Le concours

A. Les épreuves

1. Sélection sur dossier

La sélection se fait d'abord sur dossier, à partir des notes et d'une lettre de motivation. Joindre au dossier tout ce qui peut retenir l'attention du jury, notamment vos expériences professionnelles ou extra-scolaires.

Dans la lettre de motivation, évitez les discours trop généraux.

2. Épreuves d'admissibilité

▸ **D.U.T.**

Elles se déroulent en mai (2 jours).
- Résumé et analyse d'un texte sur les médias.
- Épreuve sur document photographique.

– Questionnaire de culture générale et d'actualité.
Des annales des épreuves d'admissibilité sont disponibles en les commandant sur le site internet de l'association des étudiants en journalisme : http://www.autoursdujournalisme.com

- **Année spéciale**

– Vulgarisation d'un texte.
– Épreuve sur document photographique.
– Questionnaire de culture générale et d'actualité.

3. Épreuves d'admission

Elles se déroulent en juin.

- **D.U.T.**

– Entretiens.
– Synopsis d'enquête type PQR.
– Épreuve d'anglais.
Trente étudiants sont recrutés chaque année. Les résultats sont communiqués début juillet.

- **Année spéciale**

Entretiens.

B. Conditions et modalités d'inscription

1. Conditions

Être titulaire d'un bac (toutes séries, ou diplôme équivalent) ou bac + 1 maximum (les dossiers des étudiants possédant un diplôme de bac + 2 et plus ne sont pas examinés).
L'année spéciale est réservée aux étudiants titulaires d'un diplôme de niveau bac + 2 à bac + 5 (scientifique, technologique, économique, juridique, littéraire...) L'accès est également possible dans le cadre conventionné (CIF, ARE...).

2. Retrait de dossier

Les demandes de dossier de candidature se font sur Internet (www.iut-centre.org) jusqu'en mars. Quatorze euros de frais d'inscription sont demandés pour valider votre pré-candidature.

3. Frais de scolarité

177 euros de frais d'inscription universitaire (354 euros avec les frais de Sécurité sociale).

4. Coordonnées

29, rue du Pont-Volant – 37082 Tours Cedex 2
Tél. : 02 47 36 75 81 – www.iut.univ-tours.fr

FICHE 11 L'IUT de journalisme de Lannion

Depuis 1996, le département information et communication de l'IUT de Lannion (université de Rennes-I) propose un cycle spécialisé de deux années conduisant au diplôme universitaire de technologie (DUT) de journalisme.
L'admission à cette formation se fait uniquement sur dossier et entretien.

1 La formation

La formation dispensée s'étale sur deux années et répond aux besoins de tous les médias (presse, radio et télévision) en préparant des journalistes polyvalents.
L'approche enseignante est académique et professionnelle : les cours de sociologie, d'histoire, de droit et d'économie, d'épistémologie alternent avec les travaux pratiques de presse écrite, de radio, de télévision et les apprentissages techniques (mise en page, montage audiovisuel...).

2 L'admission

L'IUT de Lannion n'a pas de concours d'entrée. L'admission se fait uniquement sur dossier ; une fois sélectionné, vous passez ensuite un entretien de motivation à l'IUT. Pour y prétendre, il faut néanmoins être titulaire d'un baccalauréat ou d'un diplôme d'admission aux études universitaires (DAEU).

1. Retrait du dossier

Toutes les demandes d'admission en IUT sont à effectuer par internet sur le site www.admission-postbac.fr. Le site est un portail unique pour tout l'enseignement supérieur. Les procédures peuvent paraître complexes : consultez attentivement le Guide du candidat correspondant à votre profil, disponible sur le site.
Vous devrez aussi remplir une fiche de motivation spécifique, à joindre au dossier papier.

2. Frais de scolarité

Les droits d'inscription s'élèvent à 173,50 euros (12,19 euros pour les boursiers), auxquels s'ajoutent les frais de Sécurité sociale (environ 177 euros, boursiers exonérés).

3. Coordonnées

IUT département infocom
BP 150 – 22302 Lannion Cedex
Tél. : 02 96 48 57 71/02 96 48 57 04 – www.iut-lannion.fr

FICHE 12

L'Institut France Presse – Paris

L'institut France Presse est le plus ancien centre universitaire français d'étude et de recherche en information et communication. Il existe sous ce nom depuis 1951 et il est aujourd'hui le principal département information et communication de l'université Panthéon-Assas-Paris-II. Sa formation est un Master de Journalisme en deux ans et elle a été reconnue par la profession en 2004.

1 Formation

Outre les enseignements habituels (voir le détail des enseignements dans la rubrique « Programme »), le Master valorise les stages pratiques dans différentes rédactions de presse écrite, de radio, de télévision et Web : 6 mois au total sur les deux années, l'enseignement juridique, le journalisme d'enquête et d'investigation, l'apprentissage des langues (anglais et espagnol).

Le Master propose par ailleurs des options d'approfondissement, sous forme de conférences et de séminaires réguliers, dans un certain nombre de domaines : la critique artistique, la justice pénale, les questions européennes, les problèmes scientifiques, les problèmes de la Défense.

Chaque promotion intègre 22 élèves maximum.

2 Le concours

Une sélection sur dossier est effectuée au préalable par un comité pédagogique avant les épreuves du concours.

A. Les épreuves

1. Épreuves d'admissibilité

Elles se déroulent sur une demi-journée en septembre.

- Questionnaire d'actualité.
- Questionnaire de culture générale.
- Rédaction d'un article sur un sujet d'actualité.

Les candidats ayant obtenu la note de 10 sur 20 sont déclarés admissibles.

2. Épreuves d'admission

Elles se déroulent en septembre.

- Reportage (8 heures) puis rédaction (2 heures).
- Entretien de motivation.
- Épreuve écrite d'anglais.

B. Conditions et modalités d'admission

1. Conditions

Le Master de journalisme est ouvert aux candidats titulaires d'une licence (180 crédits ECTS) ou d'un diplôme équivalent et qui ont déjà effectué un (ou plusieurs) stage(s) en journalisme d'une durée équivalente au total à un mois minimum dans une (ou plusieurs) rédactions de presse écrite ou audiovisuelle (attestation obligatoire).

2. Retrait du dossier

Chaque candidat demande un dossier d'inscription sur le site de Paris-II (http://www.u-paris2.fr/) entre février et mai.

3. Frais de scolarité

Les candidats reçus devront s'acquitter des droits universitaires.

4. Coordonnées

4, rue Blaise Desgoffe – 75006 PARIS
Tél. : 01 44 41 57 95 – www.u-paris2.fr/ifp/

FICHE 13

L'ICM – Grenoble

Ce master professionnel en journalisme a ouvert ses portes à la rentrée 2004 dans les locaux de l'ICM, Institut de la communication et des médias, à Échirolles (Isère). Ce diplôme bénéficie depuis juin 2005 de tous les avantages liés aux formations reconnues par la convention collective des journalistes.

1 La formation

L'objectif de ce master est de former les étudiants au journalisme en leur donnant les capacités intellectuelles et techniques d'évoluer vers les divers métiers de la presse. Cet enseignement aura aussi pour rôle de leur transmettre une conscience claire de la responsabilité sociale des médias et du rôle des journalistes dans une société ouverte. L'école dispose de locaux récents et d'un large équipement d'ordinateurs et de matériels de bureautique. Elle dispose aussi de studios TV et radio.
Les promotions n'excèdent pas une vingtaine d'étudiants.

2 Le concours

Une présélection sur dossier est effectuée avant les épreuves écrites et orales.

A. Les épreuves

1. Épreuves d'admissibilité

– Question de culture générale et d'actualité (2 h).
– Dossier de synthèse (2 h).
– Anglais (2 h).
– Dissertation sur un sujet d'histoire ou sur l'actualité des médias (3 h).

2. Épreuves orales d'admission

Elles se déroulent en juin.
– Traitement d'un sujet tiré au sort.
– Entretien avec le jury : questions sur l'actualité, sur la motivation et l'esprit critique du candidat.

B. Conditions et modalités d'inscription

1. Conditions

Être titulaire d'une licence complète au moment de l'inscription à la scolarité de l'école (au mois de septembre suivant les concours) ou de tout autre diplôme reconnu équivalent par l'Université.

2. Retrait du dossier

Demande à effectuer auprès de l'école entre mars et avril.
La date limite de dépôt se situe généralement en mai. Les frais de dossier s'élèvent à 30 euros.

3. Frais de scolarité

Il vous faudra vous acquitter des droits universitaires.

4. Coordonnées

Secrétariat du master professionnel journalisme
Institut de la communication et des médias
11, avenue du 8 mai 1945 – 38130 Échirolles
Tél. : 04 56 52 87 41 – www.u-grenoble3.fr/

FICHE 14

L'école de journalisme de Sciences-Po Paris

L'Institut d'études politiques de Paris a ouvert en septembre 2004 son école de journalisme. La formation est reconnue par la profession depuis juin 2009, et attire de plus en plus d'étudiants, pour le prestige du label « Sciences-Po », mais aussi pour la qualité de son enseignement et de l'environnement de travail.

1 Contenu des études

La scolarité s'étale sur deux ans. Elle comporte obligatoirement un stage d'été dans une entreprise de presse et un séjour d'un semestre à l'étranger, soit dans une entreprise de presse, soit dans une école de journalisme partenaire.

L'enseignement y est à la fois théorique et technique. Des cours d'histoire, de droit, de politique sont dispensés par les universitaires et chercheurs de Sciences-Po. S'y ajoute un enseignement sur les médias. Pour la partie techniqte et pratique, l'école dispose de locaux spécifiques entièrement équipés (news room, desk, studios télé et radio, équipement numérique et informatique, salle de montage).

2 Admissions

Les procédures de sélection de l'École de journalisme sont différentes selon les origines des candidats.

A. Conditions et modalités d'inscription

1. Les élèves ayant effectué leur premier cycle à Sciences-Po (trois premières années après le baccalauréat)

Ils doivent remplir un dossier de candidature (voir « cahier blanc » ci-dessous) et passer un entretien oral de motivation et de connaissances de 45 minutes avec un jury composé de deux journalistes professionnels et présidé par un membre de la direction de l'École de journalisme de Sciences-Po. Ces entretiens auront lieu en juin. L'entretien se fera par Skype si l'élève est en séjour à l'étranger à cette date.

Télécharger le dossier de candidature : cahier blanc journalisme.

Ce dossier est à remplir et à retourner soit par mail : berangere.gavaudo@sciences-po.fr (cet e-mail est protégé contre les robots collecteurs de mails, votre navigateur doit accepter le Javascript pour le voir), soit par courrier (École de journalisme – Bérangère GAVAUDO – 117 boulevard Saint Germain – 75006 Paris).

2. Les élèves pouvant justifier de trois années d'études supérieures

Ils doivent remplir un dossier de candidature et passer une série d'épreuves écrites :
– une épreuve de réflexion personnelle ;
– un test de langue ;
– une épreuve de connaissances de l'actualité ;
– une épreuve de critique de l'actualité.

Les candidats doivent obtenir une moyenne de 10/20 pour être déclaré admissibles. Les admissibles sont convoqués pour un entretien oral de motivation de 45 minutes avec un jury composé de deux journalistes professionnels et présidé par un membre de la direction de l'École de journalisme de Sciences-Po.
Vous pouvez consulter ces procédures et le calendrier sur le site de Sciences-Po : http://admissions.sciences-po.fr/

3. Les élèves internationaux (ayant effectué leur cursus de premier cycle à l'étranger)

Ils doivent remplir un dossier de candidature et passer un entretien oral de motivation de 45 minutes avec un jury composé de deux journalistes professionnels et présidé par un membre de la direction de l'École de journalisme de Sciences-Po.

4. Les candidats qui peuvent justifier de trois années d'expérience professionnelle

Ils doivent remplir un dossier de candidature et passer une série d'examens écrits : épreuve de réflexion personnelle et test de langue. S'ils sont déclarés admissibles (10/20), ils passent alors un entretien oral de motivation de 45 minutes avec un jury composé de deux journalistes professionnels et présidé par un membre de la direction de l'École de journalisme de Sciences-Po.

5. Frais

– Frais de concours : 110 euros
– Frais de scolarité : ils varient de 0 à 4 000 euros par an en fonction du revenu imposable des familles.

6. Coordonnées

École de journalisme de Sciences-Po Paris
117 boulevard Saint Germain – 75006 Paris
Tel. : 01 45 49 50 50 – www.journalisme.sciences-po.fr/

PARTIE 2

Une préparation réussie

FICHE 15

Penser et écrire journaliste

Tout au long de ces concours, les examinateurs vont chercher en vous la fibre « journalistique » : êtes-vous curieux, observateur, savez-vous vraiment en quoi consiste ce métier ? C'est donc avec une attitude « journalistique » que vous devez aborder chaque épreuve.

1 Ce que l'école attend des candidats

Vous allez passer des concours particuliers, d'un genre nouveau pour tout étudiant sortant d'un cursus scolaire classique. Si vous passez avec brio le cap du concours, vous entrerez dans une école « professionnalisante », qui fera de vous un journaliste reconnu par ses pairs. Les épreuves de ces concours ont donc été conçues pour être, elles aussi, « professionnalisantes ».
En clair, il s'agit de vous « mettre dans le bain » rapidement. Les examinateurs tenteront de voir si vous avez la fibre journalistique, et ce dès les épreuves d'admissibilité.
Appelons ça, sans vouloir être prétentieux, la « journaliste attitude ». Comment la définir ?

A. Une personnalité, un caractère

Attention ! Il ne s'agit pas de recruter cinquante candidats qui auraient la même personnalité, la même façon de penser ou de réagir, mais de repérer en vous l'étincelle, celle qui fera de vous un bon journaliste. Le mot journaliste renvoie immédiatement à certains traits de caractère. Si vous n'êtes ni curieux, ni spontané, ni dynamique, demandez-vous si vous avez vraiment choisi la bonne orientation.
Allez chercher au fond de vous votre « âme » de journaliste.
Maîtriser les figures de style, écrire brillamment, avoir un carnet d'adresses fourni : tout cela ne fera pas de vous un journaliste de talent. Un bon journaliste est simplement quelqu'un qui a envie d'écouter les autres, de les comprendre, de leur parler. Quelqu'un qui aime fouiller, expliquer, rendre compte, prendre des initiatives. Ce sont ces envies-là que les examinateurs tenteront de déceler en vous, notamment pendant les épreuves orales. Un candidat débrouillard, instinctif, ou simplement convaincu de l'intérêt de son futur métier, aura des chances de convaincre le jury. Pas comme ce candidat, dont Béatrice Houchard, membre du jury au CFJ, se souvient encore :
« Pour son enquête-reportage, le candidat tire au sort le sujet : "Faire du squash à Paris". À la fin de la journée, il nous expose son article.
Là, aucun témoignage de joueurs de squash, ni de professeurs. Je lui demande pourquoi il n'a obtenu aucun témoignage. Il me répond que le club de squash n'était ouvert qu'entre midi et deux heures. L'heure à laquelle il déjeunait ! »
Dernière précision : un bon candidat n'est pas forcément extraverti et volubile. Bien au contraire. Beaucoup de journalistes sont plutôt timides et réservés ; une timidité qu'ils dépassent dans l'exercice de leur métier… et que vous pourrez dépasser pendant les concours.

B. Une connaissance du métier

Pour que le jury soit convaincu que vous êtes un candidat à retenir, vous devez avoir une idée claire de ce qu'est le journalisme. Il ne s'agit pas d'apprendre par cœur une définition

sortie tout droit d'un dictionnaire ou d'un livre, mais de construire sa propre définition du journalisme. Qu'est-ce que ce métier représente pour vous (même si vous n'en connaissez pas encore tous les rouages) ? Quel journaliste avez-vous envie d'être ? Comment imaginez-vous l'exercice de ce métier ? Répondez à la question : « Pourquoi est-ce que je veux, aujourd'hui, être journaliste ? » Si vous avez une réponse claire et honnête à cette question, cela se lira dans votre attitude, votre comportement, votre écriture.
« Nous n'attendons pas des candidats hyper diplômés, qui parlent cinq langues et ont un bac + 7 sous le bras. Nous recherchons plutôt des candidats qui ont ce feeling, cette envie de faire ce métier. Des candidats qui savent où ils vont, dans quoi ils se lancent. En général, on le sent tout de suite pendant les oraux », affirme Denis Boulard, professeur et membre du jury à l'IPJ.

2 Quitter l'esprit universitaire

Adopter une attitude journalistique ne va pas sans quitter son « costume » d'étudiant, ses habitudes scolaires. Jusque-là, et ce quelles que soient les études que vous avez faites, vous avez acquis des connaissances de manière souvent très théorique. Vous avez pris l'habitude de révisions « passives » ou structurées grâce à un professeur. Pour aborder ces concours, il va falloir changer de posture et se positionner en tant que candidat « actif ».

A. Être actif

La préparation du concours, d'abord, n'a rien du bachotage et de l'apprentissage universitaire (qui fonctionne pourtant très bien pour les partiels). Votre préparation doit s'inscrire dans l'action. Action, parce que ce sera à vous d'organiser cette préparation, de choisir votre rapport à l'actualité. Action aussi, parce que l'on n'apprend pas un fait d'actualité comme on apprend une leçon d'économie. Derrière les faits, les dates, les noms, il y a un contexte à comprendre, d'autres éléments à saisir. Un candidat attentiste et passif aura du mal à s'en sortir. L'atout numéro un est la curiosité naturelle. Cette attitude, vous devrez la conserver pendant votre scolarité à l'école de journalisme. Ce sera à vous, et à vous seul, de vous servir au mieux de la formation, en en tirant un maximum d'enseignements. Chaque étudiant ressort de l'école avec ses propres impressions, son propre bagage. À vous de saisir ce que vous propose la formation.

B. Oublier le style universitaire

Vous devez aussi vous défaire du style universitaire, tant au niveau de l'écriture que de la réflexion. Les dissertations en trois parties et trois sous-parties, thèse/antithèse/synthèse, les longues introductions historiques, les conclusions moralisatrices, l'exposition de théories sans applications concrètes, sont désormais à bannir.
Vous devez sortir du monde de la démonstration, pour entrer dans celui de l'information. Lorsque vous écrirez un article, il ne vous sera pas demandé de démontrer à tout prix une hypothèse, mais simplement d'exposer des faits, de recouper vos sources d'information, de citer des témoins.

3 Le style journalistique

Les examinateurs n'exigeront pas de vous que vous soyez déjà journalistes. Ils seront cependant sensibles à une écriture proche du style journalistique. *« Nos épreuves sont très écrites. Il est vrai que nous allons les corriger de manière « journalistique », en*

recherchant une écriture agréable et fluide, ni trop universitaire, ni trop littéraire, ni trop triviale », affirme Éric Maitrot, ancien directeur des études de l'ESJ.
Voici donc quelques éléments qui permettent de comprendre ce qui différencie le style journalistique du style universitaire ou du style littéraire.

A. Écrire pour être lu

La première chose à intégrer est la suivante : le journaliste écrit pour un lecteur. N'oubliez donc pas que votre article doit être compréhensible, explicatif, clair, concis... Ayez bien en tête que chaque mot, chaque phrase, chaque transition doivent participer à la compréhension de l'article... parce que celui-ci est destiné à être lu. Le journaliste n'est pas un écrivain. Il écrit pour informer. N'oubliez pas que le lecteur est exigeant et qu'il a le choix entre lire votre article... ou celui d'en face. Pour l'« accrocher », et retenir son attention, votre papier doit être vivant, dynamique, rythmé, nourri de citations et de faits précis.

B. L'objectivité

L'effort d'objectivité est le maître mot du journaliste. Voici une définition simple de ce terme : « qualité d'une personne qui sait faire abstraction de ses préférences personnelles ; qualité de ce qui est conforme à la réalité, de ce qui décrit avec exactitude ». C'est cette définition que le journaliste doit garder présente à l'esprit.
Dans un article, tout commentaire, opinion, remarque personnelle sont donc à exclure. Le journaliste n'est pas là pour dire ce qu'il pense (exception faite des éditoriaux et billets d'humeur, dans lesquels il peut donner son avis ou celui de sa rédaction). Son travail est un peu celui d'un messager : il fait part à ses lecteurs (spectateurs, auditeurs) de l'information qu'il a recueillie. Ce souci d'objectivité n'empêche pas le journaliste d'avoir un « regard » sur son travail et sur l'actualité. *« Bien sûr l'objectivité est importante, mais un bon journaliste doit avoir un avis, un regard sur les choses. Il doit ressentir ce qu'il écrit »*, précise Éric Maitrot (ESJ).
Ce « regard » n'est pas à exprimer tel quel dans les articles, mais il permet de se poser des questions, d'avoir envie de traiter tel sujet sous tel angle, d'aller rencontrer telle personne pour ce qu'elle apporte au débat. Un journaliste ne peut avoir une approche « froide » et déshumanisée des sujets qu'il traite. C'est cette petite flamme qui permet de transmettre au lecteur un message intéressant et complet.

C. Une technique d'écriture ?

Certains soutiennent que l'écriture est une disposition naturelle, un don. L'écriture journalistique repose néanmoins sur des bases et des techniques, qui permettent d'assurer une bonne transmission de l'information. Ces règles n'empêchent évidemment pas d'avoir son propre style, sa touche personnelle. Voici, en quelques mots, les principaux éléments à retenir.

1. Des phrases courtes

Ne cherchez pas à faire long et complexe quand vous pouvez faire simple. Les phrases les plus efficaces s'articulent autour d'un sujet, d'un verbe et d'un complément. Sachez que la mémoire immédiate du lecteur retient avant tout ces trois éléments.

2. Une phrase = une info

Pour que le message passe, les informations doivent être exposées clairement. Tenez-vous à la règle d'une seule information par phrase, pour que le lecteur s'y retrouve... mais aussi pour vous faciliter l'écriture.

3. Des mots choisis et pesés

Avant d'écrire un mot plutôt qu'un autre, demandez-vous s'il est le plus concret, le plus « visuel », le plus vivant. Est-ce que ce mot peut induire un double sens, est-ce qu'il exprime exactement ce que je veux dire ou représenter ?

- **Exemple**
  Jacques Chirac martèle son discours.
  Marteler veut dire parler en saccadant ses mots, en les appuyant. Jacques Chirac parle-t-il vraiment de cette manière, ou avez-vous envie d'utiliser ce verbe parce qu'il vous plaît ?

4. Pas de répétitions

Évitez les répétitions, les verbes passe-partout (*faire, être, avoir*), la multiplication des adverbes.

FICHE 16

Se tenir informé

Pour réussir votre préparation au concours, vous allez devoir adopter une attitude nouvelle par rapport à l'actualité : celle d'un futur journaliste curieux et attentif. Vous devez être à l'écoute de l'information, tout en gardant un œil ouvert sur le monde qui vous entoure.

1 Suivre l'actualité de près

Suivre l'actualité de près est l'élément essentiel de votre préparation. Désormais, il ne s'agit plus de regarder le journal de 20 heures en simple spectateur ou de parcourir votre journal quotidien en lecteur pressé. Vous allez suivre l'actualité à un rythme régulier et en comprendre les rouages.

A. Être à l'écoute

1. Comment s'imprégner de six mois d'actualité ?

On ne peut pas parler de « bachotage » de l'actualité. Il faut s'y intéresser vraiment pour pourvoir comprendre chaque événement et en retenir les éléments essentiels et les enjeux. Si vous portez déjà un intérêt quotidien à l'actualité, ce « travail » sera pour vous plus naturel. Ensuite, pour approfondir l'ensemble, vous allez devoir habituer votre esprit à une « gymnastique » de l'information. Aline Réale, ancienne secrétaire générale du CFJ, l'explique : *« Un journaliste, c'est avant tout quelqu'un qui comprend le monde qui l'entoure. Si l'on a intégré cela, c'est chaque jour, et pas seulement trois mois avant, que l'on va se préparer aux concours. »*

Les épreuves vont porter sur l'actualité des six mois précédant les concours. Pas question de se couper du monde pendant six mois et d'ingurgiter de l'actualité pendant les deux semaines qui précèdent le concours : ce bachotage ne servirait pas à grand-chose. C'est votre écoute quotidienne de l'actualité qui sera payante.

Si, chaque jour, vous vous astreignez à consacrer un moment pour lire un journal, écouter un flash radio et regarder le journal télévisé de 20 heures, vous allez petit à petit mémoriser les événements. En vous imposant cet exercice, vous serez dans la posture du journaliste… une préparation efficace pour les concours.

2. Comment organiser sa journée ?

Suivre l'actualité au plus près, ne vous prendra pas un temps considérable dans la journée si vous savez vous organiser.

Écouter la radio en vous brossant les dents n'est pas inutile : vous mémoriserez déjà sans vous en rendre compte les titres de l'actualité de la journée. Mais attention ! Cela ne devra pas être votre seul rapport avec l'actualité quotidienne. Ce qui est avant tout payant, c'est le phénomène de répétition.

▸ **Le matin : écouter la radio, surfer sur le net, parcourir un quotidien**

Pendant que vous déjeunez, que vous vous préparez, écoutez les tranches matinales des grandes radios d'information : France Inter, Europe 1 et RTL proposent au moins deux heures d'information au début de chaque journée (interviews, invités, débats). Les visions qu'elles offrent des événements du jour sont souvent différentes et enrichissantes. De

même, les revues de presse faites par les radios sont essentielles pour votre travail car elles vous permettent de confronter les différents points de vue défendus dans la presse du jour.
Profitez aussi des trajets en bus ou en métro pour lire la presse. Si cette seule lecture n'est pas suffisante pour retenir l'actualité en profondeur, ne la négligez pas. Elle vous permettra surtout de préserver le côté « plaisir » de la lecture de l'actualité, essentiel pour de futurs journalistes. Cette lecture du matin doit vous permettre d'aller d'abord vers vos centres d'intérêt : la critique du dernier film sorti, un reportage sur les Indiens d'Amazonie, etc. Il sera toujours temps, plus tard dans la journée, d'éplucher consciencieusement le journal. Passez aussi une petite demi-heure à surfer sur les sites d'info, histoire de parcourir une fois encore les grands titres. Le plus du web, ce sont les diaporamas photos et les vidéos, courtes et que l'on retient.

▸ **Le soir : regarder un journal télévisé**

Il est indispensable de regarder un journal télévisé le soir pour compléter votre préparation. Choisissez, selon vos horaires, celui qui vous convient le mieux. (France 3 propose par exemple une édition nationale dès 19 h, mais aussi un journal du soir après la première partie de soirée à 22 h 30. Pour les insomniaques, il y a le journal de la nuit sur France 2, aux alentours de minuit.)
Mais sachez que l'édition la plus complète est bien sûr celle de 20 heures. Que ce soit sur TF1 ou sur France 2, les journaux télévisés font un tour général de l'actualité de la journée. Ne considérez pas ce visionnage comme une perte de temps. Au contraire, sachez trouver les avantages du journalisme télévisuel pour vous aider dans votre préparation. Le 20 heures vous donnera la plupart du temps une hiérarchie de l'information bien différente de vos journaux du matin. En effet :
• l'actualité a bien sûr évolué durant la journée : un événement qui faisait la une des journaux le matin est souvent supplanté par un nouvel événement, voire passé aux oubliettes. C'est la loi de l'information. Ainsi, regardez cette nouvelle hiérarchie comme une amorce de ce que vous trouverez le lendemain dans les journaux.
• la télévision accorde de l'intérêt à des sujets différents de la presse écrite. Elle donnera plus d'importance à des sujets pouvant être illustrés avec des images.
Cette technique peut vous aider si vous êtes perdus face à la complexité d'un événement. Souvent, le reportage télévisuel explique un cas général, une question assez vaste, en se penchant sur un exemple précis, sur un témoignage.

• **Exemple**
Pour illustrer la loi sur la hausse du prix du tabac, TF1 va suivre un buraliste une journée et l'interroger sur les changements que va provoquer la loi sur sa vie quotidienne.

Radio, presse, télévision : si vous vous tenez à ces trois rendez-vous avec l'information quotidienne, vous appréhenderez l'actualité de manière complète. L'essentiel est ensuite de comprendre chaque événement, de pouvoir le resituer dans un contexte, de construire sa propre réflexion autour de chaque sujet.

B. Diversifier ses sources d'information

Avoir des sources d'information multiples est essentiel à votre préparation. Vous aurez ainsi un panorama général des médias et pourrez vous faire une opinion sur chacun de ces organes de presse.

1. Connaître les lignes éditoriales

Chaque journal a ce que l'on appelle sa « ligne éditoriale ». Celle-ci correspond à un choix de traitement de l'actualité qui reflète la ligne de pensée de la rédaction. Tous les événements de l'actualité sont perçus au travers de cette grille de lecture.
Par exemple, le journal télévisé de 20 heures est très différent d'une chaîne à l'autre. TF1 et France 2 ont chacun une ligne éditoriale, ce qui va les faire s'arrêter plus longtemps sur un événement et passer plus vite sur un autre. Sachez repérer les tendances de l'un ou de l'autre.
D'ailleurs, faire la comparaison des deux journaux télévisés est un exercice assez fréquent dans les écoles de journalisme. Il permet d'aiguiser le sens critique des futurs journalistes. Pour ceux qui souhaitent prendre de l'avance, enregistrer les deux JT le même soir et les visionner l'un après l'autre peut s'avérer utile et enrichissant ; vous saisirez ainsi les choix éditoriaux des deux chaînes.
Cet exercice est aussi à faire avec les quotidiens. Si vous manquez de temps, contentez-vous de repérer les différents traitements d'un sujet précis.

2. Consulter la presse spécialisée

Ne vous contentez pas de lire un quotidien et un hebdomadaire généralistes. Il existe en France un grand nombre de médias spécialisés : ils traitent d'une partie plus réduite de l'information mais en l'approfondissant. À vous de trouver ce que chacun de ces médias peut vous apporter.
La presse spécialisée est devenue tellement abondante qu'il existe des journaux à peu près sur tous les sujets. Votre préparation peut être complétée par la lecture des journaux suivants :
- des quotidiens ou des magazines économiques : *Les Échos*, *L'Expansion*, *La Tribune ;*
- des magazines traitant de l'actualité ou de sujets internationaux : *Courrier international*, *Géo*, *Le Monde diplomatique ;*
- des revues de sciences humaines : *L'Histoire*, *Sciences humaines ;*
- des journaux satiriques : le Canard enchaîné, Charlie Hebdo.

Des radios spécialisées comme celles de Radio France sont aussi une source d'idées qui enrichiront votre préparation. Pour tout ce qui touche aux questions internationales par exemple, soyez régulièrement à l'écoute de RFI (Radio France internationale). Pour comprendre les rouages de l'économie, branchez-vous de temps en temps sur BFM.

3. Optimiser l'outil internet

Aller sur les sites internet des journaux doit aussi devenir une habitude quotidienne. Visiter le site d'un quotidien que l'on n'a pas acheté peut être un bon moyen de ne rien rater de l'actualité. Il ne s'agira pas forcément de lire tous les articles ; un balayage rapide de l'ensemble des titres du jour peut suffire. Pensez aussi à vous abonner aux *newsletters* des journaux. Beaucoup d'entre elles sont gratuites et arrivent directement dans votre boîte email. C'est un bon moyen de savoir de quoi parle tel ou tel journal et d'aller ensuite faire un petit tour sur son site (ou de l'acheter) si besoin. Internet propose aussi de nombreux sites spécialisés. N'hésitez pas à vous en servir. Un article évoque un rapport remis au gouvernement : allez directement sur le site du ministère concerné pour lire le texte original. Une autre manière d'aller à la source et de se faire sa propre idée sur la question.

2 Rester curieux

A. Avoir une culture contemporaine...

L'actualité, ce n'est pas seulement un fait divers, un putsch, un tremblement de terre. L'actualité est un simple reflet de la société dans laquelle on vit, des questions qu'elle se pose, qu'elle nous pose. « Se tenir informé » va donc bien au-delà du travail autour de l'actualité « chaude ». Cela veut aussi dire observer, comprendre. Connaître, par exemple, les tendances de la consommation, de la mode, de la culture du moment. Avoir ce que l'on appelle une « culture contemporaine ». *« Nous allons tester le candidat sur cette culture contemporaine. Pour nous, il doit à la fois avoir regardé Loft Story, ou La Nouvelle Star, et connaître le fonctionnement de la Cinquième République. Un candidat incollable sur les questions juridiques et politiques, mais coupé du monde qui l'entoure, ça ne nous intéresse pas »*, affirme Éric Maitrot, ancien directeur des études de l'ESJ.

C'est donc cette curiosité, cette ouverture sur le monde qu'il faut aller puiser au fond de vous. On peut difficilement être journaliste sans ce minimum obligatoire de culture générale. *« Si vous débarquez dans une rédaction parisienne, que je vous demande de courir place du Colonel-Fabien vérifier une rumeur, et que vous me demandez ce qu'il y a place du Colonel-Fabien, je vous vire »*, raconte Denis Boulard (IPJ). Pour acquérir une culture contemporaine, pas de méthode, bien sûr. Juste une envie : celle de comprendre les rouages du monde dans lequel vous vivez.

Quand vous serez journaliste, vous devrez aller à la rencontre des gens de ce monde, les comprendre, anticiper les questions importantes... et trouver les réponses.

B. ... en participant au monde qui vous entoure

Vous l'aurez compris, pendant vos révisions, il est strictement « interdit » de vous couper de tout, sous prétexte que vous travaillez vos concours. Un conseil, donc : continuez à « vivre » vos plaisirs culturels, à sortir. En allant voir un film au cinéma, une exposition de photos, une pièce de théâtre, en lisant un roman, une BD, vous enrichissez votre culture contemporaine tout en travaillant vos concours.

Ne vous privez donc pas de ces petits plaisirs, qui vous permettront par ailleurs de ne pas trop vous essouffler pendant les mois de préparation.

La télévision, par exemple, si vous l'utilisez avec intelligence, vous permettra de parfaire votre préparation et de rester informé.

- Regardez des documentaires réalisés par des journalistes sur tel ou tel conflit actuel ou sur des grands débats de société. Les questions qu'ils peuvent soulever sont autant de nouvelles pistes de réflexion.
- Regardez les émissions dont tout le monde parle : les émissions de télé-réalité, par exemple. Pour avoir un avis sur ce type de télévision, pour comprendre l'engouement du public, il est nécessaire de s'être positionné en téléspectateur, ne serait-ce qu'une fois ou deux.
- Regardez les émissions littéraires et politiques peut aussi être une aide pour votre préparation.

Donc, en un mot : soyez curieux...

Voir aussi

→ **Site www.concours-foucher.com rubrique « La préparation/chronologie »**

FICHE 17

Faire des stages

Mettre le pied dans une rédaction, c'est être confronté pour la première fois au métier de journaliste. Une découverte passionnante et une expérience dont il est plutôt recommandé de ne pas se priver.

1 Une expérience professionnelle utile

A. À quoi sert un stage ?

Un stage va vous confronter au milieu professionnel dans lequel vous souhaitez entrer puis travailler. Ne pas avoir fait de stages n'est pas éliminatoire aux concours des écoles de journalisme. Néanmoins, une première expérience dans la presse est fortement appréciée des membres du jury. Selon Aline Réale, ancienne secrétaire générale du CFJ, *« cela se voit tout de suite quand le candidat sait de quoi il parle, qu'il a vécu une première expérience dans la presse. Au moins, il a fait la démarche d'aller voir ce qu'est le journalisme ».* *« Venir passer les concours d'un métier que l'on ne connaît pas me semble révéler un manque de curiosité déjà flagrant »*, explique Denis Boulard, professeur à l'IPJ.
Cette première rencontre avec le monde des rédactions dépasse en effet le simple cadre de la préparation des concours. Vous allez enfin pourvoir observer comment les journalistes travaillent, comment un journal se construit, etc. Faire un stage permet aussi de ne pas se tromper d'orientation, de se rendre compte si ce métier vous plaît vraiment. Autant de découvertes importantes pour votre motivation et votre avenir. *« Il est clair que l'on a plus de chances de réussir les concours de journalisme si on a compris ce qu'était une rédaction, comment elle fonctionne »*, constate Éric Maitrot.

B. Comment le choisir ?

Tous les médias (presse écrite, radio, télévision ou internet) prennent des stagiaires. Mais certains sont tellement assaillis de demandes qu'il leur est difficile de répondre à toutes les sollicitations. Il faut donc choisir judicieusement votre lieu de stage. Commencez par vous demander quel média vous intéresse le plus : auquel êtes-vous le plus réceptif ? Vers lequel vous dirigez-vous spontanément pour trouver une information ? Cependant, si tous les médias vous intéressent, n'hésitez pas à varier vos demandes et à faire des stages dans deux médias différents. C'est le moment de varier les plaisirs. Plus tard, si vous intégrez une école de journalisme, vous serez de toute façon formés aux différents médias. Ces stages sont un peu de temps de gagné dans votre apprentissage.
Une fois le média trouvé, il vous faut réfléchir à ce que vous attendez de votre stage. Selon que vous irez dans des médias nationaux, régionaux ou locaux, vous ne connaîtrez pas du tout la même expérience. Tout dépend en fait de vos envies : observer ou avoir des responsabilités.

1. La presse écrite

Dans les journaux nationaux, par manque de temps et de place, les nombreux stagiaires qui passent ne font souvent que de l'observation. La presse quotidienne régionale ou PQR (*Ouest-France*, *Le Progrès*, *Le Parisien*, *Sud- Ouest*, *L'Est Républicain*…) va au contraire vous permettre de faire des choses.

Après quelques jours d'observation, il n'est pas rare que l'on vous envoie en reportage et que vous ayez des articles à rédiger. C'est l'une des meilleures entrées en matière : ce n'est qu'en écrivant que l'on comprend ce qu'est un article. Vous verrez aussi les erreurs à ne pas commettre en reportage et les difficultés du métier au quotidien. Ce type de stage est toujours très enrichissant pour les candidats aux concours des écoles de journalisme. En plus, votre apprentissage se fera au sein d'une petite rédaction, ce qui est plus rassurant pour débuter.

2. La radio et la télévision

Comme dans la presse écrite, les rédactions des journaux radios et télévisés n'ont souvent que peu de temps à consacrer aux stagiaires. Accompagner une équipe de journalistes sur le terrain sera déjà une grande chance que l'on vous accordera. Si ces deux médias vous intéressent, tentez plutôt de faire un stage dans une antenne régionale du réseau France Bleu ou dans les rédactions régionales de France 3 par exemple. Pensez aussi aux stations de radio et aux télévisions locales, notamment si vous habitez dans une grande ville (TLM à Lyon, C9 à Lille). Enfin, sachez que vous pouvez aussi contacter les magazines des chaînes télévisées ou les émissions d'information à la radio. Si vous avez l'habitude de les regarder ou de les écouter, c'est déjà un bon point de départ. Ici aussi, au sein de ces équipes plus réduites, on vous confiera plus facilement des responsabilités.

3. Internet

Le choix est vaste sur la toile. Mais pour tirer un profit maximal de votre stage, il vous faut vous cantonner aux journaux et portails d'information.

Deux possibilités s'offrent alors à vous :

- les rédactions des journaux en ligne (lemonde.fr lefigaro.fr liberation.fr, lenouvelobs.com, etc.). De plus en plus de journaux ont une équipe de journalistes qui travaillent sur les informations en ligne de leurs sites ;
- les pure players (c'est-à-dire les médias qui se sont créés sur le web, sans support papier), comme aufeminin.com, msn.fr, lejournaldunet.fr, linternaute.fr. Ceux-ci ont tous une équipe de journalistes et les stagiaires sont les bienvenus. Vous vous verrez certainement confier des choses à faire.

Ne faites pas vos choix en fonction des concours. « *Peu importe le média dans lequel le stage a été effectué. L'important pour nous est d'évaluer l'expérience que le candidat en a retirée* », estime Éric Maitrot (ESJ). Un stage au journal *Le Monde* n'est pas plus valorisant qu'un stage à la télévision locale Clermont Première.

L'important est que ces premières expériences aient été riches : elles seront ainsi un vrai sujet de discussion lors des entretiens avec le jury.

2 Comment s'y prendre ?

A. Où trouver votre stage ?

Si vous décidez de faire un stage dans les médias régionaux ou locaux, sachez qu'il y a forcément une rédaction près de chez vous. Le mieux est de prendre contact avec les journalistes qui y travaillent. Les pages jaunes vous aideront à les localiser. Sinon, appelez le siège du journal ou de la radio pour avoir les coordonnées de leur antenne locale.

Vous avez l'habitude de lire un journal, un magazine. Reportez-vous à ce que l'on appelle l'« ours » de cette publication. C'est la partie du journal dans laquelle sont regroupés les noms du rédacteur en chef, des journalistes qui y collaborent et des autres responsables de la publication. L'ours n'a pas de place définie mais chaque journal en possède un. Grâce à lui vous saurez à qui vous adresser pour faire votre demande de stage.

Cependant vous devez savoir que les demandes de stages affluent en permanence dans les rédactions. Un seul envoi de CV ne suffit donc pas. Si votre connaissance de la presse française est assez limitée, son annuaire vous sera d'une grande utilité. Connu sous le nom de *Mediasig*, cet ouvrage répertorie tous les types de presse qui existent, des grands tirages aux télévisions locales. Avec, à chaque fois, l'organigramme du journal et les renseignements pratiques pour contacter les journalistes. En variant vos demandes, vous multiplierez vos chances de décrocher un stage dans les temps.
Sur Internet, deux sites seront très utiles pour vous aider dans votre recherche.
On y trouve des offres de stages dans les médias :
www.bale.fr : la bourse à l'emploi du magazine *Télérama*.
www.categorynet.com : categorynet, le portail des médias et de la communication.

B. Comment décrocher un stage ?

Pour obtenir un stage, le meilleur moyen est d'envoyer votre demande par courrier (et/ou par internet) au rédacteur en chef d'un journal ou bien au chef d'un service qui vous intéresse. Il s'agit d'une candidature spontanée (le nombre d'offres étant limité) pour laquelle vous écrirez une lettre de motivation et un *curriculum vitae*.

1. La lettre de motivation

Il faut faire preuve d'originalité dans cette lettre. Parlez de vous, de votre parcours, de votre envie de devenir journaliste et de votre intérêt pour la presse. Puis expliquez qu'il vous tarde de vivre le quotidien d'une rédaction, de comprendre les étapes de fabrication d'un journal, etc.
Essayez, sans être trop long, de faire sentir votre curiosité et votre motivation. Précisez aussi que vous préparez les concours des écoles de journalisme.

2. Le curriculum vitae

Celui-ci doit tenir sur une seule feuille. Il doit comporter les indications pour vous joindre (adresse postale, téléphone fixe et/ou portable, et e-mail). On y trouvera aussi le détail de vos études. Sachez les mettre en valeur. Si votre mémoire de maîtrise porte sur la presse, mettez-le en évidence. À la suite de votre formation, listez vos expériences professionnelles ou préprofessionnelles (stages, jobs d'été), ainsi que tout ce que vous avez réalisé qui touche de près ou de loin le monde des médias (association, journal-école). Notez ensuite en quelques lignes votre niveau en langues étrangères et vos centres d'intérêt. Pensez, avant tout, à personnaliser vos expériences. Vous éviterez ainsi de faire un CV identique à ceux des autres et pourrez vous démarquer. Car, ne l'oubliez pas, même pour les stages, la concurrence est rude. Vous n'êtes malheureusement pas le ou la seul(e) à être tenté(e) par cette première expérience.
Si trois semaines après votre courrier, vous n'avez pas de réponse, n'hésitez pas à appeler la (ou les) rédaction(s) que vous avez contactée(s) par écrit. Sans harceler les personnes chargées de gérer les stages, cela montrera votre motivation.

FICHE 18

Gérer son temps

Mener une préparation étalée sur plusieurs mois sans la planifier est impossible. Quelques pistes et conseils pour organiser votre temps.

1 Comment planifier sa préparation ?

Pour vous aider à mettre en place votre calendrier de révisions, voici quelques exemples d'entraînement aux épreuves répartis par semaines et par mois.

A. Une fois par semaine

1. Actualité

• Faites une revue de presse de la semaine écoulée sous forme de questionnaire.
• Faites une analyse des thèmes d'actualité de la semaine (repérer deux ou trois grands thèmes, cerner les enjeux et les résumer en quelques phrases).

2. Français

Faites une dictée (choisir un article chaque semaine parmi vos lectures) ou des exercices de conjugaison (choisir de préférence des verbes irréguliers) ou des exercices grammaticaux. À vous d'alterner chaque semaine ces différents types d'entraînement.

3. Culture générale

Plongez-vous dans un thème ou une question de culture générale : lire les documents rassemblés dans des dossiers pour essayer de faire ainsi le tour d'une question ; noter quelques éléments pour mémoire sur des fiches thématiques.

4. Anglais

• Faites une lecture approfondie de plusieurs articles mis de côté durant la semaine.
• Puis au choix selon les semaines :
– faites des exercices grammaticaux à partir de livres d'anglais ;
– entraînez-vous, si vous passez le concours du Celsa, aux textes à trous ;
– faites un bilan de vos erreurs et approfondissez ensuite une règle de grammaire anglaise qui vous a échappé.

B. Une fois par mois

Il s'agit chaque mois de vous mettre dans les conditions réelles pour réviser les épreuves « longues ». Établissez un calendrier précis. Ainsi, vous vous entraînerez en temps réel sur la note de synthèse chaque première semaine du mois, sur la dissertation la deuxième semaine, et ainsi de suite. Vous éviterez ainsi de tout concentrer sur la dernière semaine de chaque mois.

1. Note de synthèse (semaine 1)

Réalisez une compilation d'articles ou de dépêches puis essayez de faire en temps réel (4 heures) votre synthèse de dossier.

2. Sujet d'actualité (semaine 2)

Choisissez dans l'actualité une question qui a été souvent évoquée durant le mois qui vient de s'écouler. Alternez avec un sujet de culture générale choisi au hasard dans les annales de la dominante que vous choisirez par la suite au concours.
Tentez ensuite de disserter dessus durant les deux heures prévues pour l'épreuve.

3. Anglais (semaine 3)

• Choisissez un grand thème d'actualité internationale dans vos revues de presse hebdomadaires. Ce sera le sujet de l'essai que vous réaliserez en temps réel.
• Si vous passez le concours de l'ESJ, entraînez-vous à faire des versions. Piochez dans les ouvrages de traduction, ou imprimez sur Internet une dépêche en anglais (yahoo.uk ou yahoo.us). Vous la trouverez traduite sur yahoo.fr.

4. Projet d'enquête (semaine 4)

Choisissez un sujet au hasard de vos lectures dans la presse. Oubliez comment le journaliste l'a traité et essayez de voir comment vous, vous pourriez l'aborder, quelles propositions vous feriez à votre rédacteur en chef, puis rédigez un plan.
Tout cela en deux heures, bien sûr.

C. Des moments de détente

Grâce à ces indications, vous mettrez au point un calendrier de révisions bien rempli. Mais aussi dense que soit ce programme, n'oubliez pas de prévoir une case détente chaque semaine, voire chaque jour. Aller au cinéma, faire une pause lecture, aller au théâtre sont aussi des moments de culture importants et dont aucun candidat ne doit se priver.

2 Des techniques efficaces

A. Travailler en groupe

Pour « alléger » votre programme de révisions, le travail en groupe pourra vous être d'un grand secours. Même si, pour certaines épreuves, cela ne sera pas forcément possible. Par exemple, travailler à plusieurs l'actualité est beaucoup plus ludique et intéressant. Chacun ayant une lecture différente de l'actualité, amusez-vous à vous poser des questions entre vous lorsque vous réalisez une revue de presse de la semaine. Vous pouvez ainsi vous partager la lecture et le fichage des journaux rubrique par rubrique. Pour le français aussi, faites quelques dictées entre vous.
Beaucoup de candidats ayant opté pour cette solution étaient au point le jour du concours.

B. Rattraper son retard

Pour une raison ou pour une autre, vous pouvez avoir des lacunes dans votre connaissance de l'actualité. Plongé dans vos partiels, dans votre mémoire, vous vous êtes coupé du monde. À vous d'essayer de rattraper le temps perdu. Comment vous y prendre ?
• Allez à la bibliothèque et plongez-vous dans tous les hebdos des derniers mois. En retenant les unes, et en lisant attentivement les sommaires, vous aurez déjà une vision globale des événements et questions de société qui ont fait l'actualité.
• Pensez à lire des chronologies récapitulatives des derniers mois que vous trouverez sur notre site www.concours-foucher.fr. Vous en trouverez aussi dans *Le Monde* (Dossiers et Documents), ou sur Internet, dans des sites d'actualité.

• Privilégiez la lecture d'articles d'analyse, de réflexion. Rappelez-vous qu'on n'« apprend » pas l'actualité comme une leçon. L'actualité se déchiffre, se réfléchit. Sur les événements les plus importants, la lecture de ces articles vous permettra de construire votre propre réflexion, votre « regard ».
• Soyez d'autant plus à l'écoute du monde qui vous entoure. Si vous êtes curieux et réceptif, vous pourrez compenser votre méconnaissance de certains événements précis par votre culture générale. Sachez repérer les grandes tendances de la société, les sujets à côté desquels on ne peut pas passer.

FICHE 19

Derniers conseils avant le jour J

Plus que quelques jours avant la date fatidique. Comment aborder ces dernières heures de manière efficace, sans paniquer ? Conseils pratiques et « psychologiques ».

1 S'informer jusqu'au matin du concours

Comme un journaliste en exercice, vous ne devez jamais avoir un train de retard sur l'actualité. Vous devez continuer à la suivre de près, et ce pendant le déroulement même des épreuves. L'info ne s'arrête pas le premier jour du concours ! Nous vous conseillons d'arrêter de ficher l'actualité quelques jours avant le début des épreuves, mais de rester à l'écoute, de manière attentive.

Vous ne pouvez pas passer une épreuve de concours de journalisme, qui plus est un oral, si vous n'êtes pas au courant des dernières infos du jour. Le jury vous pardonnera difficilement une telle négligence.

• Écoutez au moins un flash radio le matin, avant chaque épreuve. Il s'agit de retenir les grands éléments de l'actualité du jour. Si vous êtes à l'hôtel, pensez à amener une petite radio avec vous, ou passez prendre un café dans un bar qui diffuse la radio. Sachez qu'il y a toujours une solution pour se tenir informé. *« Les excuses du type : je n'ai pas allumé la radio ce matin pour ne pas réveiller ma copine, ça ne passe pas ! »* affirme Denis Boulard, membre du jury à l'IPJ.

• Grâce à votre mobile ou votre PC, consultez quelques sites infos sur le web (lemonde.fr, le figaro.fr), mais aussi un ou deux sites étrangers, histoire de voir en quelques clics ce qui fait le buzz sur la toile.

• Repérez un kiosque à journaux proche de l'école et achetez au moins un quotidien national chaque matin d'épreuve. Parcourez-le rapidement, en fixant votre attention sur la titraille et les photos. Pensez aussi à regarder rapidement les unes des autres quotidiens et magazines. Rester sur le qui-vive est important. Cette réactivité vous permettra peut-être de vous démarquer d'autres candidats.

• Essayez de regarder le JT la veille des épreuves. Pas vraiment pour vous tenir au courant de l'actualité (la radio et la presse peuvent suffire), mais davantage pour avoir du recul sur le traitement de telle ou telle info, pour pouvoir comparer. Quel angle a été choisi au 20 heures, quel événement a fait l'ouverture ? Si, pour étayer votre discours face au jury, vous faites référence à une actualité « chaude » encore (récente), vous montrerez aux examinateurs que vous avez compris qu'un bon journaliste est un journaliste informé.

2 Comment bien aborder les épreuves ?

A. Être endurant

La première difficulté de ces concours est le calendrier très serré auquel vous devrez vous tenir. Souvent, vous allez vous inscrire aux concours de trois, quatre ou cinq écoles. Les épreuves vont s'enchaîner, qui plus est dans des villes différentes. Il s'agit donc de ne pas « s'essouffler » en cours de route et d'être efficace de la première à la dernière épreuve. Quelques conseils pour aborder ce « tour de France » des concours sereinement.

1. Préparer ses déplacements

• Préparez consciencieusement vos voyages et déplacements. Il ne s'agit pas de débarquer une demi-heure avant la première épreuve dans une ville que vous ne connaissez pas, ni de tourner toute la soirée avec votre sac de couchage, en quête d'un toit. Inutile de vous créer un sujet de stress supplémentaire !
• Prévoyez d'arriver au moins trois heures avant la première épreuve, voire la veille. Des embouteillages sur la route, une grève des trains... mieux vaut prévoir ce genre d'aléa. Pensez aussi à aller repérer les lieux de l'examen, pour éviter de vous perdre avant la première épreuve : quel transport en commun devez-vous prendre, quels sont les horaires de bus ?
• Pour vous loger, certaines écoles proposent lors de l'inscription un logement en cité universitaire. Si vous n'avez pas d'autre solution, ce moyen restera le moins cher et le plus pratique. De plus, cela vous permettra de rencontrer d'autres candidats... et de vous sentir moins seul le soir, après les épreuves.

2. Rester serein

Ne laissez pas le stress vous envahir. Sachez que concours après concours, la pression que vous portez sur les épaules va baisser. Non seulement vous commencerez à prendre le rythme, mais, en plus, les épreuves se ressemblent. En toute logique, vous devrez donc arriver à chaque nouveau concours un peu plus confiant. Bien entendu, vous pouvez avoir littéralement « séché » à l'un des concours. Prenez-le comme une expérience. Vous avez encore une, deux, trois écoles pour vous rattraper et montrer de quoi vous êtes capable. En clair, l'enchaînement de plusieurs concours doit jouer en votre faveur, et non l'inverse.

3. Récupérer

Des épreuves qui se succèdent, de longues heures de concentration devant votre feuille... Ce concours « marathon » est fatigant, physiquement et moralement. Un conseil banal, mais qui vaut la peine d'être mentionné : entre chaque épreuve, de bonnes nuits de sommeil vous permettront de récupérer.
Avant de vous coucher, faites le vide dans votre tête, respirez profondément, et pensez à quelque chose qui vous détend. Vous éviterez ainsi de rêver des épreuves de la journée et vous vous réveillerez serein et prêt à concourir.
Entre chaque concours, vous aurez parfois quelques jours de repos. Vous devez évidemment rester informé. Mais pas question de vous replonger tête baissée dans des révisions. Profitez de ces quelques jours pour vous reposer, vous ressourcer. Vous en aurez bien besoin pour la suite !

B. Se détendre

« Moi, j'ai été à ces concours en me disant que c'était juste un essai ; qu'au pire des cas je recommencerai l'année d'après. Du coup, je me suis éclaté, j'ai pris plaisir à passer chaque épreuve... et j'ai réussi trois concours ! » raconte un ancien candidat. Beaucoup de témoignages le prouvent : les candidats les moins stressés par les concours sont souvent ceux qui réussissent. Pourquoi ? Parce que chacune des épreuves requiert spontanéité et réceptivité. Qualités que l'on perd très souvent sous l'emprise du stress. Comment tenter de se détendre le plus possible ?
• Pensez à amener avec vous un mp3. La musique adoucit... et détend. Entre deux épreuves, rien de mieux pour faire le vide. Avant de vous endormir, quelques notes de musique vous feront oublier la journée.

• Ayez toujours un ou deux bons romans sur vous, pour le train, les soirées à l'hôtel, les trajets en bus. Ne faites pas comme ces candidats qui se promènent partout avec leurs fiches d'actualité, ou restent le nez collé à leur Iphone. Plongez-vous plutôt dans une fiction pour vous évader.

• Ne courez pas forcément vous enfermer dans votre cité U ou votre hôtel le soir, après les épreuves... sauf si la fatigue vous assaille. Vous êtes dans une ville que vous ne connaissez peut-être pas. Profitez-en pour la visiter un peu, flâner, aller au restaurant avec d'autres candidats. N'oubliez pas qu'un journaliste se doit d'être curieux. S'intéresser à la ville dans laquelle vous passez un concours, où vous vous installerez peut-être dans quelques mois si vous réussissez, est essentiel. Et plutôt sympathique.

C. Avoir confiance en soi

Ce leitmotiv va revenir tout au long de l'ouvrage. Il est évident que la réussite des concours aux écoles de journalisme passe aussi par une bonne dose de motivation et de confiance en soi. À vous d'essayer d'être dans cet état d'esprit pendant toute la durée des épreuves.

Une chose est sûre : la première épreuve du premier concours va vous impressionner. Mille personnes dans une salle, qui planchent sur le même sujet que vous, qui ont fait plus d'études que vous, qui écrivent plus de pages que vous... le tout pour cinquante places au final ! Votre première pensée va forcément être : « Il n'y a pas de place pour moi. » Une fois la panique passée, vous devez reprendre confiance en vous. Dites-vous que sur ces mille candidats, près de la moitié n'a peut-être jamais ouvert un journal. Et que vous avez exactement les mêmes chances que la poignée de candidats restants. C'est là le principe même du concours : vous devez donner le meilleur de vous-même, pour être parmi les meilleurs.

Si vous avez confiance en ce que vous écrivez, en ce que vous êtes ; si vous savez pourquoi vous êtes là aujourd'hui, pourquoi vous avez envie de faire ce métier, pourquoi vous pensez être fait pour le journalisme, alors toutes les chances sont de votre côté.

Témoignage

« J'ai passé tellement de concours en deux mois que je me suis détaché de ce qu'ils représentaient, et je me suis dit qu'au fond, je n'avais rien à perdre.

Autre détail : j'avais à l'époque un niveau bac + 2. J'étais tellement persuadé que face aux autres candidats sortant de Sciences-Po ou de maîtrise d'histoire, je n'avais aucune chance, que j'y suis allé sans pression. Je pense que c'est aussi cela qui m'a permis de rendre des copies un peu différentes... et de réussir. »

Florent Maurin, candidat aux concours en 2000.

PARTIE 3

Les épreuves d'admissibilité

Langues

« Spécialités », école par école

FICHE 20

Caractéristiques de l'épreuve

Actualité et culture générale

L'objectif de l'épreuve d'actualité : tester votre intérêt pour l'information et l'actualité des six mois précédant le concours. L'épreuve de culture générale, elle, consiste à évaluer vos connaissances historiques, politiques, économiques et culturelles, ainsi que votre curiosité.

1 Des épreuves importantes

Les épreuves d'actualité et de culture générale durent en moyenne deux heures et sont toujours à fort coefficient. Celui-ci représente au moins un tiers de la note globale. À la lecture des questions posées les années précédentes, les candidats ont tendance à paniquer et à se focaliser sur ces épreuves. Mais une préparation simple et efficace vous permettra de dédramatiser.

Il est important de savoir que :

• les thèmes autour desquels tournent les questions sont les mêmes d'une école à l'autre ;

• chacun d'entre vous possède déjà, grâce à son cursus scolaire et universitaire, et par ses centres d'intérêt, une bonne culture générale. Il s'agit maintenant de la mettre en valeur et de la faire fructifier ;

• sur de nombreux thèmes, les questions posées font souvent appel à des connaissances de base. Pas besoin d'être un expert pour accumuler un bon nombre de points.

2 Les questionnaires

A. L'actualité

Les questions d'actualité, dont le nombre peut varier de 20 à 100 environ, portent sur des faits d'actualité régionale, nationale ou internationale, dans les domaines politique, économique, social, culturel et sportif (à l'IPJ, ces questionnaires de connaissance – France-Europe, culture générale et actualité – comporteront un quart de questions en anglais). Le champ couvert est aussi vaste que l'actualité lue dans les journaux pendant vos révisions.

À qui a été décerné le dernier prix Nobel de la paix ? Qui sont les candidats à l'élection présidentielle américaine ?

En plus de ces questions d'ordre général, vous devrez parfois :

– légender des photos ;

– compléter une carte du monde ;

• **Exemple**

Inscrivez sur cette carte de l'Europe le nom des 12 pays numérotés et indiquez par une croix s'il appartient à l'UE, à la zone euro, à l'OTAN.

– décliner l'identité d'une vingtaine de personnalités qui ont fait l'actualité ;

• **Exemple**

Qui sont Giuliano Amato, Mohamad Bakr al-Hakim, Marc Dolez, Alain Ferrandi, Xavier Flactif, Didier Julia, William Kristol ? (concours 2003).

décoder des abréviations.

Exemple
Que signifient les sigles suivants : CNUCED, NASDAQ, CMU, TPI, GPS, FIFA ?

B. La culture générale

Les questions sont destinées à vérifier vos connaissances dans les domaines suivants :

► **Histoire contemporaine**

• **Exemple**
- Quelles dispositions ont été précisées par la conférence de Postdam (8 juillet – 2 août 1945) ?
- Quel était l'objet de la manifestation qui a fait 8 morts au métro Charonne en 1962 ?

► **Actualité et culture générale**

→ **Institutions politiques, administratives, sociales et judiciaires de la France**

• **Exemple**
- Quelle est la date de création de la Sécurité sociale ?
- De combien de pays l'ONU est-elle composée ?

→ **Géographie et géopolitique**

• **Exemple**
- Quelle est la capitale de l'Allemagne ?
- Qu'est-ce que le Nunavut ?

→ **Économie**

• **Exemple**
- Quels sont les chiffres de l'économie française : budget, PIB, Smic horaire ?
- Qu'est-ce que le CAC 40 ?

→ **Arts et littérature**

• **Exemple**
À quelle date a été créé le festival de Cannes ?

3 Les articles à rédiger

Sur un thème d'actualité, vous devez écrire une réponse développée. Une longueur maximale vous est souvent imposée. L'examinateur teste à travers cette épreuve votre capacité à construire une réflexion journalistique autour d'une question donnée. Vous devez donc rédiger un article court, pas une dissertation ni un éditorial.
Votre article doit être :
- riche de faits précis, de dates, de lieux, de noms de personnes ;
- soigneusement rédigé, dans un style fluide et correct.

A. L'actualité

Au concours Pemep, vous allez devoir à des séries de questions courtes (QCM ou non), reconnaître des photos de personnalités qui ont fait l'actualité, ou encore légender des cartes.

- **Exemple**

– Quel est le prénom du fils de Yannick Noah champion de basket ?
– Comment s'appelle le président de l'Ukraine ? (cinq orthographes sont proposées pour Victor Louchtchenko).
– À quel groupe appartiennent les journaux suivants : Elle, Galan Métro, Télé star, Midi Libre ?
– De quelle ville est parti le tour de France 2009 ?
– Que signifie le sigle LOLF ?

Au CUEJ, on vous demande notamment de présenter une synthèse d'éléments d'actualité à partir d'un titre paru dans la presse française.

- **Exemple**

– « Bruxelles récuse une coprésidence française de l'Union pour la Méditerranée » (*Le Monde*, 20 mai 2008.)
– « L'Indien Tata entre dans le Gotha de l'automobile » (*Les Echos*, 27 mars 2008).
– « Les sans papiers s'invitent dans un restaurant chic de Neuilly » (*Le Parisien*, 20 avril 2008).

B. La culture générale

Au CUEJ, notamment, vous devez écrire un article d'environ 400 mots sur un thème de société. La consigne étant généralement fournie, essayer de la suivre à la lettre.

- **Exemple**

– À l'aide d'exemples précis, concrets, vous rendrez compte de ce qui selon vous caractérise aujourd'hui les adolescent(e)s.
– Quel avenir pour les villages ? En vous appuyant sur des exemples précis et concrets ainsi que sur les premiers enseignements tirés du recensement de mars 1999, vous proposerez un point de vue argumenté sur le devenir des villages français.

Au CUEJ, toujours, une autre épreuve consiste à écrire des articles courts autour de cinq grands thèmes : arts et lettres, droit, économie, histoire, géographie.
Pour chacun des thèmes, deux questions au choix vous sont proposées. Vous devez les traiter en 25 lignes maximum.

- **Exemple**

Arts et lettres
- Nicolas de Staël
- Internet : un outil pour la culture ?

Histoire
- États-Unis et Moyen-Orient (Irak compris) sous la présidence George W. Bush.
- La France et l'Afrique de 1995 à nos jours.

Économie
- Quels sont les enjeux du débat sur la réforme des retraites en France ?
- Les prélèvements obligatoires freinent-ils la croissance économique ?

Géographie
- Les migrations dans le monde.
- L'intercommunalité en France.

Droit
- Le référendum.
- Le cumul des mandats électoraux.

FICHE 21

Élaborer des fiches d'actualité

Actualité et culture générale

Pour réussir les épreuves d'actualité, une seule exigence s'impose : se plonger dans l'information. Comprendre, analyser et retenir les faits d'actualité... sans bachotage, de manière intelligente. La solution ? Élaborer sa propre synthèse de l'actualité, sous forme de « fiches ».

1 Les sources

Les moyens de s'informer sont très nombreux. Nous vous conseillons d'être organisé(e) et de choisir vos sources d'information.

- Ficher au moins un quotidien national par jour est essentiel. Certains ne jurent que par *Le Monde*, d'autres par *Libération* ou *Le Figaro*. *Le Monde*, dense en informations, vous apporte des articles très complets et des analyses poussées. *Libération* se lit facilement, grâce à une maquette aérée, des titres accrocheurs et des articles courts. *Le Figaro* serait plutôt un intermédiaire entre les deux : une maquette assez épurée, des articles poussés mais aussi de nombreux articles plus courts qui se lisent aisément. À vous d'opter pour le quotidien qui vous correspond le mieux, dans lequel vous avez envie de vous plonger chaque matin. Les plus studieux peuvent même se lancer dans la lecture quotidienne de ces deux ou trois journaux, très complémentaires.
- Complétez vos fiches en regardant un journal télévisé, celui de 20 heures par exemple. Muni d'un stylo et d'une feuille, prenez en note tous les sujets développés par le présentateur et son équipe de journalistes.
- Autre source indispensable : le web. Ne surfez plus en flanant, mais en picorant de l'info sur les sites des quotidiens, des hebdos, ou *via* les Une des moteurs de recherche. Créez quelques favoris que vous consulterez chaque jour, pour compléter la lecture d'un quotidien papier. Attardez-vous notamment sur les vidéos, les diaporamas photos, les webdocus...
- Prenez le temps de mettre en fiches un hebdomadaire généraliste par semaine : *L'Express*, *Le Nouvel Observateur*, *Le Point*. Ils ont l'avantage de synthétiser l'actualité de la semaine mais aussi de développer certains sujets sous forme d'enquêtes. Certaines informations pourraient vous avoir échappé dans la lecture des quotidiens.

2 Comment ficher un article ?

A. Les cinq questions : quoi ? qui ? quand ? où ? pourquoi ?

Une demi-heure, c'est le temps que vous devez consacrer à la lecture d'un quotidien qui recèle des dizaines et des dizaines d'informations. Il va donc falloir aller à l'essentiel.

1. Les articles

Pour chaque article que vous lirez, posez-vous les questions suivantes :

→ **Quoi ?** De quoi parle-t-on, quel est le sujet du papier, quel est son angle (sa problématique) ? Quelle question pose-t-on au début de l'article, quelle réponse lui donne-t-on ?

→ **Qui ?** De qui s'agit-il, qui sont les acteurs de l'événement, qui parle ? Cela vous permet de repérer les personnalités qui font l'actualité, celles que vous noterez dans votre répertoire « Personnalités ».
→ **Quand ?** De quand date l'information, quelles sont les différentes échéances données dans le papier ? Quand le conflit a-t-il débuté, quand l'assassin sera-t-il jugé, depuis combien de temps dure cette grève, etc. ?
→ **Où ?** Où se déroule l'événement, dans quel quartier, dans quelle ville, dans quel pays ? Être très attentif aux noms et à l'orthographe des villes peu connues.
→ **Pourquoi ?** Repérez les éléments d'explication de tel ou tel phénomène, tel ou tel événement : « Pourquoi la canicule a-t-elle tué autant de Français ? » ; « Pourquoi le coup d'État de Georgie a-t-il été pacifique ? » ; « Pourquoi Al Qaïda décide-t-elle de s'attaquer à la Turquie ? » Sur des sujets délicats, les causes sont souvent complexes et multiples ; tentez de comprendre au mieux les problématiques de chaque article, et ne notez sur vos fiches qu'une liste télégraphique d'explications.
Si, pour chaque article, vous faites une synthèse de ces cinq questions sur vos fiches, vous pouvez être sûr d'avoir retenu l'essentiel de l'information.

2. Les brèves

Que faire des brèves ? Lisez-les, mais ne retenez que celles qui vous paraissent essentielles. Faites attention à deux choses :
• par manque de place, les journaux traitent en brèves certains événements importants. C'est souvent le cas dans les pages internationales ;
• ne passez pas à côté de certaines informations qui vous paraissent anecdotiques, mais qui sont intéressantes car insolites. L'actualité se construit aussi autour de ces petites informations.

• **Exemple**
Roselyne Bachelot, ministre de l'Écologie, annonce que le président Jacques Chirac porte une prothèse auditive.

B. Les différents éléments d'un article

Pour que votre lecture de journal soit efficace et rapide, vous devez vous familiariser avec la maquette du journal (la construction des pages, le déroulé du journal).
Vous devez ensuite savoir repérer les différents éléments qui composent un article.
Vos fiches seront ainsi plus structurées et iront à l'essentiel. De plus, n'oubliez pas que, si vous savez découper un article, vous saurez en écrire un !

1. Les éléments de titraille : titres, surtitres, sous-titres

Repérer ces éléments est essentiel à la compréhension rapide d'un article. Certains titres informatifs résument l'essentiel d'un papier.
Repérez les jeux de mots récurrents, les petits noms donnés aux hommes politiques, les abréviations de certaines lois : ces effets de style, souvent présents dans la titraille, peuvent faire l'objet de questions au concours. Qu'est-ce qu'une « raffarinade » ?

2. Le chapô

Les chapôs ce sont les quelques lignes qui précèdent l'article et le résument. Ils sont brefs et ne font que survoler le contenu de l'article. En cas de gros retard dans vos lectures de quotidiens, lire ce chapô pourra parfois vous suffire…

3. L'accroche

L'accroche c'est le début de l'article. Elle sert à faire entrer le lecteur dans le vif du sujet. Les journalistes utilisent souvent des citations ou des exemples pour débuter leur papier de manière vivante. Sachez repérer les éléments qui pourraient vous servir.

4. La chute

La chute c'est la conclusion de l'article. Elle doit être dynamique et donner des éléments de perspectives. Elle est parfois inattendue ou surprenante. Les journalistes chutent souvent sur une citation ou sur une anecdote marquante, pour clore leur papier de la même manière qu'ils l'avaient commencé.

3 Deux méthodes au choix

L'objectif est de consacrer un moment de la journée à lire et à ficher simultanément le quotidien de votre choix. Une demi-heure est le temps idéal si vous vous tenez à un rythme régulier. Votre suivi de l'actualité sera de cette manière efficace et vous perdrez moins de temps. Il n'y a rien de plus décourageant qu'une énorme pile de journaux qu'il faut « ingurgiter » rapidement, les uns à la suite des autres.
Dans l'idéal, gardez donc le rythme un jour = un quotidien = une fiche. D'un point de vue purement pratique, nous vous conseillons d'utiliser des fiches cartonnées, que vous pourrez ensuite classer facilement. Vous pouvez aussi opter pour un grand cahier ou un bloc-notes. Le mot d'ordre reste « organisation ».

A. La fiche journalière

Si votre mémoire est temporelle, si vos souvenirs correspondent toujours à des dates précises, faites le choix de la fiche journalière. En clair, vous synthétisez votre quotidien sur une fiche unique, en suivant le déroulé du journal, rubrique par rubrique. Et n'en négligez aucune, même les pages « Horizons » ou « Débats ».

« *Les législatives se déroulent sur fond de crise économique* [*surtitre*]

Le populisme favori des élections suisses [*titre*] **(Où ?)**

Les Suisses se rendent aux urnes dimanche **(Quand ?)** **pour des législatives marquées par des inquiétudes économiques et sociales. La droite populiste devrait consolider sa place de première force politique du pays.** [*chapô*]

« Halte à l'immigration. Non à l'entrée dans l'Europe. Protégeons les Suisses » [*accroche*]. C'est avec ce programme que le parti suisse de la droite populiste, l'Union démocratique du centre (UDC), est donné gagnant aux élections législatives de dimanche. **(Quoi ?)** Les précédentes élections en 1999, marquées par la percée de la droite populiste, avaient fait de l'UDC le premier parti suisse en voix, laissant derrière lui le parti socialiste suisse et la droite classique. L'UDC aurait encore progressé depuis, créditée de 25,3 % des intentions de vote.
Et le climat paraît propice aux thèmes développés par l'UDC. La Confédération est entrée en récession, le chômage augmente et le déficit croissant des finances publiques l'oblige à se serrer la ceinture. L'UDC s'oppose notamment au relèvement de l'âge de la retraite et dénonce aussi les 2,5 milliards de francs suisses apportés par l'État pour le renflouage de la compagnie aérienne Swissair. **(Pourquoi ?)**

Xénophobie latente [*intertitre*]

Ses adversaires accusent la droite populiste de jouer sur la xénophobie latente de nombreux électeurs suisses inquiets pour leur emploi en période de crise ou sur le

sentiment d'insécurité des personnes âgées. Le discours nationaliste de son leader, Christophe Blocher, a suscité des comparaisons (**Qui ?**) avec des chefs de l'extrême droite comme Jean-Marie Le Pen en France ou Jorg Haïder en Autriche. En 1999, l'UDC avait particulièrement gagné du terrain en Suisse alémanique. (**Quand ?**) Depuis, elle a tout fait pour séduire les cantons francophones, où elle n'a pas dépassé les 12 % des suffrages en 1999.
Les élections de dimanche permettront de mieux mesurer son influence. La droite populiste ne possède pour l'instant qu'un poste ministériel au Conseil fédéral (gouvernement). La composition du Conseil reste régie par la « formule magique », un accord datant de 1959, qui répartit les portefeuilles ministériels entre les partis. Si la droite populiste poursuit sa montée, elle aura d'autant plus d'arguments pour revendiquer un deuxième portefeuille auprès de ses rivaux. » [*chute*]

Fiche journalière
***Libération* du mercredi 30 septembre 2009**

Évènement : L'affaire du procès Clearstream et l'audition de Dominique de Villepin devant le tribunal correctionnel. L'ancien Premier ministre dément toujours être impliqué dans la machination Clearstream. Il sera confronté à ses accusateurs Imad Lahoud et Jean-Louis Gergorin.

Monde : Sanglante répression d'une manifestation lundi 28 septembre à Conakry (Guinée). Cette manifestation est celle de l'opposition contre la dictature du chef de la junte guinéenne, Dadis Camara, à la prochaine présidentielle. 157 personnes tuées selon une ONG de défense des droits de l'homme locale.

France – POLITIQUE : À l'UMP, la peur des petits hommes Verts : l'excellent score de la candidate écologiste aux législatives des Yvelines dimanche est un électrochoc pour le parti majoritaire. Annie Poursinoff obtient 49,99 %, contre 50,01 % pour Jean-Frédéric Poisson, candidat UMP qui succède à Christine Boutin.

France – SOCIÉTÉ : À Gonesse (Val-d'Oise), depuis la rentrée une douzaine d'agressions ont été commises par de jeunes assaillants d'un lycée. La sortie des élèves se fait désormais sous protection policière et deux arrestations ont eu lieu.

Économie : Le budget 2010 en France bat tous les records, soit 140 milliards d'euros de déficit à 8,2 % du produit intérieur brut. Résultat, en 2010, la moitié des dépenses de l'Etat seront financées à crédit.
Didier Lombard : la démission du PDG de France Télécom, auditionné au Sénat après le dernier suicide, est de plus en plus évoquée.
Sports : Le match Real Madrid – OM en ligne de mire. Le club madrilène culmine au sommet du « foot business ».

Culture : La mode des « baby » rockers fait rage en France : Zak Laughed ; The Pupils ; Coming Soon / moyenne d'âge 15-16 ans.

La bataille juridique autour du cinéaste Roman Polanski enflamme la planète. Celui-ci est détenu en Suisse depuis samedi.

Écrans & Medias : France Télévisions attend toujours les 450 millions d'euros promis par le gouvernement pour compenser la suppression de la publicité après 20 heures. Ce sera finalement 415 millions d'euros qui devraient être versés.

Portrait : Claude Evin, ancien ministre rocardien des Affaires sociales, va être nommé par Nicolas Sarkozy directeur de l'Agence régionale de santé de l'Île-de-France.

Lisez les pages « Rebonds », « Courrier des lecteurs » ou « Horizons » ; elles foisonnent de réflexions sur des questions de société. Mettre en fiche deux ou trois de ces « coups de gueule » par semaine peut s'avérer utile.
Notez dans un coin de votre fiche la une du journal ; cette information pourra vous être demandée lors de l'épreuve de certains concours.

▸ **L'avantage de cette méthode**

Vous aurez un suivi précis de l'actualité, jour après jour. Vous pourrez « remonter dans le passé » sans aucun problème, date par date.
Ce travail de préparation vous paraît lourd et insurmontable ? Détrompez-vous. En lisant un quotidien chaque jour, vous verrez que l'actualité n'avance pas si vite qu'on le croit ; d'un jour à l'autre, sur un fait particulier, les nouvelles informations sont souvent minimes.

B. La fiche thématique

Si votre mémoire fonctionne davantage par fait que par date, optez plutôt pour les fiches thématiques.
Là aussi, tenez-vous à un rythme de lecture quotidienne, mais votre synthèse prendra une autre forme. Chaque rubrique de votre quotidien devient une fiche. Vous en aurez donc une dizaine. Vous pouvez, soit vous calquer sur les rubriques du journal, soit en regrouper certaines. À vous de les définir.
En lisant votre quotidien, vous remplissez vos fiches une à une (ou vos cahiers), sans oublier de préciser la date de l'information que vous notez.
Faire absolument une fiche « Personnalités », voire un répertoire. Vous y noterez les noms et fonctions des personnes qui font l'actualité, dès Premiers ministres étrangers aux patrons de grandes entreprises, en passant par les réalisateurs de cinéma, les écrivains, ou les sportifs de l'année. Mémoriser les noms de ce répertoire vous sera très utile le jour de l'épreuve. Plusieurs écoles vous interrogeront sur une liste de noms : vous devrez préciser qui sont ces gens, quelle est leur fonction et pourquoi on a parlé d'eux cette année. Si vous avez consciencieusement noté ces noms les uns après les autres, vous vous en souviendrez facilement.

▸ **L'avantage de cette méthode**

À la fin d'une semaine ou d'un mois, vous aurez une vision globale et thématique de l'actualité. Vous pourrez repérer en un seul coup d'œil les événements sportifs qui ont marqué le mois, les hommes politiques qui ont fait parler d'eux, les conflits internationaux à retenir.

Fiche thématique économie
***Libération.fr,* semaine du 28 septembre – 2 octobre**

Lundi 28 septembre
→ Le déficit public de la France devrait atteindre en 2009 140 milliards, soit 8,2 % du PIB. En 2007, il se montait à 50 milliards d'euros.
→ Henri Proglio propulsé à la tête d'EDF. Le PDG de Veolia va remplacer Pierre Gadonneix à la tête d'EDF, alors qu'un rapprochement entre les deux groupes n'est pas écarté par le gouvernement.
→ BNP Paribas va fermer ses filiales dans les paradis fiscaux. La banque va se retirer d'ici 2010 du Panama et des Bahamas, où elle possède deux succursales et six filiales.

→ Le vote citoyen contre la privatisation de La Poste a débuté ce lundi, dans toute la France. Sur le bulletin, la question est simple. « *Le gouvernement veut changer le statut de La Poste pour la privatiser, êtes-vous d'accord avec ce projet ?* »
→ Hadopi 2 : le groupe socialiste à l'Assemblée Nationale a déposé son recours devant le Conseil Constitutionnel.
→ France Télécom : un salarié du groupe a mis fin à ses jours en sautant d'un pont près d'Alby-sur-Chéran, en Haute-Savoie. C'est le 24e suicide dans l'entreprise depuis février 2008. Le PDG, Didier Lombard, décide de se rendre sur place ainsi que Louis-Pierre Wenes, le numéro 2 de l'entreprise, et Olivier Barberot, le DRH. À Annecy, Didier Lombard annonce que l'opérateur téléphonique mettait fin « *au niveau national le principe de mobilité des cadres, systématique tous les 3 ans* ».

Mardi 29 septembre
→ La femme d'affaires la plus puissante du monde est l'Indienne Indra Nooyi qui, à 53 ans, préside le groupe américain Pepsico. C'est ce qui ressort d'un classement publié par le *Financial Times*.
→ La Poste : 63 % des Français contre le changement de statut. Ces personnes sondées par le CSA à la demande de « L'Humanité » sont « défavorables » au changement de statut de l'établissement public en société anonyme, alors que 75 % voteraient « non » à sa privatisation.
→ Les comptes de la SNCF déraillent. Pour la première fois depuis six ans, le transporteur ferroviaire a perdu 500 millions d'euros sur les six premiers mois de l'année. Responsables ? La crise et le fret.
→ Nicolas Sarkozy annonce l'extension du RSA (revenu de solidarité active) aux travailleurs de moins de 25 ans qui ont travaillé deux ans sur une période d'au moins trois ans.
→ France Télécom : la gauche réclame la démission de Lombard. Les députés PS et PCF appellent également à la mise en place d'une mission parlementaire. Les syndicats eux déposent plainte contre X : la CFE-CGC-Unsa et FO ont décidé d'engager une action juridique pour « mise en danger de la vie d'autrui » et « non assistance à personne en souffrance au travail ». Plusieurs centaines de salariés de France Telecom se sont rassemblées mardi matin devant le siège régional de l'entreprise à Lyon.
→ Dépenses agricoles : Paris mis à l'amende par Bruxelles. La Commission européenne a demandé ce mardi à 18 pays le remboursement de 214,6 millions d'euros pour des dépenses irrégulières au titre de la Politique agricole commune. La France se voit réclamer 71 millions d'euros.

Voir aussi

→ Fiche 16. Se tenir informé
→ Site www.concours-foucher.com
→ rubrique « La préparation/chronologie »

Témoignage
« Nous travaillions en groupe, à cinq ou six. On se partageait les pages du Monde à ficher. Monde, France, Entreprises, Cultures… Chacun choisissait une rubrique et faisait la synthèse de la semaine. Puis on échangeait nos fiches. J'ai donc tenu un véritable calendrier, semaine par semaine, de l'actualité. »

Charlotte Patron, candidate aux concours en 2000.

« Trois mois avant le concours, j'ai lu Le Monde chaque jour, pour rattraper le retard accumulé sur l'actualité française (je vivais à Barcelone). Je notais scrupuleusement

dans un carnet les noms des différentes personnalités de la scène politique, économique et culturelle. Cet aide-mémoire me permettait de faire le lien avec les événements. »

Anne Lerouse, candidate aux concours en 2000.

« J'ai surtout travaillé le dernier mois avant les concours où j'ai mis les bouchées doubles, me rendant compte du retard accumulé. Résultat, je lisais une dizaine de Monde par jour en prenant des notes. C'était épuisant ! »

FICHE 22

Faire des dossiers d'actualité

Actualité et culture générale

La technique des fiches ne suffit pas. Pour pouvoir répondre aux questions d'analyse, vous devez aller plus loin. Nous vous conseillons d'approfondir les grandes questions d'actualité en constituant des dossiers d'articles.

1 Repérer les grandes questions d'actualité

Vous ne pourrez pas couvrir tous les grands thèmes d'actualité du moment. Par conséquent, choisissez les sujets qui vous semblent incontournables mais aussi les questions sur lesquelles vous vous sentez moins au point. Quelques clés pour repérer les thèmes d'actualité essentiels :

→ **International :** les conflits (la guerre en Irak, le conflit israélo-palestinien), les élections, l'Europe, les religions, la mondialisation.

→ **Société :** les questions qui ont soulevé des polémiques (la laïcité à l'école, l'euthanasie, la régularisation des sans-papiers).

→ **Politique :** la composition du gouvernement, les élections municipales, régionales, présidentielles, les partis politiques (congrès, évolution, hommes), les syndicats, les courants alternatifs (Forum social européen).

→ **Économie :** le chômage, les retraites, la Bourse, les rachats, les fusions, les faillites de grandes entreprises, les licenciements.

→ **Sport :** les compétitions importantes des six derniers mois, les questions de société autour du sport (dopage, handisport).

→ **Culture :** quelques grands festivals ou rendez-vous de la culture (Cannes, Avignon), les questions d'actualité (les intermittents), les derniers films à l'affiche.

2 Organiser, synthétiser, retenir

Comment recueillir des informations ?

- Lisez puis sélectionnez tous les articles qui se rapportent aux grands sujets que vous avez choisis. Multipliez vos sources : quotidiens, hebdomadaires, journaux économiques, journaux étrangers.
- Optimisez l'outil internet, notamment en mettant de côté les grands dossiers d'actualité déjà élaborés par les sites d'infos comme Le Monde.fr ou L'Express.fr, qui proposent articles de synthèse, reportages, mais aussi photos et vidéos sur le sujet.
- Allez chercher des articles plus anciens, notamment pour les conflits internationaux : vous comprendrez mieux le contexte, les tenants et les aboutissants de certains événements.
- Imprimez, découpez... puis glissez ces articles dans des classeurs à pochettes transparentes. L'idéal : un classeur par dossier. Une fois vos classeurs organisés, lisez plusieurs fois l'ensemble de ces dossiers. Lorsque vous disposez d'une dizaine d'articles par thème, synthétisez-les en une fiche sur laquelle vous notez les grandes lignes du sujet.

L'idée n'est pas de « bachoter » mais d'avoir des bases solides, pour construire sa propre analyse. C'est autant à votre connaissance de l'actualité qu'à votre esprit critique que l'examinateur sera attentif.

Voir aussi

→ **Fiche 23. Faire des dossiers de culture générale**

FICHE 23

Faire des dossiers de culture générale

Actualité et culture générale

Comme pour l'actualité, il est important de vous constituer vos propres dossiers de culture générale en fonction de vos lacunes et des domaines que vous maîtrisez le mieux.

1 Connaître les domaines de culture générale

Voici cinq domaines de culture générale au champ très vaste. Il est impossible de citer tous les thèmes qui en découlent. La classification ci-après est loin d'être exhaustive, mais elle vous sera utile. À vous, ensuite, d'alimenter ce tableau.

2 Organiser ses dossiers

Ces cinq domaines correspondent à des dossiers que vous allez devoir vous constituer. Dans chacun de ces cinq dossiers, les différents thèmes deviennent des sous-dossiers. Dans ces sous-dossiers, placez tous les articles et documents que vous collectez sur chacun des thèmes.

Domaines	Thèmes
Histoire	→Le monde depuis 1945 →La France depuis 1945 →La construction européenne
Économie et société	→Le chômage →Les entreprises →La crise →Les questions économiques internationales (la mondialisation, les relations Nord-Sud...) →La protection sociale →Les retraites →Les questions migratoires
Droit et politique	→La justice →Les institutions politiques françaises, nationales, régionales, locales →La démocratie (fonctionnement de la vie démocratique française, élections...) →Les partis politiques
Géographie	→Connaissance de la France →Localisation et cartographie (capitales, grandes métropoles mondiales) →Géopolitique
Arts et lettres	→Les grands auteurs littéraires →Le cinéma →Les grands peintres →Les festivals

Synthétiser l'ensemble de ces articles sur une fiche, que vous compléterez au gré de vos lectures. L'objectif étant d'acquérir un minimum de connaissances sur des thèmes incontournables.

À noter que pour le thème « histoire », la méthode à adopter sera plutôt une fiche par événement traité. Si vous étudiez la guerre du Golfe, il vaut mieux consacrer une unique fiche à ce conflit. Cela évitera les confusions, notamment chronologiques, le jour du concours.

3 Déterminer ses points forts

Si cette épreuve est considérée comme importante par les écoles, c'est tout simplement parce qu'elle permet d'évaluer la culture générale d'un candidat, culture indispensable à un futur journaliste. Les journalistes n'ont pas une connaissance exhaustive de tous les sujets de culture générale. Beaucoup d'entre eux s'intéressent plus particulièrement à un domaine et se spécialisent. Mais leur curiosité doit logiquement les amener à maîtriser quelques fondamentaux sur de nombreux sujets. C'est exactement ce que l'on vous demande ici.
À vous de faire sur chacun des cinq thèmes un état des lieux de vos connaissances. Il y a forcément un ou deux thèmes sur lesquels vous êtes plus à l'aise. C'est donc sur ceux qui vous sont moins familiers, que vous devez vous concentrer.

N'essayez pas de devenir incollable en droit si vous avez suivi des études d'art. Vous perdriez votre temps aux dépens de la préparation des autres épreuves.
Pour chacun des thèmes de culture générale, il ne faut pas griller les étapes. Commencez d'abord par des outils simples et clairs qui vous permettront de construire votre préparation sur des bases solides. Empiler des connaissances vagues et peu maîtrisées ne sert à rien.

Voir aussi

→ **Fiche 24. Lire, regarder, écouter, surfer**
→ **Site : www.concours-foucher.com rubrique « La préparation/chronologie »**

Témoignage

« La culture générale m'a semblé être l'épreuve la plus difficile à réviser car on a toujours l'impression de ne rien savoir sur rien, d'avoir tout à reprendre à la base ! Évidemment, c'est impossible. J'ai donc pris le parti d'élargir les domaines ayant un minimum de liens avec l'actualité. Pour que cela soit plus ludique, on peut aussi aller voir des expositions, des rétrospectives ou des vieux classiques de cinéma. »

Charlotte Patron, candidate aux concours en 2000.

« Pour la culture générale, je me suis simplement replongé dans mes cahiers d'histoire d'hypokhâgne. »

Franck Lebrun, candidat aux concours en 1999, 2000 et 2001.

FICHE 24

Lire, regarder, écouter, surfer

Actualité et culture générale

Pour travailler sur ces thèmes de culture générale, de nombreux outils sont à votre disposition.

1 Les livres

Pour améliorer votre culture générale, il faut lire plusieurs ouvrages. Mais là encore, composez votre programme de lecture en fonction de vos connaissances préalables. Novice en droit, n'allez pas vous plonger directement dans un précis juridique de la collection Dalloz, réservé aux initiés.

Prenons l'exemple de l'histoire. Toutes les épreuves de culture générale vont porter essentiellement sur le monde après 1945. Ce thème se rapproche donc du programme d'histoire abordé au lycée en classe de terminale. Le premier outil à votre disposition pour combler vos lacunes sera un manuel d'histoire de terminale. Évidemment, dans l'absolu, il ne faut pas s'en contenter mais ce type d'ouvrage permet de reposer de manière simple les fondamentaux de cette période. Ensuite, la lecture d'ouvrages plus élaborés va s'avérer nécessaire pour approfondir les enjeux internationaux qui ont pesé sur le monde après 1945. Mais cette seconde étape n'est pertinente que si vous maîtrisez déjà bien la chronologie des événements majeurs.

2 Les médias traditionnels

La presse, la télévision et la radio peuvent aussi vous venir en aide pour parfaire votre culture générale. À l'occasion d'un anniversaire historique quelconque, par exemple, les journaux publient souvent de très bonnes rétrospectives des événements, agrémentés en plus de chronologies fournies. N'hésitez pas à vous en servir. Même chose pour les zones de conflits : des cartes des régions concernées avec des « fiches pays » (population, densité, produit intérieur brut...) sont très fréquemment publiées en complément des reportages. Il est important que ces outils vous servent à compléter vos connaissances en géographie, par exemple.

Les revues spécialisées peuvent aussi être utiles : pensez aux publications du journal *Le Monde (Le Monde de l'année)*, aux revues *Pouvoirs, Esprit, Alternatives économiques, Alternatives internationales, Histoire*...

À noter, aussi, les bilans économiques et sociaux publiés chaque année par les journaux comme *Le Monde*, *L'Express*, *Le Nouvel Observateur*, *Le Point*, etc.

Les documentaires historiques télévisés sont d'autres bons exemples de l'aide que peuvent vous apporter les médias traditionnels dans votre préparation.

3 Internet

Internet est évidemment une mine d'infos pour se forger une bonne culture générale.

Tout de même aux sites dont les sources sont douteuses, comme wikipédia. Faites plutôt confiance aux sites institutionnels, officiels ou à vocation pédagogique. Une bonne référence : www.ladocumentationfrancaise.fr

Voir aussi

→ **Repères bibliographiques** (en fin d'ouvrage)

FICHE 25

Le jour de l'épreuve

Actualité et culture générale

Les examinateurs ne sont pas là pour vous piéger. L'objectif des épreuves : vérifier que vous portez un minimum d'intérêt à l'actualité, que vous êtes à l'écoute – avec des oreilles de futur journaliste – du monde dans lequel vous vivez.

1 Questionnaire : être rapide et efficace

Les épreuves d'actualité comme celles de culture générale sont souvent construites sous forme de questions très courtes, mais nombreuses. De nombreux candidats échouent par manque de temps, d'anticipation et d'organisation. Soyez donc rapide.

• Commencez par jeter un coup d'oeil général sur l'épreuve. Cette technique du survol est efficace car vous aurez ainsi une idée de ce qui vous attend et vous pourrez gérer votre temps en fonction des questions. Pour ceux qui ont besoin de repères, écrivez sur un brouillon une ébauche d'emploi du temps : une demi-heure pour les questions d'actualité, un quart d'heure pour les noms de personnalités, un quart d'heure pour la carte du monde...

• Répondez ensuite directement aux questions qui vous paraissent évidentes, l'essentiel étant de gagner des points. Vous gagnerez aussi en confiance pour la suite des questions.

• Tentez de répondre à tout. Une règle : une bribe d'information vaut mieux qu'un blanc. Vous bloquez sur la fonction exacte d'une personnalité, mais vous savez dans quel domaine elle s'est illustrée : n'hésitez pas à l'écrire. L'objectif est de montrer à l'examinateur que votre mémoire fonctionne et que vous avez déjà entendu parler de cette personne. Votre rapidité devra aussi s'accompagner d'efficacité. En clair, vous avez quelques heures pour tirer le plus grand parti possible de vos mois de préparation.

• Faites appel à toutes vos sources de révision. C'est ici que vos fiches d'actualité vont vous servir. Vous devez avoir en mémoire la chronologie de l'actualité des six derniers mois. En cas de blocage, tentez de vous remémorer vos fiches une à une, par jour ou par thème. Vous visualiserez ainsi certaines informations qui auraient pu vous échapper.

• Gardez en tête, pour la culture générale, vos fiches thématiques, mais sachez aussi « ouvrir » votre esprit. Vous pouvez trouver certaines réponses grâce à des associations d'idées, de personnes, d'événements.

• Comment rédiger vos réponses ? Soyez clair et concis ; faites des phrases courtes, mais construites. Évitez si possible le style télégraphique, sauf s'il est autorisé.

2 Article à rédiger : avoir le sens de l'actualité

Savoir « broder » sur tout et n'importe quoi ne relève pas vraiment du journalisme. En revanche, un journaliste doit avoir l'esprit de synthèse, savoir regrouper plusieurs éléments de l'actualité, les décortiquer, les analyser et en tirer un article de réflexion.

A. Un choix rapide

Pour les réponses développées de culture générale (comme au CUEJ), allez directement vers le sujet qui vous semble faisable. Ne commencez pas à vous pencher sur plusieurs sujets et n'hésitez pas trop : vous n'avez que peu de temps pour rassembler toutes vos connaissances. Surtout, ne vous démoralisez pas si vous avez l'impression de ne rien connaître aux sujets de réflexion proposés.

• Notez d'abord au brouillon tout ce qui pourrait se rattacher à ce sujet : écrivez des noms de personnes, des faits, des dates, des photos qui vous viennent à l'esprit. Ce *brainstorming* sera forcément fructueux.

• Trouvez ensuite un angle de traitement du sujet ; vous ne devez pas disserter et parler de tous les aspects de la question. Il s'agit de choisir une problématique, de voir le sujet à travers un « viseur » que vous aurez défini.

• **Exemple**

Si le sujet est « Calais » (comme à l'ESJ, en 2000), choisissez un angle de traitement qui correspond à l'actualité de la ville ces six derniers mois. En l'occurrence, en 2000, Calais s'est illustré grâce à son équipe de football (évoluant en CFA) qualifiée pour la finale de la Coupe de France.

! *Il ne s'agit pas de transformer le sujet de réflexion mais plutôt de le « tirer à soi », en montrant que l'on connaît bien tel ou tel aspect de la question.*

• **Exemple**

Si l'on vous demande de disserter sur le thème « terrorisme et médias », et que vous avez méticuleusement suivi l'actualité du terrorisme basque, par exemple, orientez la réflexion vers ce sujet précis. Citez des exemples, donnez des noms, argumentez autour des éléments que vous connaissez bien.

B. La rédaction

• Montrez que vous avez compris ce qu'est un article... en tentant d'en rédiger un. Pensez à écrire une accroche et une chute. Ne construisez pas votre texte comme une dissertation en trois parties.

• Faites un texte vivant et argumenté, qui s'appuie sur des faits. Votre style d'écriture comptera presque autant que le contenu de votre explication.

À éviter

Les fautes d'orthographe (surtout pour les noms propres) et les petites touches d'humour, qui ne seront pas forcément appréciées (en tout cas pour cette épreuve).

Voir aussi

→ Fiche 21. Élaborer des fiches d'actualité

Témoignage

« Pour le questionnaire d'actualité du CFJ, j'ai adopté une technique efficace : laisser de côté chaque question dont je ne trouvais pas immédiatement la réponse. J'ai laissé plus de la moitié des champs blancs mais je suis arrivé à la fin du questionnaire dans les temps, certain d'avoir répondu à toutes les questions à ma portée. Ma note a largement dépassé la moyenne alors que si elle avait été attribuée selon un barème fixe, j'aurais sûrement eu 6 ou 7. »

Florent Maurin, candidat aux concours 2000.

FICHE 26

Caractéristiques de l'épreuve

Note de synthèse

La note de synthèse est l'une des épreuves d'admissibilité les plus importantes. Elle ne requiert aucune connaissance préalable sur le sujet à traiter. En revanche, c'est la technique de synthèse que vous devez maîtriser.

1 La synthèse journalistique

Il s'agit de rédiger une synthèse « journalistique » sur un sujet déterminé, à partir d'un dossier de presse. Vous devez faire le tour de la question d'actualité imposée, de manière claire et efficace. En clair, pensez que vous vous adressez à un lecteur non averti, à qui vous expliquez les tenants et les aboutissants d'un sujet.
Grâce à votre synthèse, il doit pouvoir se faire une opinion sur la question. Les articles contenus dans le dossier de presse sont votre unique source d'information : vous ne devez en aucun cas puiser dans vos connaissances personnelles ni exprimer votre opinion pour rédiger cette synthèse.
Cette épreuve importante est souvent à fort coefficient. À l'ESJ, le coefficient accordé à cette épreuve est de 4 ; au CELSA et à l'IPJ, son coefficient est de 3.

2 Le libellé du sujet

→ À l'ESJ, le libellé est court : il s'agit d'une question ou d'une phrase brève, qui expose le sujet.

- **Exemple**

Peut-on parler de nouvelle économie ? (1 000 mots maximum)
Euro : les effets concrets du passage à la monnaie unique sur la vie quotidienne des Français. (1 000 mots maximum)

→ Au CELSA et à l'IPJ, ce sont plusieurs articles de synthèse qui vous sont demandés. La technique reste la même.
→ Au CELSA, le libellé vous donne des indications sur le plan à suivre. Mais il s'agit davantage de pistes de réflexion que d'un plan à suivre à la lettre.

- **Exemple**

Procès ELF, 18 mars au 20 avril 2003 (sujet de synthèse 2003).
À partir du dossier de dépêches, que vous lirez attentivement et que vous utiliserez à votre guise, en intégrant ou en écartant les différentes informations, vous rédigerez trois articles de presse en respectant les thèmes et les longueurs demandées :
1. Présentez les enjeux du procès ainsi que les principaux acteurs (250-300 mots maximum).
2. Décrivez le système dit « des commissions » tel qu'il fonctionnait à l'intérieur de l'entreprise ELF. Quels étaient les objectifs poursuivis par ce système ? En quoi et comment ce dispositif pouvait-il donner lieu à des abus ? (300 mots maximum)
3. Compte tenu des déclarations des prévenus lors des premiers jours du procès et des réactions qu'elles suscitent, que peut-on dire du rôle politique joué par la société ELF tant sur le plan international que national ? (400 mots maximum)

→ À l'IPJ, le libellé est bref.

- **Exemple**

Votre travail consiste à rédiger trois synthèses d'une vingtaine de lignes maximum en reprenant les informations essentielles. Restez concret. Et titrez chaque article.

3 Les documents

Le dossier est constitué d'articles de journaux divers et variés. Leur nombre varie d'une école à l'autre. Vous y trouverez des articles issus de quotidiens ou de magazines, voire de journaux spécialisés.
Au CELSA, le dossier de presse est uniquement composé de dépêches d'agence (agence France Presse, Reuters ou Associated Press). Il est donc important d'apprendre à les lire. Vous pouvez vous procurer des dépêches sur le site www.yahoo.fr, dans la rubrique « Actualités », et de manière générale sur les moteurs de recherche Internet. Une dépêche est à la source de l'information, à la base du travail de journaliste. Elle vous donne donc les éléments essentiels d'un événement : où, quand, qui, pourquoi, comment. Les paragraphes sont classés par ordre d'importance, comme dans une pyramide.
Vous pouvez aussi trouver dans ces dossiers à synthétiser des articles tirés de sites internet, ainsi que des articles en anglais.

4 Les attentes du correcteur

Cette épreuve fait appel à vos qualités d'analyse, de raisonnement, de synthèse et d'expression, ainsi qu'à votre intérêt pour l'actualité. La note de synthèse permet au correcteur d'apprécier :
- votre aptitude à saisir et restituer la pensée d'autrui, sans la déformer ;
- votre capacité à analyser rapidement une masse documentaire importante ;
- votre niveau de langue, votre expression écrite, vos efforts de style.

5 La maîtrise du temps

L'épreuve de note de synthèse est en général assez longue. À l'ESJ et au CELSA, vous disposez de quatre heures pour la rédiger. À l'IPJ, l'épreuve dure une heure et demie.
• N'oubliez pas de vous munir d'une montre ou d'un réveil.
• Notez sur une feuille à part comment vont s'organiser vos quatre heures.
Essayez de vous tenir à ce programme, en vous laissant une légère marge de souplesse. En toute logique, si vous vous êtes entraîné en conditions réelles, la gestion du temps ne devrait pas vous poser de problème.
Nous vous proposons l'emploi du temps suivant :
- lecture du sujet et analyse (10 min) ;
- lecture globale du dossier (15 min) ;
- élaboration des fiches par thème (15 min) ;
- lecture détaillée avec prise de notes (1 h) ;
- élaboration du plan (20 min) ;
- rédaction de l'introduction et de la conclusion (20 min) ;
- rédaction de la note (1 h 30) ;
- relecture (10 min).
À vous, maintenant, de moduler cet emploi du temps comme vous l'entendez.

À éviter

- Le hors-sujet.
- La paraphrase.
- Le commentaire, l'expression de votre opinion.

FICHE 27

Organiser sa grille de lecture

Note de synthèse

Pour être au point le jour de l'épreuve, vous devez vous entraîner dans les conditions réelles de l'exercice. Première étape : acquérir une technique de lecture et de prise de notes efficace. C'est cette grille de lecture que vous utiliserez le jour du concours.

1 À partir de quoi s'entraîner ?

• Servez-vous des dossiers thématiques que vous vous êtes constitués pour réviser les épreuves d'actualité et de culture générale.
• Sélectionnez une dizaine d'articles autour d'un thème d'actualité, provenant de sources différentes : ce sera votre dossier de presse « d'entraînement ».
• Vous pouvez aussi vous servir d'Internet : tapez dans un moteur de recherche un thème et imprimez plusieurs articles s'y rapportant.

2 Élaborer sa grille de lecture

A. Lecture globale

La première lecture du dossier doit être la plus globale possible. Si les documents sont des articles de journaux, concentrez-vous sur la « titraille » : titre, soustitre, chapô, inter-titres, exergues. Puis parcourez rapidement le corps du texte.
Il s'agit de :
– hiérarchiser les documents ;
– mettre de côté les documents qui vous paraissent hors sujet, répétitifs ou mineurs ;
– classer les documents par ordre chronologique, pour que votre dossier suive le cours de l'actualité.
Cette première lecture va surtout vous servir à dégager les grands thèmes couvrant l'ensemble du dossier de presse. Autour de la question principale, vous avez repéré plusieurs thèmes, plusieurs éléments à mettre en avant. À partir de là, la méthode efficace consiste à consacrer une fiche à chaque thème.
Votre fiche devra comprendre :
– le titre de la thématique ;
– une synthèse télégraphique des documents se rapportant au thème ;
– le titre de l'article, son numéro de page, sa source et sa date de parution.
Une fois votre lecture globale terminée, vous devez donc avoir devant vous cinq ou six fiches thématiques. Ce sont ces différents thèmes qui vous aideront par la suite à construire le plan de votre note de synthèse.
Pensez aussi à vous constituer d'emblée une fiche réservée aux éléments d'accroche et une fiche réservée aux éléments de chute.

B. Lecture détaillée

L'étape suivante est celle de la lecture détaillée. En lisant chaque document, vous identifiez les thèmes abordés et vous remplissez vos fiches au fur et à mesure.

Si au cours de votre lecture, vous repérez des articles qui ne s'intègrent dans aucun thème, ne paniquez pas. Évaluez l'importance des informations contenues dans les articles pour déterminer s'il faut les retenir malgré tout. Dans ce cas, notez-les sur une nouvelle fiche.

▸ Avantage de cette méthode

Le dossier de presse ainsi disséqué, vous avez déjà en tête les grands thèmes abordés dans le dossier. Vous allez donc pouvoir élaborer un plan plus facilement.

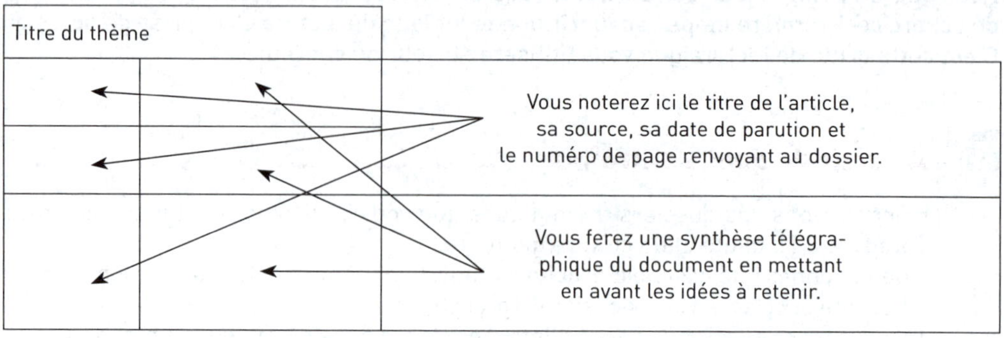

Témoignage

« Avant l'épreuve, je n'avais défini aucune technique de prise de notes. Du coup, quand je me suis retrouvé avec le dossier de 50 pages entre les mains, je me suis mis à noter un peu en vrac les idées qui me paraissaient importantes. À la fin de ma lecture, je me suis retrouvé avec 30 pages de notes ! La catastrophe ! Il est donc essentiel d'avoir une technique bien précise. »

Grégory Basser, candidat aux concours en 2000.

FICHE 28

S'entraîner à faire des plans

Note de synthèse

Cette étape est capitale dans la note de synthèse. Après vous être imprégné des documents du dossier, il faut maintenant essayer de rendre cet ensemble cohérent. Prendre du recul par rapport à la masse d'idées recueillies est difficile mais vous devrez être le plus rapide et le plus efficace possible.

1 Oublier la dissertation

Ce que l'on attend de vous au final de cette épreuve, c'est un article de synthèse et non une dissertation de type universitaire. Le plan thèse-antithèse-synthèse est donc à oublier d'emblée car il vous conduirait à la catastrophe. Il ne correspond en aucun cas à ce que les examinateurs attendent de vous. C'est bien une réflexion que vous allez devoir mener, mais en soulevant plusieurs problèmes tout au long de votre article. Seul l'entraînement vous permettra réellement de progresser dans cette étape cruciale de l'épreuve. Ainsi, pendant votre préparation, vous allez adopter des automatismes de synthèse qui vous permettront d'aller vite dans l'élaboration d'un plan sur un nouveau sujet. Autre possibilité d'entraînement : décortiquer les articles de synthèse ou de réflexion que vous trouverez dans les hebdomadaires. Essayez à chaque fois de comprendre comment les journalistes ont bâti leur plan.

2 Suggestion de plan

A. Pas de plan type

Il n'existe pas de plan type pour cette épreuve. C'est le sujet et la problématique qui s'en dégage qui vont vous dicter le plan à élaborer. Si votre plan est greffé sur la question ou le sujet posé, il n'en sera que meilleur.

Si, toutefois, le jour de l'épreuve, vous n'arrivez pas à discerner clairement les grandes questions inhérentes au sujet, un plan « général » peut vous permettre de vous en sortir sans trop de difficultés.

B. Le plan PICERC

1. Explication

Le plan PICERC a pour principal avantage de vous amener à vous poser les bonnes questions : il vous oblige à reformuler le problème dans tous les sens et à en tirer les grandes lignes. Quel que soit le sujet posé, vous arrivez ainsi à vous retrouver dans la masse d'informations collectée.

PICERC : chaque lettre de ce mot a en fait une signification propre qui va vous aider à décortiquer le sujet.

→ **P** pour éléments de présentation : c'est à la fois le point de départ et le point d'ancrage de votre travail. En une ou deux phrases, vous devez arriver à formuler la problématique du sujet, et l'angle sous lequel vous avez choisi de le développer.

→ **I** pour éléments d'introduction : vous regrouperez ici tous les éléments antérieurs au problème, les événements à l'origine du phénomène à expliquer.

→ **C** pour causes : ce sont tous les éléments qui répondent à la question « Pourquoi ? » Les causes d'un problème, les raisons qui font d'un phénomène une question de société...
→ **E** pour explications : vous regrouperez ici tous les éléments d'explication et d'illustration du sujet. Ce peut être des chiffres, des exemples, des applications concrètes du sujet.
→ **R** pour réflexion : ici, il faut mettre en perspective les différentes théories développées par des spécialistes, des chercheurs, mais surtout les différentes opinions exprimées sur le sujet.
→ **C** pour conclusion : tous les éléments qui vont vous permettre d'écrire la chute de votre article seront à rassembler dans cette partie.

2. Exemple

Voici un exemple de plan PICERC que vous auriez pu rédiger pour un sujet sur la nouvelle économie donné à l'ESJ en 2000.

▸ **Sujet : Peut-on parler de nouvelle économie ?**

Après lecture de l'ensemble des documents du dossier, le plan aurait pu être le suivant.
→ **P :** Bien que l'expression de « nouvelle économie » soit utilisée à tort et à travers en France, on ne peut pour l'instant parler que d'une économie à nouvelle dimension.
L'économie n'a pas totalement changé de structure.
→ **I :** Le monde a connu deux révolutions industrielles. La première est née en Angleterre avec l'invention de la machine à vapeur en 1776.
La seconde révolution a été déclenchée par l'électricité.
Nous en sommes aujourd'hui à celle de l'électronique, de l'informatique, de la robotique et des réseaux tels qu'internet.
→ **C :** La nouvelle économie est fondée sur les nouvelles technologies : internet, mais aussi les téléphones portables, le WAP. En France, en 1998, les nouvelles technologies de l'information et de la communication ont contribué à 5 % du PIB, et 15 % de la richesse nationale. Des start-up se créent. Le pays semble donc en train d'entrer dans la nouvelle économie.
→ **E :** 5 à 5,6 millions d'internautes en France au premier semestre 1999.
Poids des entreprises de nouvelles technologies européennes dans le NASDAQ : 1 %.
Taux de pénétration de l'internet en Europe : la France se place en 10e position, avec 15 %, derrière les pays scandinaves, l'Allemagne, l'Irlande.
Exemple : dans le quartier parisien appelé Silicon sentier, anciennement voué au textile, les start-up se multiplient et prospèrent.
→ **R :** Jerry Yang, créateur de Yahoo, parle « *d'une modification radicale dans la façon dont les gens utilisent leur temps, dans leur état d'esprit, dans leurs conduites* ».
Jean-Marie Messier, ancien président de Vivendi, voit « *dans la nouvelle économie le grand gisement de croissance du prochain siècle* ».
Éric Brousseau, professeur d'économie, affirme que « *le discours actuel sur la nouvelle économie est flou et simpliste. On cite toujours les mêmes exemples : Amazon, Yahoo, Cisco... Je ne conteste pas le succès de certaines start-up mais on en tire des conclusions trop rapides et globales. Je ne crois pas à cette nouvelle ère du capitalisme. On assiste simplement à un phénomène ancien et banal : la formation d'une bulle spéculative autour d'internet* ».
→ **C :** On ne peut pas réellement parler de « nouvelle économie », puisque le fondement de notre économie n'a pas changé : c'est toujours le capitalisme. La nouveauté, c'est qu'internet n'est pas constitué à partir d'un centre, mais sous forme de réseau, de toile d'araignée. Il n'y a donc pas de changement de nature, mais un changement de dimension. Dans ce sens, l'économie est nouvelle parce qu'elle est mondiale.
L'élaboration d'un plan est indispensable pour arriver à sortir une problématique de cet important dossier. Construire un plan efficace et cohérent va vous permettre de rédiger plus rapidement.

FICHE 29

S'entraîner à rédiger

Note de synthèse

Il est utile de s'entraîner à rédiger quelques notes de synthèse en temps réel avant le concours. Pour que l'écriture ne soit pas un frein le jour de l'épreuve, mais aussi pour s'habituer à rédiger à partir de documents dont il faut s'imprégner rapidement.

1 La rédaction de la note

Une fois votre plan détaillé établi, vous devez passer au stade de l'écriture.

A. Comment procéder ?

• Rédigez directement sur votre copie. Mettez le plan détaillé devant vous et déroulez votre réflexion au fur et à mesure. Veillez à formuler dans votre tête chaque phrase avant de l'écrire : vous éviterez ainsi les ratures et pourrez vérifier l'enchaînement des idées.
• Ne vous reportez plus au dossier de documents. Grâce à votre lecture détaillée et à votre prise de notes, vous devez avoir en tête les informations essentielles à synthétiser. Les va-et-vient entre votre copie et le dossier peuvent vous faire perdre du temps et vous déstabiliser.
• Sachez que vous allez être jugé sur la construction de la note, mais aussi sur votre écriture.

B. Quelques conseils sur le style

1. Votre note doit être journalistique

Pensez que vous pourriez être publié. Les phrases doivent être courtes et dynamiques. Oubliez les phrases à rallonge, les subordonnées qui n'en finissent pas. Contentez-vous d'une idée par phrase. Soyez accrocheur : mettez en avant les éléments les plus marquants, les exemples, les illustrations. Autre élément à proscrire : les titres de parties, du style : « I. Exposé du problème ». Pour structurer votre note, utilisez plutôt des intertitres, comme dans un article de journal (un mot ou une phrase nominale, par exemple).

2. Votre note doit être fluide

Pensez à écrire des transitions claires, qui ne soient ni abruptes, ni artificielles. Évitez les expressions classiques du genre « dans un premier temps », « dans une seconde partie ». Tentez plutôt de faire le lien entre les différents thèmes de la synthèse.

3. Votre note doit être personnelle

Faites-la vôtre en adoptant un style bien à vous, qui vous démarquera des autres candidats.

Il ne s'agit pas d'être trop original ni de donner son opinion. Il faut simplement éviter la paraphrase des articles du dossier et réécrire les idées avec ses propres mots.

2 L'accroche et la chute

L'accroche et la chute sont deux parties essentielles et ne doivent pas être négligées. Vous devez donc prendre le temps de les rédiger soigneusement au brouillon avant de les recopier. Nous vous conseillons de les écrire avant le corps de la note. Vous saurez ainsi où vous allez, quelle est votre problématique, et à quelle conclusion il vous faut arriver.

A. L'accroche

L'accroche doit attirer l'œil du correcteur dès les premières phrases. Il s'agit de présenter le sujet et sa problématique, mais de manière moins formelle que dans une dissertation classique. N'hésitez pas à commencer par un exemple ou par une citation, pour démarrer de manière vivante. Ensuite, évitez d'annoncer le plan de manière trop formelle. Exposez simplement les questions auxquelles vous tenterez de répondre tout au long de la note de synthèse.

- **Exemple**

Peut-on parler de nouvelle économie ?
Pour ce sujet, on aurait pu choisir en accroche la citation d'Éric Brousseau, professeur d'économie à l'université de Nancy, qui dit ceci : « *Le discours dominant sur la nouvelle économie est un discours flou et simpliste.* » Une citation forte est toujours un excellent moyen de rentrer dans le papier car elle donne envie au lecteur d'en savoir plus.

B. La chute

Ce sont les dernières phrases de la note que le correcteur retiendra (la chute). Il est donc important de soigner sa conclusion. Vous avez le choix entre deux structures : la conclusion qui ferme le sujet et celle qui l'ouvre. À vous d'opter pour la conclusion la plus pertinente.

- **Exemple**

Peut-on parler de nouvelle économie ?
Pour ce type de sujet, il est évident que vous ne pouvez pas fournir de réponse définitive à la question. Il est donc plus intéressant d'ouvrir la conclusion, par exemple sur la pérennité de l'économie du Web...

3 La relecture

Relisez attentivement votre copie, même si ce n'est qu'une copie d'entraînement. Vous prendrez ainsi la bonne habitude de ne laisser aucune faute d'orthographe ou d'inattention.
Nous vous conseillons de faire une relecture paragraphe par paragraphe, au fur et à mesure de l'écriture. Vous serez ainsi assuré que la construction de votre note se tient et que votre réflexion évolue clairement.
Une dernière relecture globale est ensuite indispensable.

À éviter

- Le hors-sujet.
- Le commentaire : évitez d'employer le « je » ou le « nous », de donner votre opinion.
- La paraphrase : préférez toujours la citation originale à la reformulation.
- Le vocabulaire inapproprié : écrivez dans un style correct, ne vous permettez aucune facilité de langage.

FICHE

30 Le jour de l'épreuve

Note de synthèse

Cette épreuve dure quatre heures dans la plupart des écoles et demande une concentration extrême. Il est donc primordial d'être organisé et de ne pas perdre de temps.

1 Analyser le libellé

Il est important de s'arrêter plusieurs minutes sur le libellé du sujet afin de l'analyser en détail. Un libellé bref peut être riche en informations.

- Repérez le thème principal, soulignez les mots qui vous orientent vers la problématique à traiter.
- Réfléchissez quelques instants sur le plan parfois conseillé dans le libellé.
- Reformulez-le éventuellement par écrit, avec des mots clés, pour y voir plus clair.

2 Organiser sa lecture de documents

- Numérotez chaque article ou chaque page, si ce n'est déjà fait, dès que vous avez votre dossier de presse en main. Cette numérotation vous fera gagner du temps lors de la prise de notes.
- Munissez-vous de surligneurs de couleurs différentes.
- Demandez plusieurs feuilles de brouillon pour ne pas être à court en pleine épreuve.
- Ne lisez pas en détail tous les documents ; faites une sélection pertinente lors de votre première lecture.

3 Soigner le style

Au moment de la rédaction, n'oubliez pas que votre note de synthèse ne doit pas prendre la forme d'une dissertation, mais d'un article. Elle doit se rapprocher d'un papier d'analyse, comme ceux publiés dans les dossiers d'hebdomadaires généralistes.

4 Relire attentivement

Les candidats sacrifient souvent la dernière étape, celle de la relecture. C'est une grosse erreur car une relecture rapide mais attentive permet facilement de gagner plusieurs points : fautes d'orthographe, répétitions ou sauts de mots indisposent fortement les examinateurs.
Dernier conseil : ne rendez jamais un travail qui n'est pas entièrement rédigé.
Concluez, même si vous n'avez pas fini d'exposer votre réflexion.

Témoignage
« Pour cette épreuve, il est important d'être très organisé, de ne pas lire tous les articles, de repérer ceux où les informations se recoupent. »
Mikaël Guedj, candidat aux concours en 2002.

FICHE 31

Caractéristiques de l'épreuve

Français

Le bon usage de la langue est plus qu'essentiel pour un journaliste. Il s'agit donc d'évaluer vos capacités à manier le français, tout en vérifiant que vous maîtrisez les grandes règles d'orthographe et de grammaire.

1 L'épreuve

La durée des épreuves de français et leur coefficient varient selon les écoles.
- CELSA : 3 heures, coefficient 3.
- ESJ : 45 minutes, coefficient 3.
- CFJ : 45 minutes, coefficient 1.
- EJT : coefficient 2.
- Bordeaux : 15 points sur 70.

Au programme de ces épreuves : relecture de copie et fautes de langue, conjugaison, rédaction.

2 Relecture de copie et fautes de langue

Ces exercices peuvent être mêlés ou séparés, selon les concours. Au CELSA et à l'ESJ, par exemple, vous devrez corriger un texte d'une vingtaine de lignes. Il s'agit d'y repérer un nombre donné de fautes de langue, d'orthographe, de syntaxe et de grammaire, dissimulées dans le texte. Faites marcher votre bon sens et ne vous posez pas trop de questions. La première « impression d'orthographe » est souvent la bonne.
À l'ESJ, vous devrez en outre reformuler des phrases tirées d'articles, qui comptent chacune des fautes de langue parfois difficiles à repérer.

- **Exemple**
Au Sierra Leone, des massacres ont été perpétués. *Correction : perpétrés.* La décade 1990-2000 a été ponctuée par de nombreux événements. *Correction : la décennie 1990-2000.*

3 Conjugaison

Vous trouverez des exercices de conjugaison dans la plupart des épreuves de français. Vous devrez conjuguer des verbes aux temps indiqués, ou appliquer la concordance des temps dans des phrases. Au programme, verbes irréguliers et pièges de conjugaison.

- **Exemple**
Promouvoir, indicatif futur, 3e personne du pluriel : *ils promouvront.* Rire, passé simple de l'indicatif, 3e personne du pluriel : *ils rirent.*

4 Rédaction d'un texte

Pour l'entrée dans certaines écoles, vous devrez aussi rédiger un texte en français sur un sujet donné. Cette épreuve de rédaction teste votre niveau d'écriture mais aussi la richesse de votre vocabulaire, la construction de vos phrases, la clarté de vos transitions et de votre pensée. Dans certains concours, comme au CFJ, vous devrez rédiger un texte en respectant le genre journalistique : portrait, éditorial, chronique, interview. Dans d'autres cas, vous pourrez laisser libre cours à votre plume, sans oublier que cette épreuve évalue avant tout votre niveau de langue.

- **Exemple**

Faites le croquis d'une femme pressée

Il s'agit ici de dresser en quelques lignes le portrait d'une femme pressée, en mettant en lumière les éléments de description. Un conseil : pour écrire un portrait, faites parler les cinq sens, pour que le sentiment descriptif soit complet.

Il est essentiel de réussir l'épreuve de français. L'examinateur attend d'un bon candidat qu'il manie la langue avec aisance et qu'il maîtrise l'orthographe et la grammaire. Lorsque toutes les épreuves ont été corrigées, la qualité d'une copie de français peut faire la différence.

FICHE 32

Relecture d'un article et correction de fautes de langue

Français

La langue et ses précieux mots reste l'outil de base du journaliste. La maltraiter est donc fortement déconseillé. Pour réussir les épreuves de relecture de copie et de correction de fautes de langue, de petites révisions sont nécessaires. À chacun d'estimer son niveau d'orthographe et de grammaire, et de travailler en fonction de celui-ci.

1 Conseils généraux

• Lisez. Un conseil banal ? Non, car la lecture reste le meilleur moyen de s'imprégner des mots et de retenir leur orthographe. Romans, journaux, magazines : tout est bon pour enrichir votre vocabulaire et perfectionner votre orthographe.

• Faites des dictées. Travaillez à plusieurs, de manière ludique. Vous pouvez vous dicter des extraits de romans classiques, ou vous inspirer de livres de dictées d'un niveau assez élevé. Il est important de réapprendre à réfléchir au sens d'un mot, à son orthographe, au lien existant entre deux mots. L'exercice est utile non seulement pour l'épreuve de français, mais aussi pour toutes les épreuves des concours.

• Pour rafraîchir votre mémoire, lisez *Le Nouveau Bescherelle*, 2 – *L'Orthographe pour tous* (Hatier). Faites aussi les exercices corrigés du célèbre *Bled orthographe* (Hachette Éducation).

2 Quelques pièges orthographiques

Pour vous aider dans votre préparation, voici quelques pistes de révision, quelques « pièges » orthographiques à déjouer. Vous retrouverez fréquemment ce type de fautes dans la plupart des épreuves de français des concours, notamment pour l'article à corriger.

A. Les pluriels des noms composés

Composition du mot	Formation du pluriel	Exception
Adjectif + nom	Les deux mots prennent la marque du pluriel.	L'adjectif *grand* reste invariable avec les noms au féminin. Ex. : *des grands-mères.*
Adjectif + adjectif	Les deux adjectifs prennent la marque du pluriel. Ex. : *des sourds-muets.*	*des nouveau-nés*
Nom + nom	Les deux noms prennent la marque du pluriel. Ex. : *des bateaux-mouches.*	*des années-lumière*
Couleurs composées	Aucune marque du pluriel. Ex. : *des chemises bleu foncé.*	
Nom + préposition + nom	Seul le premier nom prend la marque du pluriel. Ex. : *des arcs-en-ciel.*	*des tête-à-tête* *des bêtes à cornes*
Verbe + nom	Seul le nom prend la marque du pluriel. Ex. : *des tourne-disques, des portemanteaux.*	

B. Les mots qui nous piègent

On écrit :
- *indemne* et non pas « indemme » ;
- *dilemme* et non pas « dilemne » ;
- *obnubilé* et non pas « omnubilé » ;
- *a priori* et non pas « à priori » ;
- *à l'envi* et non pas « à l'envie » ;
- *exorbitant* et non pas « exhorbitant » ;
- *diffamation* et non pas « difamation » ;
- *liturgie* et non pas « lithurgie » ;
- *étymologie* et non pas « éthymologie » ;
- *rhétorique* et non pas « réthorique » ;
- *rédhibitoire* et non pas « rhédibitoire » ;
- *etc.* et non pas « etc... » ;
- *parmi* et non pas « parmis ».

C. Les alternances

Des mots issus de la même famille peuvent présenter des alternances d'accent :
- câble/encablure ;
- grâce/gracieux ;
- infâme/infamie ;
- extrême/extrémité ;
- fantôme/fantomatique ;
- diplômé/diplomatique ;
- symptôme/symptomatique.

Ou des alternances portant sur le doublement de la consonne :
- homicide/homme ;
- nomination/renommée ;
- millionième/millionnaire ;
- rationalité/rationnel ;
- bonhomie/bonhomme.

D. Les fautes fréquentes à éviter

1. Tournures incorrectes

- *malgré que* n'existe pas ;
- *bien que* exige le subjonctif ;
- *pallier* est transitif (on pallie quelque chose) ;
- *débuter* est intransitif (on ne débute pas un devoir, on le fait débuter).

2. Pléonasmes

- répéter de nouveau ;
- assez satisfaisant (*satis*, en latin, signifie « assez ») ;
- il suffit simplement ;
- exclusivement réservé ;
- car en effet ;
- voire même ;
- phases successives ;
- au grand maximum.

3. Faux sens

Ne pas confondre :
- décade (dix jours) et décennie (dix ans) ;
- conjecture et conjoncture ;
- alternative et alternance.

3 Des règles de grammaire à réviser

Il est nécessaire de réviser les grandes règles de grammaire enfouies dans un coin de votre mémoire. Si, pour vous, la grammaire est devenue un simple réflexe, il est nécessaire que vous relisiez les bases essentielles, pour les appliquer en toute « conscience ».

• Lisez *Le Nouveau Bescherelle, 3 – La Grammaire pour tous*, Hatier.

• Pensez aussi à feuilleter vos livres de grammaire de collège et de lycée. Quelques règles à retenir, qui reviennent très fréquemment dans les exercices de correction des épreuves de français.

1. L'accord du participe passé

Le participe passé s'accorde en genre et en nombre avec le sujet lorsqu'il est conjugué avec l'auxiliaire *être*.

• Exemple

Ils sont part***is***.

Il ne s'accorde pas lorsqu'il est conjugué avec l'auxiliaire *avoir*, sauf lorsque le complément d'objet direct est placé avant le participe passé.

• Exemple

- Ces pommes sont bonnes, je les ai mang***ées***.
- Je les ai souten***us*** activement.

▸ L'accord du participe passé avec l'auxiliaire *être* quand le verbe est transitif

En règle générale, on accorde le participe passé avec le sujet, sauf lorsque le pronom réfléchi ne s'analyse pas comme un complément d'objet direct.

• Exemple

- Plusieurs personnes se sont injuri***ées***.
- Plusieurs personnes se sont succéd***é*** à la tribune.

Aux exceptions : sous leur forme transitive, les participes passés des verbes faire, écouter, laisser, entendre, regarder, sentir et voir, ne s'accordent jamais.
Ex. : Ils se sont ***laissé*** *faire sans rien dire.*

2. L'utilisation du subjonctif dans les relatives

On utilise le subjonctif :

→ quand la relative se trouve après un superlatif relatif, tels que *le premier*, *le seul*, *le plus*.

• Exemple

- C'est le garçon le plus méchant que je *connaisse*.
- C'est le premier que je *puisse* lire.

→ quand la relative exprime un souhait, une intention.

• **Exemple**
J'aimerais que tu *saches* pourquoi il est parti.

→ quand la relative se trouve après *ne... que*, *seulement*.

• **Exemple**
Je *ne* connais *qu'*un seul homme qui *sache* parler cette langue.

3. L'utilisation du subjonctif dans les circonstancielles de temps

En règle générale, le verbe de la circonstancielle se met au subjonctif lorsque l'action du verbe principal se situe avant celle du verbe de la subordonnée.

• **Exemple**
Partons avant que le soleil ne se *couche*.

! *Contrairement à ce que l'on croit, la règle impose l'indicatif avec après que, et pas le subjonctif. Ex. : Il viendra après qu'il aura rangé sa chambre.*

FICHE 33

Conjugaison

Français

**Il n'est pas question de faire de vous de parfaits grammairiens, mais de dépoussiérer votre mémoire. Replongez-vous dans les tableaux de conjugaisons.
Comment organiser vos révisions ?**

1 Des bases à reprendre

• Faites du *Bescherelle* votre livre de chevet, si possible dès le mois de janvier (*Le Nouveau Bescherelle*, 1 – *L'Art de conjuguer*, dictionnaire de 12 000 verbes, Hatier). Chaque soir, lisez quelques pages de conjugaisons, en privilégiant les verbes rares et irréguliers. Si la nuit porte conseil, elle fait aussi travailler votre mémoire.
• Dessinez un tableau de conjugaison comprenant une vingtaine de verbes difficiles ; vous aurez ainsi un panorama des exceptions de la grammaire française. Conjuguez ces verbes aux modes et aux temps les plus délicats : subjonctif présent et imparfait, passé simple de l'indicatif, impératif, participe présent.

• **Exemple**
Verbes « pièges »
Choir, pleuvoir, falloir, faillir, moudre, dissoudre, vêtir, gésir... sans oublier les auxiliaires *être* et *avoir*, à la conjugaison trompeuse.

• Faites des exercices régulièrement. Allez repêcher des livres de français de l'école primaire, et plongez-vous dans les exercices de conjugaison. Autre méthode : si vous travaillez à plusieurs, faites-vous réciter l'un à l'autre la conjugaison de certains verbes délicats.

2 Des verbes difficiles

- *Clore*, indicatif futur, 1re personne du pluriel : je clorai.
- *Acquérir*, participe présent : acquérant.
- *Absoudre*, indicatif présent, 2e personne du singulier : tu absous.
- *Courir*, subjonctif présent, 3e personne du singulier : qu'il coure.
- *Valoir*, subjonctif présent, 3e personne du singulier : qu'il vale.
- *S'asseoir*, indicatif passé simple, 2e personne du pluriel : vous vous assîtes.
- *S'asseoir*, indicatif passé simple, 3e personne du pluriel : ils s'assirent.
- *Bruire*, indicatif présent, 3e personne du pluriel : ils bruissent.
- *Bruiter*, indicatif présent, 3e personne du pluriel : ils bruitent.
- *Émouvoir*, conditionnel présent, 1re personne du singulier : je m'émouvrais.

Témoignage
« Pour cette épreuve, j'ai utilisé un bon Bescherelle, une grammaire des collèges, et un ami qui me faisait réviser mes classiques ! »
Charlotte Patron, candidate aux concours en 2000.

« Cette épreuve nécessite de vraies révisions. On a plutôt tendance à la négliger, alors qu'en préparant un minimum, on peut engranger un bon nombre de points. Mon conseil : révisez vos conjugaisons un peu chaque soir. Cela ne vous prendra que cinq minutes par jour, mais les résultats seront là. »
Benjamin Suez, candidat aux concours en 2000.

FICHE 34

Le jour de l'épreuve

Français

Pour réussir l'épreuve de français, vous devez être vigilant et précis. Évitez les fautes d'inattention qui vous feront perdre des points. Le jury attend d'un futur journaliste qu'il soit irréprochable en orthographe, en syntaxe et en grammaire.

1 Exercices de conjugaison

Si vous ne connaissez pas un verbe, que vous hésitez sur sa conjugaison, pas de panique. Rattachez-le à sa racine ou à un verbe qui vous est familier. N'oubliez pas que la grammaire, c'est comme les mathématiques : ça se calcule. Quoi qu'il en soit, montrez que vous êtes « logique » et que vos bases de grammaire ne se sont pas envolées.

Un petit conseil : si vous hésitez sur la conjugaison d'un verbe, écrivez au brouillon les différentes solutions qui vous viennent à l'esprit. Voir un verbe mal écrit sur papier peut vous aider à repérer la conjugaison correcte.

2 Texte à corriger

Nous vous conseillons d'être prudent et de ne pas chercher à tout prix les vingt ou trente fautes à repérer. Mieux vaut n'en trouver qu'une quinzaine, mais en étant sûr de soi. En soulignant une faute qui n'en est pas une, vous montrez au jury vos faiblesses. Sachez que certaines erreurs orthographiques sont très faciles à repérer et que le même genre de faute revient souvent d'année en année.

Attention, donc :

→ aux accords de participe passé ;

• **Exemple**
Ils se sont plu.

→ aux pluriels des noms et des verbes ;

• **Exemple**
nombre de lecteurs.

→ aux fautes de majuscules ;

• **Exemple**
- nos amis danois ;
- les Danois.

→ à la ponctuation ;

• **Exemple**
des pommes, des poires, etc. (et non etc…).

→ à l'écriture des chiffres et des nombres ;

• **Exemple**
- huit cents mots ;
- huit cent cinq mots.

→ aux adjectifs indéfinis ;

• Exemple
- Quelle que soit ta décision.
- Quelque décision que tu prennes.

→ aux consonnes doublées ;

• Exemple
- irritation ;
- alambic.

→ aux mots composés ;

• Exemple
des porte-clés.

→ aux expressions ;

• Exemple
- à l'envi ;
- tous azimuts.

3 Rédaction d'un texte en français

Pour cette épreuve, lisez attentivement la consigne. On vous demande en général de vous plier à un type d'écriture particulier. Vous devez maîtriser les différents genres journalistiques : portrait, interview, éditorial, chronique, analyse. N'hésitez pas à utiliser des figures de style et à montrer que vous avez une plume.

▸ Quelques conseils

• Faites des phrases courtes : vous éviterez ainsi les subordonnées à rallonge, qui peuvent alourdir votre style et vous autopiéger dans la concordance des temps.
• Utilisez des mots et des expressions dont vous connaissez l'orthographe et le sens ; ne vous aventurez pas dans les méandres du dictionnaire français. Vous n'êtes pas là pour impressionner le jury, mais simplement pour prouver que vous pouvez écrire un texte fluide et compréhensible.
• Respectez tout au long du texte le ton pour lequel vous avez opté. Si vous choisissez d'être ironique, par exemple, tenez votre style jusqu'au point final.

À éviter

- Répondre sans être sûr, notamment en conjugaison : les mauvaises réponses peuvent vous enlever des points.
- Adopter un style trop littéraire : n'oubliez pas que vous êtes dans une épreuve journalistique.
- Les fautes d'orthographe dans la rédaction d'un texte.

- **Témoignage**

« Je n'ai pas beaucoup révisé pour l'épreuve de français. C'est dommage car c'est vraiment une épreuve où l'on peut faire la différence assez facilement, si l'on révise régulièrement ses bases grammaticales pendant les mois qui précèdent les concours. »

Thomas Baumgartner, candidat aux concours en 2000.

« Plus drôle que le Bescherelle, les dictées de Bernard Pivot et l'émission Des chiffres et des lettres… »

Sophie Mainguy, candidate aux concours 2001.

FICHE 35

Caractéristiques de l'épreuve

Langues

Toutes les écoles, excepté l'IJBA, proposent des épreuves de langues. Ne les négligez pas. Un journaliste ne peut exercer son métier correctement s'il ne maîtrise pas au moins une langue étrangère.

1 L'épreuve d'anglais

L'épreuve d'anglais est toujours obligatoire et suppose une bonne maîtrise de la langue courante. Elle se présente la plupart du temps sous deux formes : un questionnaire à choix multiple et/ou un essai. Sont prises en compte la compétence linguistique du candidat, ses connaissances lexicales et syntaxiques ainsi que sa compréhension d'un texte écrit.

! *L'anglais est partout dans les concours, des articles des notes de synthèse aux questionnaires d'actualité. Ainsi, à l'IPJ, les questionnaires France-Europe, d'actualité et de culture générale comprendront des interrogations rédigées en anglais.*

A. Le texte à trous

Dans le cas du CELSA, par exemple, on vous demande de remplir un texte à trous (*blank-filling*) : plusieurs propositions vous sont soumises, à vous de trouver la bonne. Ce test permet d'évaluer le niveau de vos connaissances sur le plan des structures grammaticales et lexicales.

- **Exemple**

Old America versus new Europe
Europeans, equally reflexively, dismiss America as the ...(1)... of all the evils of modernity – a testosterone-driven adolescent bereft of history and tradition.

The Economist, February 22nd 2003

(1) enticement ; entitlement ; impersonation ; endorsement ; embodiment.

B. L'essai

Il s'agit d'un exercice de rédaction d'une page (essai de 300 à 400 mots) dont le sujet ne nécessite pas la connaissance d'un vocabulaire spécialisé.
Même si on trouve quelques variantes d'un concours à l'autre, il s'agit toujours de questions portant sur l'actualité internationale ou anglo-saxonne. Votre suivi de l'actualité et votre lecture épisodique de la presse étrangère doivent normalement vous aider dans cette épreuve.
→ À ESJ, juin 2000.

- **Exemple**

« Do you think pressure from the international community has helped maintain standards of human rights in individual countries across the world over the last year ? »

→ Au CELSA, il est souvent demandé d'analyser des phénomènes sous l'angle de leur médiatisation.

- **Exemple**

« We seem to live in a state of semi-permanent irrational fear about everyday life and world events, and this is in part deliberately maintained by the subjects chosen by the media, and the way in which the subject are treated. »

2 L'épreuve d'allemand

Au CUEJ, il est demandé de résumer en français le texte d'un article paru dans des quotidiens français comme *Le Monde*, *Le Figaro* ou *Libération*. Vous avez la possibilité de choisir la version anglaise ou la version allemande du texte.

FICHE 36

Revoir les règles de base

Langues

Même si vous étudiez l'anglais ou l'allemand depuis plusieurs années, il vous faudra vous replonger dans les règles grammaticales fondamentales. Faire quelques exercices vous permettra d'être plus sûr de vous le jour de l'examen.

1 L'anglais

Quel que soit le contenu de l'épreuve d'anglais, il est absolument indispensable de maîtriser les règles de base de la langue. Dans les exercices grammaticaux du type « texte à trous » mais aussi dans les essais, une faute grammaticale élémentaire vous coûtera cher. N'oubliez pas que la grammaire et la syntaxe comptent autant que les idées.
Se remémorer les règles de base de la langue anglaise est utile, même si vous pensez avoir un bon niveau. N'hésitez pas à vous replonger dans vos livres de grammaire, tel que l'ouvrage *Anglais de A à Z*, aux éditions Hatier. Refaire quelques exercices d'application est une excellente préparation. Quelques points à garder en tête.

A. La concordance des temps avec *if*

C'est une des règles essentielles de la langue anglaise.
Dans les phrases construites avec *if*, la concordance des temps se fait comme en français.

Principale	Subordonnée
If + présent *If you invite me to the cinema* Si tu m'invites au cinéma	futur *I will accept with pleasure.* j'accepterai avec plaisir.
If + passé simple *If you invited me to the cinema* Si tu m'invitais au cinéma	conditionnel present *I would accept with pleasure.* j'accepterais avec plaisir.
If + plus-que-parfait *If you had invited me to the cinema* Si tu m'avais invité au cinéma	conditionnel passé *I would have accepted with pleasure.* j'aurais accepté avec plaisir.

B. Les verbes irréguliers

Prenez votre liste de verbes irréguliers anglais et réapprenez la conjugaison de chacun d'eux. Ces irrégularités reviennent vite.

- **Exemple**
  - « être » : to be/was, were/been
  - « devenir » : to become/became/become
  - « attraper » : to catch/caught/caught

Infinitif	Prétérit	Participe passé	Français
To be	*was/were*	*been*	être
To become	*became*	*become*	devenir

C. Les comparatifs-superlatifs

1. Pour les adjectifs courts

Ce sont des adjectifs d'une syllabe (ex. : *old, fast*) ou de deux syllabes terminés par *-y* (ex. : *happy, easy*).
En règle générale, on forme le comparatif (plus…) en ajoutant *-er* et le superlatif (le plus…) en ajoutant *-est*.

- **Exemple**

« plus … que » = … *-er than* – « le plus… » = *(the)… -est*
- older than → the oldest
- faster than → the fastest
- happier than → the happiest
- easier than → the easiest

Notez que *-y* se change en *-i* devant *-er* et *-est*.
Pour les adjectifs terminés par un *-e*, on ajoute seulement *-r* et *–st* :

- **Exemple**

late → later → (the) latest.

Lorsqu'un adjectif est terminé par une seule consonne précédée d'une seule voyelle, il faut redoubler la consonne :

- **Exemple**

- big → bigger → the biggest.
- fat → fatter → the fattest.

2. Pour les adjectifs longs

Ce sont pour la plupart des adjectifs de deux syllabes (sauf ceux terminés par *-y*) et ceux de trois syllabes ou plus (ex. : *pleasant, expensive, intelligent*).
En règle générale, on forme leur comparatif avec *more* et leur superlatif avec *most*.

- **Exemple**

« plus… que » = *more… than* ; « le plus… » = *(the) most…*
- more pleasant than → the most pleasant
- more expensive than → the most expensive
- more intelligent than → the most intelligent

N'oubliez pas les adjectifs, adverbes et déterminants qui ont un comparatif et un superlatif irréguliers.

- **Exemple**

- good → better → the best.
- bad → worse → the worst.

D. Les mots de liaison

Pour améliorer vos essais et rendre votre style plus fluide, n'hésitez pas à utiliser les mots de liaison, tels que *according to* (selon, d'après), *actually* (en fait), *all the same* (tout de même), *anyway* (en tout cas), *for* (car), *otherwise* (sinon)…

E. Les « faux amis »

Il existe en anglais énormément de mots qui ressemblent à des mots français mais qui n'ont pas le même sens que ceux-ci.

- **Exemple**
  - *actual* = vrai mais *present*, *current* = actuel.
  - *cave* (G.-B.) = grotte mais *cellar* = cave (à vin).

2 L'allemand

Pour ceux qui choisiront de travailler dans cette langue aux concours, il est nécessaire d'en reprendre aussi les fondamentaux. Les manuels du type *Allemand de A à Z*, aux éditions Hatier, sont excellents pour vous remettre rapidement à niveau.

FICHE 37

Lire la presse étrangère

Langues

Revoir les bases grammaticales d'une langue vivante ne suffit pas pour être fin prêt le jour du concours. Vous aurez lors de certaines épreuves une réflexion à mener dans la langue que vous avez choisie. Pour cela, le meilleur outil de travail est la presse étrangère.

1 Comment utiliser cette presse ?

A. S'ouvrir à des opinions différentes

Lors des épreuves, ce seront vos idées autant que votre niveau d'expression dans la langue qui compteront. Pour pouvoir exprimer votre point de vue sur telle ou telle question, vous devez donc avoir du vocabulaire, mais aussi être habitué à lire des articles d'analyse et de réflexion en anglais, en allemand.

- **Exemple**

En 2001, le sujet d'anglais du CELSA portait sur la maladie de la vache folle. Il était intéressant pour en discuter d'avoir lu la presse britannique, la maladie ayant fait des ravages en Grande-Bretagne. Quel a été le positionnement du gouvernement anglais ? Comment la population a-t-elle réagi ?

Lire la presse étrangère vous permet aussi de sortir d'une réflexion francofrançaise, et de découvrir les différentes approches d'un événement international.

- **Exemple**

Au moment de la guerre en Irak, José María Aznar, le Premier ministre espagnol, était favorable à une intervention armée et soutenait les États-Unis. Le ton des articles de la presse espagnole a donc été bien différent de ceux de la presse française.

B. Faire des choix

La presse étrangère est très fournie. Il faut donc sélectionner vos lectures. Nous vous conseillons vivement de choisir des journaux adaptés à votre niveau d'expression de langue. Sinon, vous passerez votre temps le nez plongé dans le dictionnaire et votre lecture ne sera pas efficace. La recherche de vocabulaire risque de l'emporter sur votre compréhension des idées, du contenu.

Ne commencez donc pas par lire l'*International Herald Tribune*. Des magazines comme *Newsweek* ou *Time Magazine* sont beaucoup plus abordables. Les articles peuvent sembler denses au premier abord mais en fait ils sont très clairs.

Si vous avez besoin d'un côté pédagogique plus rassurant, vous pouvez vous plonger dans la lecture du magazine *Vocable*, qui existe en versions allemande, espagnole et anglaise. Le vocabulaire difficile est expliqué à côté de chaque article. Seul inconvénient : les articles de *Vocable* collent moins à l'actualité que ceux des quotidiens. Ce sont souvent des articles dits « magazines », donc plus généraux et moins dans l'actualité « chaude ».

2 Comment s'y retrouver ?

Dans chaque pays, on trouve des journaux aux lignes éditoriales différentes.
Petit panorama non exhaustif.

A. La presse anglo-saxonne

Pays	Journal	Création	Type	Diffusion (exemplaires)	À noter
Grande-Bretagne	*The Times*	1788	quotidien	632 000	Le plus vieux et le plus célèbre quotidien britannique.
	The Observer	1791	hebdomadaire	456 000	Le plus ancien des journaux du dimanche.
	The Daily Telegraph	1855	quotidien	933 000	Conservateur.
	The Independent	1986	quotidien	225 500	– Engagement pro-européen du journal. – Positions libertaires sur les sujets de société.
États-Unis	*The New York Times*	1851	quotidien	1 160 000	Le plus grand quotidien du pays.
	The Washington Post	1877	quotidien	812 500	– Célèbre pour ses révélations dans l'affaire du Watergate. – Centre droit.
	Time Magazine	1923	hebdomadaire	6 000 000	– Reportages et images chocs. – Désigne l'homme de l'année.
	Newsweek		hebdomadaire	4 000 000	Reflète le regard des États-Unis sur le monde.

B. La presse allemande

Pays	Journal	Création	Type	Diffusion (exemplaires)	À noter
Allemagne	*Die Welt*		quotidien	208 000	– Conservateur. – Très complet.
	Der Spiegel	1947	hebdomadaire	1 000 000	Enquêtes sérieuses, très documentées.
	Die Zeit	1791	hebdomadaire	490 000	Le plus diffusé en Allemagne.

C. Où se procurer la presse étrangère ?

Évidemment, *via* le net. Tous les journaux ont désormais un site web propre, avec articles, vidéos, photos, blogs. Mais si vous préférez le bon vieux contact du papier journal, les kiosques situés dans les gares offrent souvent un large choix de presse étrangère. Les bibliothèques, notamment universitaires, sont aussi abonnées à de nombreux journaux étrangers. Vous n'aurez donc aucun mal à vous en procurer.

Témoignage

« Je me suis préparée à l'épreuve d'anglais en surfant sur Internet. Les sites comme Yahoo UK ou USA m'ont permis d'assimiler le vocabulaire anglais se rapportant à l'actualité. »

Audrey Guiller, candidate aux concours en 2000 et 2001.

FICHE 38

Le jour de l'épreuve

Langues

L'épreuve de langue n'a pas un coefficient très important, mais elle permet souvent de départager les candidats. Vous devez donc montrer que vous maîtrisez correctement l'anglais ou l'allemand.

1 Utiliser un vocabulaire maîtrisé

Lors de la rédaction de vos essais, employez toujours du vocabulaire que vous maîtrisez bien. Après lecture de l'énoncé du sujet, mettez très brièvement sur papier les idées qui vous viennent en tête et le vocabulaire que vous connaissez se rapportant au sujet. C'est uniquement avec vos acquis qu'il va falloir composer. Rien de pire que les mots inventés ou les non-sens risqués par des candidats voulant faire croire qu'ils savent...

Si votre niveau d'anglais ou d'allemand est moyen, votre vocabulaire peut réduire le nombre d'idées que vous auriez aimé aborder pendant l'essai. Mieux vaut alors rédiger un texte moins dense mais sans faute.

2 Appréhender les épreuves

A. Le texte à trous

Lorsque vous avez deux types d'exercices pour la même épreuve comme au CELSA, commencez par le texte à trous. Cela vous permettra de gagner du temps car, pour cette épreuve, aucune hésitation n'est possible : vous savez ou vous ne savez pas. Vous aurez ainsi plus de temps pour l'essai.

Pour réussir cette épreuve, pensez à toutes les règles de grammaire et de syntaxe que vous avez révisées.

Un conseil : si vous hésitez sur la réponse, essayez de dire la phrase à voix haute ; choisissez l'expression qui semble sonner le plus « juste ».

B. L'essai

Rédigez de la manière la plus journalistique possible. Là encore, c'est un petit article de réflexion que l'on attend de vous. C'est pour cet exercice qu'une lecture assidue de la presse étrangère peut vous servir : pensez à utiliser les tournures de phrases, la construction des articles, les jeux de mots adoptés par les médias étrangers. Ce sera un vrai « plus » dans votre copie.

Le temps imparti pour l'essai peut vous sembler trop important.

Votre niveau de langue devra être impeccable lors du rendu de la copie pour obtenir le maximum de points. Même s'il vous reste du temps, respectez le nombre de mots qui vous est demandé pour chaque essai. Si vous dépassez la limite impartie, vous risquez d'accumuler les fautes. Privilégiez plutôt une relecture attentive.

Témoignage

« Je n'ai pas un super niveau en anglais, mais j'ai bien assuré mes arrières, notamment pour l'essai. J'ai fait des phrases simples, sans trop de subordonnées, avec un vocabulaire facile mais maîtrisé. Au final, j'ai rendu une copie plutôt moyenne, mais avec très peu de fautes de langue. Je pense que c'est cela qui m'a fait gagner des points. »

Frédéric Mons, candidat aux concours en 1996.

FICHE 39

Le sujet libre de l'ESJ et du CFJ

« Spécialités », école par école

L'originalité de cette épreuve : elle est l'une des seules à faire appel à votre plume et à votre imagination. Vous pouvez vous laisser aller.

1 Caractéristiques de l'épreuve

Vous devez rédiger un texte libre, à partir du thème qui vous est imposé par l'énoncé. L'énoncé peut être un mot, une phrase, un texte court. Dans la description de l'épreuve, l'ESJ précise que « tous les genres sont possibles, à l'exclusion du genre ennuyeux ». Au CFJ, les candidats ont à traiter « librement d'un sujet imposé. Tous les genres de l'expression écrite sont permis ».
Comme l'indique l'intitulé même de l'épreuve, vous êtes donc libre.

A. Dans le style et le genre rédactionnel

Pour cette épreuve, rien ne vous est imposé, ou même conseillé.
• Oubliez tous les schémas dans lesquels vous vous êtes coulés pour le reste des épreuves. Votre texte peut prendre toutes les formes possibles : poème, article, prose, dialogue, scène de théâtre, bande dessinée, roman photo... Une seule obligation : être original pour vous démarquer des quelques mille candidats qui planchent à côté de vous. Quant au style, c'est le moment où jamais de montrer vos qualités d'écriture.
• Jouez avec les mots, maniez la langue avec aisance, laissez-vous aller à utiliser les figures de style les plus « osées ». Mettez-vous dans la peau d'un écrivain ou d'un éditorialiste : soyez maître de votre plume.

B. Dans le contenu

Laissez libre cours à votre imagination. Vous pouvez vous permettre de vous « lâcher » un peu, de mettre sur papier les idées les plus saugrenues... tant que votre production conserve un minimum de cohérence et ne tombe pas dans une extravagance injustifiée. Il ne s'agit pas d'écrire tout et n'importe quoi. Votre texte sera d'autant plus fort s'il véhicule un message ou s'il joue sur un certain registre (comique, cynique, dramatique, ironique, etc.).

• **Exemple**
ESJ
- Concours 1997 : « Frontières »
- Concours 1999 : « Silence »
- Concours 2001 : « Quel bonheur d'avoir sa signature apposée en bas d'un article, dans un vrai journal. »
- Concours 2002 : « Non »

CFJ
Concours 2005 : « On dirait que ça t'gêne. »

2 Les attentes du jury

Le jury est là pour « tester la créativité du candidat, la richesse de ses moyens d'expression, la fécondité de son imagination et sa capacité à la maîtriser, son aptitude à sortir des sentiers battus sans se précipiter dans l'extravagance ».

Cette épreuve permet au jury de tester autre chose que vos connaissances. C'est votre plume et votre capacité à imaginer à partir d'un mot, d'une histoire, que l'on met à l'épreuve.
Le jury veut aussi mieux vous connaître, cerner, entre les lignes, quelques traits de votre personnalité. Un conseil : mettez un peu de « vous » dans la rédaction de ce texte, quels que soient la forme et le genre que vous choisissez. Écrivez dans un style que vous aimez, dans lequel vous vous sentez à l'aise ; racontez quelque chose qui vous touche, mettez-vous dans la peau de personnages dont vous vous sentez proches. En bref, faites-vous plaisir.

3 S'entraîner ?

Il est bien sûr très difficile de se préparer à ce genre d'épreuve ; votre réussite ne dépendra souvent que de votre imagination et votre inspiration du moment. Vous pouvez cependant vous entraîner à écrire des textes « libres » et parfaire ainsi votre style. L'écriture en tant que telle est un véritable exercice, qu'on sous-estime souvent.
D'abord, pensez que pour améliorer votre style, il faut lire, lire et lire. Littérature classique, moderne, poésie, à vous de choisir. La lecture permet de s'imprégner de tournures originales et de figures de style.
Puis, de temps en temps, une à deux fois par mois, par exemple, mettez-vous dans les conditions de l'épreuve, et planchez une heure sur un sujet quelconque. Inspirez-vous des annales des concours de l'ESJ ou du CFJ, ou d'un mot que vous aurez choisi. Vous pouvez aussi découper des articles relatant des faits divers dans les journaux, et tenter d'inventer la suite de l'histoire.

4 Le jour de l'épreuve

A. Lisez attentivement l'énoncé

Quelle que soit la longueur de l'énoncé, un mot ou quelques lignes, prenez le temps de vous arrêter dessus.
- Laissez-vous un vrai temps de réflexion, d'une dizaine de minutes au moins.
- Entourez les mots importants et soulignez la phrase qui vous inspire.

Puis faites vagabonder votre esprit. Allez d'associations d'idées en associations d'idées. Laissez courir quelques minutes votre imagination.

B. Éliminez les idées « clichés »

Soyez-en sûr : les premières idées qui vous viendront à l'esprit ne seront pas forcément les bonnes, mais plutôt celles auxquelles tout le monde, logiquement, a pensé en premier.

- **Exemple**

Concours 2000 : mail d'Henri à Myriam
« Je ne viendrai pas ce soir. Pas les autres soirs non plus. Je crois que je ne suis pas fait pour toi.
Adieu donc. Mais je vais garder tes lettres quand même.
Henri. »
Réagissez librement au mail ci-dessus. Vous n'êtes limité que par le temps.

À la lecture de cet énoncé, beaucoup de candidats se sont lancés tête baissée vers deux idées de rédaction : la lettre d'amour enflammée ou la page de journal intime de Myriam...

Cela ne veut pas dire que vous ne pourrez pas rendre une bonne copie en optant pour une idée simple. Mais vous devrez vous démarquer des autres candidats par votre style et vos qualités d'écriture, pour éviter au jury de lire mille copies presque identiques.

Nous vous conseillons de chercher une idée originale, qui correspond tant à votre personnalité qu'à ce que vous avez envie d'écrire. Ne tombez pas non plus dans l'extrême inverse : les copies trop extravagantes laissent souvent le jury perplexe. Certains se lancent parfois dans du collage-découpage-coloriage... Pourquoi pas. Mais sachez maîtriser votre imagination. C'est plutôt dans le registre de l'écriture que l'on vous attend, et pas seulement dans celui de la créativité.

C. Choisissez votre « plan d'attaque » et lancez-vous

Une fois que vous tenez votre idée, celle qui vous permettra de vous « épanouir » dans l'écriture, lancez-vous.

- Griffonnez un semblant de plan au brouillon, sans trop vous y attarder. La spontanéité de l'écriture est un atout important dans cette épreuve.
- Pensez que vous écrivez pour être lu, mais surtout pour susciter une émotion, quelle qu'elle soit.
- Soyez incisif, dynamique : si, en relisant vos premières lignes, vous lâchez prise, c'est que quelque chose ne va pas.
- N'ayez qu'une chose en tête : ne pas ennuyer le jury.

Témoignage
Des impressions

« Pendant cette épreuve, on ressent un mélange de plaisir et d'angoisse. C'est cela qui est génial ! »

Juliette Serfati, candidate à l'ESJ en 1999.

« Pour la première fois lors de ces concours, on n'a pas l'impression d'être venu pour gagner une encyclopédie Larousse à Questions pour un champion ! C'est l'épreuve que j'ai le plus appréciée car elle laisse vraiment place à l'imagination et à l'écriture. Mon conseil serait d'envisager cette épreuve comme une sorte de courrier des lecteurs ou de tribune libre. »

Charlotte Patron, candidate à l'ESJ en 2000.

« J'ai passé l'ESJ deux fois... et je n'attendais que cette épreuve ! J'avais l'impression que je pouvais enfin réussir quelque chose, juste en ayant de l'imagination. Le pied ! »

Julien Haume, candidat à l'ESJ en 1997 et 1998.

« Cette épreuve m'a plutôt angoissée. Il y a toujours une espèce de doute car il s'agit d'un concours, et on ne sait pas si on peut réellement se "lâcher". »

Anne Leroux, candidate à l'ESJ en 2000.

« C'est un défoulement, cette épreuve. Il ne faut pas hésiter à se lâcher : il vaut mieux cracher un ovni artistique qu'un texte faussement original. »

Léo Pajon, candidat à l'ESJ en 2000.

« On m'avait dit qu'on pouvait même faire du dessin dans cette épreuve. Que c'était libre à ce point. Le jour du concours, j'ai donc un peu tergiversé avant de décider d'intégrer à mon texte quelques dessins. »

Thomas Baumgartner, candidat à l'ESJ en 2000.

Des idées

« Mon sujet était "Quel bonheur de voir sa signature apposée en bas d'un article, dans un vrai journal !" Je me suis dit que tout le monde allait théoriser sur la fierté ou pas d'être journaliste, la paternité des idées. Du coup, j'ai raconté l'histoire d'un journaliste qui recouvrait subitement la vue et la façon dont il avait jusque-là exercé son métier en aveugle. J'ai eu 16 sur 20 car j'ai sû prendre le contre-pied de ce que les autres allaient écrire. »

Audrey Guiller, candidate à l'ESJ en 2001.

« Mon sujet : répondre à un mail de rupture. J'ai d'abord pensé à la classique lettre enflammée. Puis je me suis dit que je devais me faire plaisir. J'ai une passion : la musique. J'ai donc rédigé un mail de réponse qui ne contenait que des titres et des paroles de chansons. C'était très drôle à faire ! J'ai bien sûr glissé quelques chansons très connues, de Brel et de Piaf, au cas où l'examinateur ne connaîtrait que les grands classiques. Au final, j'ai eu 15. »

Julie Pinot, candidate aux concours en 2000.

« Mon sujet était "Silence". Je n'ai pas réfléchi longtemps et je me suis lancée dans l'écriture d'un jeu vidéo. Dans le monde virtuel que j'avais créé, les gens ne communiquaient plus entre eux. Mon personnage (que j'avais dessiné tant bien que mal) devait franchir des étapes pour reconquérir la communication et rompre le silence. À la fin, mon bonhomme avait réussi sa mission. Mais il arrivait dans un monde nouveau, où il y avait trop de communication… et pas assez de silence. »

Vanessa Marguet, candidate aux concours en 1999.

« Je devais répondre au mail de rupture qu'Henri avait renvoyé à Myriam. J'ai alors inventé une histoire un peu abracadabrante : Myriam, une jeune journaliste désœuvrée, découvre le mail d'un inconnu dans sa boîte mail du boulot. Elle s'apprête à le supprimer quand elle se rappelle une rencontre faite sur le lieu de l'attentat du McDonald's de Quevert (dans l'actualité à l'époque). Elle croit deviner un message devenant l'anagramme d'un nom ou d'un lieu. Emportée par l'enthousiasme de tenir enfin son premier scoop, elle se rend finalement à un rendez-vous sorti tout droit de son imagination et où, bien sûr, personne ne l'attend…

Je crois que le plus important, c'est que je me suis vraiment amusée à écrire ce texte et cela devait sans doute se sentir à la lecture. Je me suis moi-même laissé emporter par mon imagination et le décodage frénétique du message ! »

Aline Leclerc, candidate aux concours en 2000.

FICHE 40

Le sujet d'actualité du CFJ

« Spécialités », école par école

Nous avons choisi de traiter cette épreuve d'actualité à part, car elle diffère quelque peu de celle proposée dans les autres écoles.

1 Caractéristiques de l'épreuve

Vous devez écrire un article de réflexion (environ 4 500 signes) sur un sujet d'actualité, de la manière la plus journalistique possible. Cette épreuve est évaluée à un coefficient 2. Vous avez le choix entre six sujets. Il est précisé que dans la correction, il sera tenu le plus grand compte de la précision de l'information et de la qualité de l'expression.
Les sujets sont liés à l'actualité politique, économique, culturelle, médiatique ou sportive.

- **Exemple**

Sujets 2004
- Quels sont les principaux obstacles à l'adoption de la première Constitution européenne ?
- Régionales 2004 : à qui la plus grande part dans la défaite ?
- Équipe de France de football 1998-2004 : en quoi peut-on parler d'un phénomène de société ?
- Les chantiers économiques de Nicolas Sarkozy.
- La société des 35 heures.

2 Le temps imparti

Cette épreuve dure deux heures. C'est peu pour rédiger un article de réflexion construit et complet. Il faut donc s'organiser et ne pas perdre une minute. Nous vous proposons l'organisation suivante :
- analyse de l'énoncé (10 min) ;
- recherche des idées (15 min) ;
- plan détaillé (15 min) ;
- rédaction (1 h 15) ;
- relecture (5 min).

3 Choix du sujet, construction

A. Comment choisir son sujet ?

Orientez-vous d'abord vers vos domaines de prédilection, ou en tout cas vers ceux qui vous intéressent le plus. Il ne s'agit pas d'être spécialiste du sujet, mais d'avoir une connaissance de l'actualité suffisante pour alimenter un article de réflexion. Sachez aussi repérer les sujets qui seront les plus choisis par les candidats. Si le sujet le plus « insolite » vous attire et que vous pensez avoir le niveau, n'hésitez pas. Vous vous démarquerez ainsi de centaines de candidats.

1. Le sujet lié à l'actualité

Choisissez ce sujet si et seulement si vous êtes sûr de connaître des éléments précis, des dates, des noms, des lieux, en lien avec la question. Vous ne pourrez pas vous permettre de rendre un article vague, sans exemples, aux références approximatives.

2. Le thème lié à la culture générale

Le choix de ce sujet plus large ne doit pas être considéré comme la solution de facilité. N'oubliez pas que, aussi général soit-il, ce thème est corrélé à l'actualité d'une manière ou d'une autre. Repérez donc immédiatement ce lien. Pour réussir à traiter le sujet, vous devez avoir une connaissance globale et du thème et de son contexte, et être capable de l'illustrer par des exemples concrets.

B. Analyse de l'énoncé

Il est nécessaire de vous attarder quelques minutes sur l'énoncé de la question.

Mal lire un énoncé ou passer trop vite sur cette étape vous fait prendre le risque du hors-sujet.

Soyez donc vigilant. Soulignez les mots avec des couleurs différentes, entourez les éléments importants. Répondez ensuite brièvement aux cinq questions de base : qui ? quoi ? quand ? où ? pourquoi ? En décortiquant ainsi l'énoncé, vous allez mettre au jour les premières pistes de recherche, qui vous permettront de ne rien oublier pendant votre *brainstorming*.

C. Recherche des informations

Vous pouvez opter pour l'une des deux méthodes suivantes.

• Soit un *brainstorming* désordonné. Vous notez en vrac toutes les idées qui vous passent par la tête : noms de protagonistes, dates, lois, éléments d'actualité...

• Soit une recherche des informations qui suit la trame des cinq questions et les approfondit :

→ Qui ? De qui parle-t-on ? Qui va-t-on faire parler dans cet article ?

→ Quoi ? De quoi parlons-nous ? Quelle est la problématique du sujet, son angle ?

→ Quand ? Le fait de société est-il récent ? Parle-t-on des derniers mois, des dernières années, d'une évolution sur un siècle entier ?

→ Où ? Bien situer le périmètre de la question : France, Europe, monde ou phénomène régional, local.

→ Pourquoi ? Esquisser les causes de ce phénomène. Pourquoi arrive-t-on aujourd'hui à ce constat ?

D. Le plan

Vous écrivez un article de réflexion ; il est donc hors de question de dresser un plan classique et scolaire. Vous construirez votre texte comme un article long. Inspirez-vous d'articles d'analyse que vous aurez lus dans les quotidiens ou les hebdomadaires. Tentez d'enchaîner vos idées et arguments de la manière la plus logique :

- un titre accrocheur mais informatif, afin que l'on comprenne le sujet dès la lecture de la titraille ;
- un chapô, soit quelques lignes qui introduisent l'article et en donnent les principaux éléments ;
- une accroche pour débuter l'article de manière vivante (une citation, une anecdote, un fait marquant) ;
- un déroulé de l'article idée par idée, avec des transitions dynamiques et fluides ;
- une chute, qui donne un ton à l'article, montre que vous avez abouti à une conclusion pertinente.

4 Le style de l'article

L'énoncé vous indique de rédiger votre texte « de la manière la plus journalistique possible ». Vous devez donc vous rapprocher le plus possible d'un article de réflexion, comme ceux publiés dans *Libération* (rubrique « Événement »), dans *Le Monde* (« Analyses ») ou dans les dossiers des magazines généralistes (*L'Express*, *Le Nouvel Observateur*, *Le Point*).

• Faites des phrases courtes, concises et simples. La construction la plus efficace reste « sujet + verbe + complément ».

• Utilisez des mots simples. Soyez précis dans vos descriptions et dans vos choix de mots. Oubliez les formules alambiquées, les stéréotypes, les adverbes inutiles.

• Conjuguez les verbes au présent aussi souvent que possible. Votre article sera plus vivant et plus simple à lire. Pensez qu'on peut écrire au présent une histoire passée. Ainsi, vous ne vous perdrez pas dans les concordances de temps entre imparfait, passé simple, et plus-que-parfait.

• Écrivez une accroche forte : un fait d'actualité, une anecdote marquante, une citation. Évitez à tout prix les « Depuis toujours », « De tout temps », « Au jour d'aujourd'hui », « Au XXIe siècle ». 4 500 signes, c'est court. Entrez donc le plus rapidement possible au cœur du sujet.

• Pensez à faire des transitions dynamiques. Oubliez les « En outre », « Dans un second temps ». Ouvrez plutôt un nouveau paragraphe par une nouvelle idée, ou un exemple.

• Faites apparaître clairement la ponctuation et recourez aux petits mots de liaison qui établissent des liens logiques entre les phrases (*mais, donc, car, en effet, aussi, ainsi, cependant*), sans pour autant en abuser.

À éviter

- Les dissertations de type universitaire.
- La chronique ou l'éditorial.
- L'article trop général, qui tente de traiter plusieurs angles à la fois.

Voir aussi

→ Fiche 16. Se tenir informé
Fiche 25. Actualité et culture générale : Le jour de l'épreuve

Témoignage

« À la lecture du sujet, j'ai cru que je repassais l'épreuve de philosophie du bac. Et je me suis fait piéger ! J'ai totalement oublié le style journalistique. »

Franck Lebrun, candidat aux concours en 1999, 2000 et 2001.

« Manier des idées trop générales, des théories, ça me faisait un peu peur. J'ai donc essayé de rendre le sujet le plus concret possible, de trouver un angle pour mieux me cadrer. Ça m'a aidée. »

Aurélie Noiret, candidate aux concours en 2001.

FICHE 41

L'épreuve « film » (ESJ, IJBA)

« Spécialités », école par école

Être journaliste, c'est savoir décrypter aussi bien un texte que des images. À l'ESJ de Lille et à l'IJBA, l'épreuve « film » est au programme.

1 Caractéristiques de l'épreuve

Il s'agit de produire un texte écrit (de genre et de forme différents selon les écoles) à partir du visionnage d'un film de fiction ou d'un documentaire.

A. À l'ESJ

Tous les candidats se retrouvent au cinéma pour visionner le film choisi par le jury. Il peut s'agir aussi bien d'un film récent que d'un « grand classique » du cinéma français.
Après le film, retour au lieu d'examen pour plancher. Vous avez alors deux heures pour répondre à l'énoncé. En général, on vous demande de raconter le film du point de vue de l'un des personnages. L'enjeu est double.
Vous devez parvenir :
– à changer la situation de narration, en vous mettant dans la peau du personnage imposé (qui n'est en général pas le personnage principal) et en racontant le film à travers ce prisme ;
– à mettre par écrit une histoire que vous venez de voir en images, donc à trouver les mots justes pour décrire des personnages et des situations.

- **Exemple**

Concours 2000, ESJ : *Un air de famille*, de Cédric Klapish
Vous laisserez la parole à Denis, un narrateur qui n'aura pas nécessairement eu accès à l'ensemble des informations contenues dans le film. Ce compte rendu ne doit pas donner lieu à un exercice critique cinématographique : les considérations esthétiques ou idéologiques sont à proscrire.

B. À l'IJBA

Le film projeté est en général un documentaire. Il peut porter sur des sujets très différents, liés ou non à l'actualité.
L'épreuve consiste en un résumé du documentaire ou en une réflexion sur les choix éditoriaux et visuels de l'auteur.

! *Il ne s'agit de faire ni un résumé insipide, ni une critique acerbe. À vous de trouver le juste milieu.*

Décrivez l'histoire, les situations le plus précisément possible, puis ouvrez sur le thème de société abordé, ou la façon de filmer.

- **Exemple**

Documentaire diffusé
Un *Strip-tease* (émission franco-belge diffusée sur France 3), film de 15 minutes, sur une famille de la haute bourgeoisie parisienne. Il s'agissait de commenter l'objectif du réalisateur : quel portrait a-t-il voulu dresser de cette famille ?

2 Préparation : s'imprégner de cinéma

Il est évident que vous ne devez consacrer qu'un temps très court à la préparation de cette épreuve. Mais pour ne pas être pris de court le jour de l'épreuve, voici quelques conseils simples.

A. Lire et écouter les critiques de cinéma

• Parcourez de temps en temps les journaux spécialisés ou les pages « Cinéma » des quotidiens généralistes. Même si l'épreuve ne consiste pas à faire une critique de film, vous vous imprégnerez des termes utilisés.
• Observez comment les auteurs résument en quelques lignes un film ou un documentaire de plusieurs heures. Analysez les ellipses, les raccourcis, le suspens préservé dans certaines critiques. Souvent, les journalistes adoptent le point de vue d'un des personnages... comme pour l'épreuve de l'ESJ. Connaître les ficelles de l'écriture d'une critique de cinéma vous donnera de l'aisance pour la rédaction de votre texte.
• Connaître quelques éléments sur l'histoire du cinéma, quelques références sur les documentaires et les films contemporains
Vous ne serez pas interrogés sur ces points-là. Mais connaître le réalisateur du film que vous visionnerez, avoir quelques références sur de grands documentaires récents, vous permettront de glisser quelques éléments dans votre texte. Ce conseil est surtout valable pour l'épreuve de l'IJBA : quelques références enrichiront votre résumé.

B. Vous entraîner dès que vous allez au cinéma

Pour habituer votre esprit à la gymnastique narrative imposée à l'épreuve de l'ESJ, entraînez-vous. Lorsque vous allez au cinéma, essayez ensuite de raconter à un ami, ou de mettre par écrit, l'histoire du film, vue par l'un des personnages. Cet entraînement prend peu de temps, mais sera utile pour le jour de l'épreuve. L'exercice vous apprendra notamment à repérer efficacement chacun des personnages du film : comprendre leur caractère, leur rôle dans le scénario, les liens qui les lient aux autres personnages...

3 Le jour de l'épreuve

A. Pendant la projection

Inutile de dire que vous devez rester concentré pendant toute la durée de la projection, même si vous avez déjà vu le film ou le documentaire.
Comment prendre des notes ? Vous êtes dans le noir. Il ne s'agit donc pas de noter tous les dialogues du film, ni les détails de toutes les scènes, mais simplement de relever :
– le nom des différents personnages, les liens qu'ils entretiennent, leur description physique, quelques traits de caractère, les expressions qu'ils répètent souvent ;

> ! *Personnage ne signifie pas seulement être humain. Un chien, un cheval, un miroir, un arbre, peuvent être l'un des personnages d'un film ou d'un documentaire.*

– les grandes étapes du scénario, le plan de montage du documentaire, sa chronologie. Notez les flash-backs, les annotations de lieux et de temps qui apparaissent parfois à l'écran, les ellipses ;
– les grands thèmes abordés par le film ou le documentaire : questions de société, polémique, conflits...

B. Le style et la subjectivité

1. Le style

▸ À l'ESJ

En général, l'énoncé de cette épreuve ne vous impose pas de style à adopter ou de genre journalistique à respecter.

• Choisissez une écriture qui se rapproche le plus possible du style direct, des dialogues du film. Faites des phrases courtes, qui rappellent le langage parlé, tout en évitant un registre de langue trop familier.

• Pensez aux monologues intérieurs des personnages, aux dialogues imaginaires.

▸ À l'IJBA

Inspirez-vous des résumés ou critiques de documentaires du *TéléObs* ou de *Télérama*. Le style est simple, les phrases courtes et incisives. Insistez sur les descriptions, multipliez les adjectifs.

2. La subjectivité

▸ À l'ESJ

Il est rare que l'on vous demande d'être totalement objectif. Profitez-en. Utilisez tous les éléments qui permettront à votre subjectivité de transparaître. Vous êtes dans la peau d'un personnage ; ce personnage a des sentiments, il peut se mettre en colère, pleurer, hurler, être heureux. Exprimez tout cela à travers l'écriture. Choisissez vos mots avec attention. En lisant votre texte, le jury doit voir l'image du personnage s'animer sous ses yeux.

▸ À l'IJBA

Il est difficile de juger la dose de subjectivité d'une critique. Doit-on être très négatif, ou au contraire très élogieux ? Le jury n'attend ni l'une ni l'autre de ces critiques. Il s'agit plutôt de résumer en détail le documentaire, en choisissant des mots et des expressions qui en traduisent l'atmosphère. Vous pouvez ensuite émettre un avis, mais fondé sur des références documentaires ou historiques, par exemple.

• **Exemple**

Si le documentaire traite d'un conflit, dites si la façon de traiter ce conflit est différente, originale, et en quoi elle l'est. Si le réalisateur a des partis pris, mettez-les en évidence mais sans le juger.

Témoignage

« Cette épreuve m'a paru très complexe. En fait, j'avais peur de ne pas me souvenir du film. Au moment de la rédaction, je ne savais pas trop quel style adopter. J'ai fait quelque chose de très narratif, très détaillé dans la description. Vu ma note, je crois que cela n'a pas plu au jury. »

Volker Saux, candidat à l'ESJ en 2000.

« J'ai vraiment adoré cette épreuve. J'ai vu un film qui a provoqué beaucoup d'émotion en moi. Cela s'appelait La Chambre des magiciennes. J'étais frappée par la violence des personnages principaux et il a fallu justement en faire le portrait. Ma plume m'a permis de coucher toutes ces émotions. Un bel exercice d'écriture ! »

Sophie Mainguy, candidate à l'ESJ en 2001.

« Le côté ludique et inhabituel de cette épreuve m'a beaucoup plu. On peut enfin se faire plaisir… »

Nicolas Georgereau, candidat à l'ESJ en 2002.

FICHE 42

Le projet d'enquête (IPJ et IJBA)

« Spécialités », école par école

L'élaboration d'un projet d'enquête fait appel à votre originalité dans le choix des idées mais aussi à votre connaissance des outils et techniques journalistiques. Cette épreuve met les candidats en situation professionnelle.

1 Caractéristiques de l'épreuve

Le projet d'enquête figure au programme de deux écoles : l'IPJ et l'IJBA. À l'IPJ, l'épreuve dure 1 h 30 et compte comme coefficient 3. À l'IJBA, elle est notée sur 20 points. L'épreuve dite de « reportage » de l'EJT se rapproche de ces deux épreuves, mais vous ne trouverez ici que des éléments sur la technique à adopter. Pour préparer au mieux l'épreuve particulière de l'EJT, reportez-vous à la partie concernant les épreuves d'admission du CFJ (voir fiche 41).

A. Le libellé du sujet

À l'IJBA, un seul sujet vous est proposé. À l'IPJ, vous aurez deux sujets au choix.
Il s'agit dans les deux concours de vous mettre en situation professionnelle. Ainsi, à l'IPJ, vous devez répondre à ce qui pourrait être la commande d'un rédacteur en chef.

- **Exemple**

L'un des sujets au choix en 2001
Votre rédacteur en chef vous demande de lui préparer deux pages types du « dossier du jour du *Parisien* » sur les inondations de la Somme. « Cela serait intéressant de faire le bilan de cette catastrophe avec un peu de recul », vous dit-il. Après avoir réfléchi et pris divers contacts, quelle proposition rédactionnelle lui faites-vous ?

B. Les objectifs de l'épreuve

Cette épreuve a pour but de vous faire réfléchir sur l'élaboration d'un sujet. Une bonne manière pour le jury d'évaluer plusieurs de vos qualités :
- votre connaissance des sources d'informations existantes, quel que soit le sujet donné ;
- votre capacité à mettre en œuvre une démarche cohérente ;
- votre originalité dans le traitement de l'information.

2 La rédaction d'un projet d'enquête

A. Définition

Le projet d'enquête ou synopsis est une « note d'intention » rédigé par un journaliste à l'attention de son rédacteur en chef. Cette note doit expliquer en quelques mots le sujet que le journaliste se propose d'aborder et de quelle manière il compte le faire. Mais elle doit aussi donner envie de lire la future enquête, en expliquant l'intérêt du sujet et les enjeux qu'il permet d'aborder. En bref, le synopsis permet au rédacteur en chef de saisir très rapidement quelle est la démarche que souhaite adopter le journaliste.

B. Contenu du synopsis

Dans cette note, le journaliste va tout d'abord expliquer l'angle qu'il a choisi de traiter, c'est-à-dire à travers quel prisme il a décidé de lire le sujet : pourquoi et quel est l'intérêt de cet angle ? Quelle problématique une telle approche du sujet entraîne-t-elle ?
Ensuite, il donne le déroulé possible du sujet, la manière dont il va traiter l'angle choisi, en précisant :
– quels sont les types d'articles envisagés (une interview, un portrait ou un articleanalyse...) ;
– quelles sont les illustrations qui pourraient être utilisées (photographies ou dessins, infographies) ;
– quels sont les interlocuteurs qu'il envisage de contacter pour réaliser son sujet (fonction des interlocuteurs et éventuellement l'intérêt de les contacter).

C. La rédaction d'un synopsis

1. Un style concis

N'étant pas un article mais un recueil d'intentions, un synopsis n'est jamais très long. À l'IPJ, on vous demande d'écrire sur les deux feuillets que l'on vous fournit. Il faut donc vous efforcer de faire court. Pour cela, votre style doit être lisible et clair. Soyez direct pour expliquer votre démarche et vos idées. Il ne s'agit pas d'écrire l'article tel qu'il sera au final, mais de rendre un projet d'article.

2. Une démarche systématique

Comme vous ne savez pas sur quels sujets vous aller tomber le jour de l'examen, il va falloir adopter une démarche systématique pour élaborer votre synopsis. Les sujets que l'on va vous demander de traiter ne seront pas obligatoirement des sujets ancrés dans l'actualité. Vous n'aurez donc pas forcément de connaissances préalables sur la question. Peu importe. La démarche de travail que nous vous proposons sera toujours la même et vous permettra de vous en sortir, quel que soit le sujet proposé.
Pour chacun des sujets à élaborer, il faut :
• se poser les questions : qui, quoi, quand, où et pourquoi ;
• faire le tour de la question avec vos quelques connaissances préalables ;
• se mettre dans la position d'un lecteur : qu'est-ce que vous, en tant que lecteur, vous vous attendriez à trouver comme informations dans l'article ; qu'aimeriez-vous y lire ?
• déterminer un angle de traitement et s'y tenir ;
• lister tous les interlocuteurs possibles sans donner de noms mais en évoquant la fonction de la personne à contacter. Expliquer en deux mots pourquoi cette personne devra être contactée ;
• essayer d'imaginer visuellement le sujet : comment peut-on l'illustrer ?
• ce qu'il faut surtout montrer au jury tout au long de votre démarche, c'est que vous vous posez les bonnes questions et que vous savez pertinemment quels sont les bons interlocuteurs. Mais n'oubliez pas non plus qu'un choix d'angle original peut vous faire gagner beaucoup de points.

• **Exemple**
Sujet proposé à l'IPJ en 2001
« Comme chaque année, avant les vacances, votre rédacteur en chef vous demande de lui préparer, pour le premier week-end de juillet, deux pages sur votre ville pour permettre aux touristes et vacanciers de mieux la découvrir. Quelle proposition rédactionnelle lui faites-vous, synopsis de deux feuillets à l'appui ? »

Ce sujet est typiquement « hors actualité » ; vous n'avez donc pas pu vous y préparer. *A priori*, il semble facile à traiter car chacun possède un minimum de connaissances sur les particularités touristiques de sa ville.

Mais attention ! On n'attend pas de vous que vous rédigiez un dépliant touristique mais le synopsis d'un futur article.

Il faut donc traiter ce sujet comme n'importe quel sujet d'actualité.
Vous devez mettre en valeur la connaissance que vous avez de votre ville ; un futur journaliste se doit d'être curieux, à commencer de ce qui l'entoure. Il ne s'agit pas d'étaler vos connaissances en énumérant tous les monuments de votre ville mais de trouver un angle original pour la présenter. Rappelez-vous le libellé du sujet : « Comme chaque année, avant les vacances [...] ». Ce sujet est sans aucun doute traité tous les ans. Pour donner envie au lecteur de lire les pages qui lui sont consacrées, vous devez trouver une façon nouvelle de le présenter une fois encore.
• Essayez de trouver un parcours original à travers votre ville. Trouvez un thème de visite intéressant, qui permettrait de faire le tour de la ville en dehors des sentiers battus. Pensez à des parcours à la fois historiques et culturels, comme la « route du sel », la « route de la fraise »...
• Adaptez ce principe à votre ville. Imaginez un parcours.
• N'ayez pas peur de trouver un angle très précis pour votre visite. L'énoncé ne vous oblige pas à être exhaustif.

3 Une connaissance des médias

Votre synopsis doit aussi faire apparaître que vous avez l'habitude de manier l'outil journalistique.

A. S'intéresser au contenu

Durant votre préparation, il faut vous habituer à regarder comment les dossiers et reportages sont construits. Avec l'habitude, vous remarquerez que c'est souvent la même ossature que l'on retrouve dans la presse. Les dossiers du jour du journal *Le Parisien-Aujourd'hui en France* sont toujours construits sur le même modèle : un article général, qui pose les bases et les enjeux de la question abordée. Figure aussi le témoignage d'une personne directement concernée par le sujet et qui lui apporte un autre éclairage. En général, on trouve également l'interview d'un spécialiste (psychologue, sociologue, scientifique, élu, etc.) qui donne des éléments pour comprendre le problème ou le phénomène de société dont il est question. Enfin, on peut aussi trouver un « coup de projecteur » sur une association, une entreprise qui illustre la question traitée de manière étonnante ou surprenante. Ce décorticage de la presse vous aidera à structurer votre synopsis mais aussi à élaborer plus facilement votre liste d'interlocuteurs.
Faites la même chose pour les illustrations. Voyez quel type de photos correspond plutôt à tel sujet. Regardez les dessins qui accompagnent les articles dans la presse et essayez de voir dans quel but on les utilise. Intéressez-vous aussi aux infographies (cartes, tableaux ou graphiques) qui permettent de mettre en valeur des résultats de sondages, des chiffres mais aussi des zones géographiques. Toutes les propositions que vous ferez dans ce domaine seront très appréciées par le jury.

B. Utiliser le vocabulaire journalistique

Si vous avez recours dans votre synopsis au « jargon » journalistique, ce sera un vrai « plus » dans votre copie. Ainsi, plutôt que d'écrire : « En dessous du texte, je verrais bien un autre article qui sera un témoignage », préférez : « En plus de l'article principal, on pourra envisager un encadré ou un éclairage du type témoignage ».

Quelques termes journalistiques à connaître :

– l'article principal : c'est le texte qui sera la base de votre sujet. Il est le plus long et le plus fourni, celui qui pose les enjeux de la question abordée.

– l'encadré ou éclairage : c'est un texte qui vient éclairer un point rapidement abordé dans l'article principal. Il peut prendre diverses formes : interview, témoignage, analyse...

– les sources : ce sont les gens que vous proposerez de contacter pour le sujet.

Un vocabulaire que vous pourrez enrichir en faisant des stages dans la presse durant votre préparation.

4 Le jour de l'épreuve

A. L'énoncé

Dans cette épreuve, le libellé du sujet est très important. Il est généralement assez fourni et vous donne des pistes de travail.

- Travaillez d'abord à partir de ces pistes, avant de vous lancer dans la recherche des idées.
- Repérez les mots importants.
- Isolez-les sur une feuille à part et notez les associations d'idées qui vous viennent à l'esprit.

B. Le plan

Comme pour toute épreuve de rédaction, il faut que vous fassiez un plan pour ordonner vos idées et savoir où vous allez. Vous gagnerez en clarté pour expliquer votre démarche. Le plan recommandé pour un synopsis peut varier. Un exemple de plan type pourrait être :

– présentation de l'angle et de l'intérêt du sujet en quelques lignes ;

– découpage du dossier (un article principal, une interview, un encadré) ;

– explication du déroulé de l'article ;

– mention de la liste des contacts.

Ce n'est là qu'une ossature générale. N'hésitez pas à justifier vos choix : donnez des détails sur l'intérêt d'interroger telle ou telle personne, de parler de telle ou telle chose. Il faut que l'examinateur comprenne où vous allez.

C. Le temps imparti

La recherche des idées peut prendre un certain temps (30 minutes). Mais attention à ne pas trop déborder ! Il faut que vous vous gardiez un temps au moins égal pour l'élaboration du plan, car c'est sur lui aussi que vous serez évalué. Enfin, gardez-vous du temps pour rédiger : ce n'est pas parce que le style doit être bref et concis que votre projet d'enquête doit être mal écrit. Relisez-vous en traquant les fautes d'orthographe et les répétitions de mots ou d'expressions.

Témoignage

« Il ne faut pas à tout prix chercher LE sujet original mais montrer son investissement dans la recherche du sujet et bien expliquer la démarche adoptée. J'ai aussi fait des propositions d'illustrations. C'est l'épreuve que j'avais le plus préparée pour les concours. Et j'ai bien fait car elle est décisive. »

Nicolas Georgereau, candidat à l'IPJ en 2002.

« Le fait d'avoir fait plusieurs stages dans un quotidien régional m'a beaucoup aidée pour cette épreuve. En voyant les journalistes travailler et en faisant moi-même des reportages, j'ai assimilé la technique d'enquête. J'ai aussi appris à rédiger un synopsis. »

Aurélie Noiret, candidate à l'IJBA en 2001.

PARTIE 4

Les épreuves d'admission

ESJ, le marathon des sujets

FICHE 43

Caractéristiques de l'épreuve

Oral de motivation

Ces quelques minutes en tête-à-tête avec le jury sont primordiales. Vous avez peu de temps pour exprimer votre motivation et expliquer votre projet professionnel. N'oubliez pas que le jury cherche aussi à cerner votre personnalité.

1 Le déroulement de l'épreuve

Vous serez face à un jury de plusieurs personnes. Parmi eux, un ou plusieurs responsables de l'école (directeur, directeur des études) et un ou plusieurs journalistes professionnels.
L'oral peut durer entre un quart d'heure et une demi-heure environ. Ce temps est très variable en fonction du candidat et du jury.

! *Un oral court n'est pas forcément négatif. Il peut aussi signifier que vous avez convaincu le jury rapidement. N'essayez donc pas à tout prix de rallonger la discussion, en vous étendant sur des détails inintéressants.*

L'oral s'organise généralement en deux temps :
– quelques minutes où le jury, qui a votre *curriculum vitae* et votre dossier sous les yeux, vous interrogera sur votre parcours et vos éventuelles expériences professionnelles, votre vision du métier ;
– quelques minutes pendant lesquelles le jury cherchera à percer votre personnalité, en vous posant des questions plus personnelles, sur vos passions, vos loisirs, vos lectures, votre caractère.
Souvent, ces deux aspects s'entremêlent pendant l'entretien.
→ À l'IJBA, l'oral comporte une troisième étape : le candidat est invité à parler pendant cinq minutes d'un sujet de son choix. Le choix du sujet est totalement libre. Mais il est important que vous ayez quelque chose à dire, et que vous ayez préparé des arguments et des réponses aux éventuelles questions du jury.

2 Le jury teste votre motivation

Le jury attend que vous donniez des arguments à l'appui de votre motivation, en expliquant clairement votre projet professionnel au sortir de l'école.

A. Des questions récurrentes

Pourquoi êtes-vous là aujourd'hui ? Qu'est-ce qui vous attire dans le métier de journaliste ? Que peut vous apporter la formation dispensée par l'école ? En quoi votre parcours est-il cohérent avec votre envie de devenir journaliste ? Depuis quand voulez-vous faire ce métier ?

B. Dire « je suis motivé » ne suffit pas

Les examinateurs attendent des réponses précises et mûries. Le rôle du jury est de mettre à l'épreuve votre motivation. Cela ne signifie pas qu'il cherchera automatiquement à vous piéger ou à vous déstabiliser. Mais si vos arguments ne tiennent pas, s'ils ne sont pas assez réfléchis, vous aurez du mal à paraître crédible face à plusieurs professionnels. Préparez-vous également à affronter des questions parfois insolites ou inattendues.

- **Exemple**

– Je vous donne un budget illimité pour faire un reportage de votre choix. Quel reportage choisissez-vous ?
– Que pensez-vous du magazine *L'Express* ? Et du quotidien *La Croix* ?

3 Le jury teste votre personnalité

Les examinateurs vont vouloir aller au-delà de votre volonté d'entrer dans l'école et dans le monde du journalisme. Ce qu'ils recherchent, c'est aussi une personnalité marquante, ouverte et vive. Ils vont donc tenter, en quelques minutes, de cerner vos principaux traits de caractère, vos défauts et vos qualités.
Ne vous enfermez pas dans une carapace. Laissez transparaître votre personnalité et soyez le plus naturel possible.

A. Quelles sont les attentes du jury ?

Bien heureusement, le jury n'est pas à la recherche d'une personnalité « type ». Plus les personnalités des recrutés seront riches et leurs parcours différents, plus la promotion sera intéressante. Il faudra donc des personnalités fortes, des timides, des consciencieux, des boute-en-train. Ne cherchez donc pas à entrer à tout prix dans une « case », à vous coller une étiquette. Essayez d'être tel que vous êtes avec vos proches et vos amis... malgré le stress de l'épreuve.

B. Quelles questions le jury peut-il vous poser ?

Le jury sera amené à vous poser des questions personnelles. Soyez donc prêts à répondre à des demandes concernant vos loisirs, par exemple.

- **Exemple**

Si vous jouez d'un instrument de musique, sachez expliquer ce que cela vous apporte, pourquoi vous en jouez depuis si longtemps, en quoi cela colle à votre personnalité... Si vous pratiquez un sport à haut niveau, sachez aussi en parler de manière intelligente. Pourquoi un sport d'équipe, pourquoi pas un sport individuel ? Aimez-vous le sentiment de victoire, de compétition ?

Il ne s'agit pas d'une « psychanalyse de comptoir », mais simplement de savoir un peu qui vous êtes, ce que vous aimez. Il n'est pas toujours évident de parler de soi. Voilà pourquoi l'entretien de motivation se prépare.
Le jury peut-il vous poser des questions intimes ? Il arrive qu'au cours de la discussion, il soit amené à vous poser des questions sur votre religion ou sur votre vie sentimentale, par exemple. Vous n'êtes en aucun cas obligé de répondre à ces questions, surtout si elles vous mettent mal à l'aise. Rétorquez simplement que ces questions sont d'ordre trop personnel pour que vous puissiez y répondre devant un jury.

Témoignage
« À l'ESJ, l'oral de motivation est assuré par trois personnes. Nos avis sont tellement subjectifs que l'opinion conjointe de trois personnes permet probablement d'approcher un peu plus la « vérité » du candidat. C'est sans doute cet oral qui permet de restituer un candidat dans un contexte, d'approcher son parcours personnel, son environnement

social, familial. Cela peut lui donner une chance de rééquilibrer en sa faveur les mauvaises notes à l'écrit. En général, on tente de rassurer les « fragiles » et de déstabiliser un peu ceux qui sont trop sûrs d'eux. »

Hughes Beaudoin, responsable de la presse écrite et membre du jury à l'ESJ, de 1999 à 2003.

FICHE 44

Pourquoi suis-je là ?

Oral de motivation

Pour ne pas être déstabilisé, il va falloir réfléchir à ce que vous allez dire. Retournez-vous sur votre parcours et voyez en quoi il vous a progressivement amené jusqu'à cet oral. Attention ! Il ne s'agit pas pour autant de préparer un discours formaté.

1 Parce que j'ai les compétences et la motivation nécessaires

Comme pour tout oral de motivation, il est essentiel d'adopter une attitude gagnante – « gagnante » n'étant pas, bien entendu, synonyme de prétentieuse. Pourquoi êtes-vous là ? Parce que vous avez montré jusqu'ici que vous aviez certaines des compétences nécessaires pour entrer dans cette école. N'allez pas jusqu'à vous convaincre que vous êtes le meilleur, mais sachez identifier vos qualités. Il n'est pas prétentieux d'affirmer que vous avez un talent d'écriture, un esprit de synthèse ou un sens aigu de l'organisation. L'attitude d'un candidat « je m'en foutiste », passif ou peu sûr de soi ne passera pas. Être journaliste, c'est savoir prendre les devants et affirmer sa personnalité.

N'oubliez pas que la motivation se lit aussi sur votre visage et à travers votre gestuelle. Soyez « physiquement » motivés. En clair, évitez les mains dans les poches, le regard baissé, les bras croisés. Soyez souriant et naturel. Même si vos jambes tremblent, ayez l'air sûr de vous, levez la tête, regardez les examinateurs dans les yeux, en les balayant un à un du regard.

2 Parce que mon parcours est cohérent

Montrez au jury que le fait que vous vous retrouviez devant lui n'est pas dû au hasard. Vous avez fait le choix de passer les concours des écoles de journalisme : ce choix doit donc être un tant soit peu réfléchi et analysé, même si vous vous êtes inscrit aux concours sur un coup de tête.

A. Mes études

Sachez mettre en valeur votre parcours scolaire, en faisant ressortir ce qui vous a fait prendre goût au journalisme. N'oubliez pas que la plupart des candidats ont plus ou moins le même bagage que vous. Sortez donc du « moule », en montrant que votre parcours n'est ni lisse ni classique, mais que vous avez su faire des choix personnels.

- **Exemple**

– Si vous sortez d'un IEP, sachez justifier votre orientation vers telle ou telle section. Pourquoi avoir choisi la section « Politique et communication » ? Aviez-vous déjà en vue les écoles de journalisme ?

– Si votre mémoire de maîtrise portait sur l'histoire des médias, précisez-le. Expliquez pourquoi cette question vous intéresse, ce que vous avez tiré de vos recherches.

B. Mes stages

Il est temps aussi de parler de vos éventuelles expériences professionnelles.

• Si vous avez effectué un ou plusieurs stages dans des rédactions, si vous avez participé au journal de votre faculté, mentionnez-le et orientez le plus possible la conversation dans ce sens. Mais surtout, soyez direct et franc.

• Si vous n'avez fait que des stages d'observation, parlez de ce que vous avez ressenti, de vos premières impressions sur l'univers du journalisme. N'ayez pas peur d'avoir l'air naïf. Le jury ne vous en tiendra pas rigueur.
• Si vous avez déjà écrit dans des journaux, connus ou non, ou si vous avez animé des émissions de radio, de télévision locale, parlez-en. Expliquez ce à quoi vous vous attendiez, les désillusions et les surprises que vous avez pu avoir. Pensez à donner des exemples : l'article qui vous a le plus marqué, votre démarche lors de votre première interview, vos premières erreurs et ce que vous en avez tiré. Le jury doit voir transparaître votre personnalité, mais aussi votre vision – aussi innocente soit-elle – du journalisme.
• Si vous n'avez jamais fait de stage, ne pensez pas que vous partez avec un handicap. Vous devez simplement montrer avec conviction que le journalisme vous intéresse. Parlez de l'avenir et des expériences que vous aimeriez avoir.

C. Mon choix de passer les concours

Vous auriez très bien pu vous lancer dans le journalisme en choisissant une autre voie, sans passer par la case « école ». Mais vous avez fait le choix de passer les concours. Il faut donc que vous puissiez l'argumenter. Qu'est-ce que l'école peut vous apporter, qu'attendez-vous de la formation, pourquoi telle école plutôt qu'une autre ? Les examinateurs apprécieront que vous connaissiez l'école pour laquelle vous postulez, la formation et les opportunités qu'elle offre.

3 Parce que je veux devenir journaliste

Arriver à l'oral de motivation en annonçant au jury que vous serez éditorialiste au *Monde* dans un futur proche est sans doute un peu déplacé. Vous devez cependant faire preuve d'une dose minimale d'ambition. Où voulez-vous que cette école vous mène ? Quel journaliste serez-vous dans dix ans ? Quel est le poste dont vous rêvez ?
Il est important d'avoir des préférences, de savoir quel type de journalisme vous intéresse. Plutôt quotidien ou magazine, plutôt presse spécialisée ou généraliste, plutôt télévision, radio, ou presse écrite ? Montrez que certains aspects du métier vous intéressent déjà plus que d'autres, même si vous avez largement le temps de changer d'avis pendant votre scolarité. N'hésitez pas non plus à parler des sujets qui vous passionnent. Êtes-vous attiré par la presse économique, la politique internationale, le journalisme culturel ?
Montrez aussi que vous connaissez le monde du journalisme et que vous vous intéressez aux problématiques du métier : la liberté de la presse, le lien entre médias et politique, les journaux gratuits, etc. Avant l'épreuve, nous vous conseillons de lire quelques livres basiques et généraux sur le journalisme. Vous serez ainsi au courant des polémiques du moment.

Témoignage
« Nous voulons nous assurer que les raisons qui justifient le choix du journalisme par le candidat sont de bonnes raisons… et qu'il ne s'agit pas seulement du désir, par exemple, de devenir une star ! Ou encore le fruit d'une passion pour l'écriture. Ou encore une vocation par défaut, parce que le candidat a raté l'ENA et qu'il ne lui reste plus que le journalisme comme échappatoire ! »
Hughes Beaudoin, responsable de la presse écrite et membre du jury à l'ESJ, de 1999 à 2003.

« L'oral de motivation se prépare un minimum. Nous posons souvent aux candidats la question suivante : Que ferez-vous si vous n'avez pas les concours ? Beaucoup hésitent, parce qu'ils n'ont pas réfléchi à l'après. Nous préférons les candidats "actifs", qui nous disent par exemple qu'ils se lanceront dans le journalisme sans école, ou qu'ils retenteront le concours. »

Béatrice Houchard, membre du jury au CFJ.

FICHE 45

Le jour de l'épreuve

Oral de motivation

Maintenant que tout est clair dans votre tête, que votre motivation est argumentée, à vous de jouer. Cette épreuve est évidemment essentielle pour votre admission. Surtout, ne stressez pas ! Pensez plutôt à être naturel et convaincant.

1 Quelques minutes avant l'entretien

Ces quelques minutes sont souvent les pires. L'attente est angoissante, le stress monte. On croise d'autres candidats dans le couloir, certains enjoués, d'autres à la mine défaite. Il faut donc rester concentré. Ne vous laissez pas impressionner par les candidats qui fanfaronnent à la sortie de la salle. Ne soyez pas non plus traumatisés si vous croisez un candidat en larmes. Rappelez-vous que vous êtes là pour de bonnes raisons et restez le plus serein possible.

A. Dernières vérifications

Au lieu de vous laisser déconcentrer, vérifiez que vous disposez de toutes les pièces requises pour passer l'oral : carte d'identité, feuille de convocation. Si vous vous apercevez quelques minutes avant votre passage que vous avez oublié l'un des documents, pas de panique. Allez voir une secrétaire ou un responsable administratif et expliquez-lui votre problème. Il vous demandera sûrement de lui envoyer une copie de votre carte d'identité ou de votre feuille de convocation dans la journée ou le lendemain.

B. Le trac

Mal de ventre, sueurs froides, genoux qui tremblent, tournis... Pas de doute, vous êtes assailli par le trac. Rien de bien grave, rassurez-vous. Même le candidat le plus détendu ne peut échapper aux petits désagréments du trac. Que faire pour ne pas se laisser envahir par la panique la plus totale ? D'abord, respirez profondément et lentement, pour que votre pouls reprenne un rythme normal. Ensuite, re-la-ti-vi-sez. Mieux vaut se dire : « Je ne joue pas mon avenir aujourd'hui, j'essaye simplement de passer ce concours. » Vous êtes là pour discuter avec des professionnels, qui jugeront si oui ou non vous êtes prêt à entrer à l'école. Plus vous serez détendu et plus vous serez apte à convaincre le jury.

2 Premier contact avec le jury

A. L'attitude générale

Quand l'un des examinateurs vient vous chercher, c'est une personne souriante et détendue qu'il doit avoir en face de lui. Faites donc en sorte d'évacuer le stress et d'avoir une attitude globalement positive. Soyez le plus courtois possible. Dites bonjour de manière distincte à l'ensemble du jury, puis asseyez-vous. Prenez le temps de vous mettre à l'aise, d'enlever un manteau ou un pull, si nécessaire, puis balayez le jury du regard en souriant. Sachez que chacun des membres va se faire une idée de vous (certes préjugée) dès votre entrée dans la salle. Dès les premiers instants de l'entretien, choisissez donc une posture dans laquelle vous vous sentez à l'aise. Évitez de gesticuler dans tous les sens, de croiser les bras ou de vous avachir contre le dossier de la chaise.

À éviter
- Serrer la main à chacun des membres du jury.
- Prendre la parole alors que le jury n'a pas commencé à vous questionner.

B. L'apparence extérieure

Le jury n'est pas là pour juger votre physique ou votre goût vestimentaire. Il est cependant nécessaire de soigner votre apparence extérieure. Évidemment, libre à chacun de porter les vêtements et les couleurs qu'il veut. Nous vous conseillons cependant de choisir une tenue correspondant à votre personnalité, une tenue dans laquelle vous vous sentez à l'aise. Pour les filles qui ne portent jamais de jupes courtes, évitez de faire l'essai lors de l'entretien de motivation. Vous vous sentirez engoncée et dénudée. Même chose pour les garçons qui ne portent jamais de cravate : inutile de sortir le costume pour l'occasion. Un pantalon simple et une chemise devraient suffire.
Il s'agit simplement de respecter les membres du jury en ayant une tenue vestimentaire correcte et pas trop extravagante.

3 Pendant l'oral : sortir des clichés

Vous allez être à chaque fois plus d'une centaine à passer devant le jury. Parmi ces candidats, la plupart ont le même parcours scolaire, et à quelques détails près, la même expérience du journalisme. C'est donc grâce à votre personnalité et à votre vécu que vous allez vous démarquer.

A. Être soi-même

S'il y a bien une chose que le jury déteste, c'est le candidat qui « joue » au journaliste. N'essayez pas d'avoir une attitude surfaite ou artificielle. Seuls le naturel et la spontanéité payent lors de l'oral de motivation.

1. Dévoiler sa personnalité

Vous avez donc quelques minutes pour montrer aux examinateurs les principaux traits de votre personnalité. Êtes-vous plutôt réservé, extraverti, dynamique, solitaire, boute-en-train, studieux ? Si, lorsque vous sortez de la salle, le jury n'en a aucune idée, c'est que quelque chose n'a pas fonctionné pendant l'entretien. Si une question vous amuse, souriez. Ne restez surtout pas figé derrière un masque ; laissez votre visage s'exprimer. De même, ne mettez pas les mains dans les poches : ayez une attitude vivante, entraînante, qui captive l'attention, éventuellement par une gestuelle qui accompagne vos paroles.
N'hésitez pas à parler de vous de manière ouverte. Si le jury vous pose des questions d'ordre général, tentez, par exemple, de ramener la discussion à une expérience que vous avez vécue. Le jury pourra ainsi mieux cerner votre parcours. Profitez de ces discussions pour vous mettre en valeur et montrer vos qualités. Tout cela fait partie du jeu de l'entretien de motivation.

2. Bien choisir son sujet libre

À l'IJBA, pendant la dernière partie de l'entretien, vous devez développer un sujet « libre » de votre choix. Vous établissez donc une discussion avec le jury à partir d'un thème qui vous tient à coeur. Là aussi, choisissez un sujet qui vous correspond, qui vous touche, qui colle à ce que vous êtes. N'ayez pas peur de vous dévoiler.

Ne cherchez pas à impressionner le jury en choisissant un sujet d'actualité très pointu (exemple : l'aide humanitaire au Rwanda), et que vous maîtrisez mal. Au contraire, pensez à un sujet proche de vous, qui peut être aussi bien un thème de société, une réflexion sur le journalisme, que le portrait d'un homme ou d'une femme que vous appréciez. Cette discussion « libre » doit permettre au jury, ici encore, de mieux vous connaître et d'apprécier votre capacité à parler ouvertement du sujet choisi.

B. Être clair dans son discours

1. Maîtriser le vocabulaire

Vous devez maîtriser votre attitude, mais aussi votre façon de vous exprimer. Tout d'abord, veillez à utiliser un vocabulaire riche, correct et rigoureux. Un futur journaliste ne peut se permettre de faire des fautes de langue systématiques. Si vous soignez la forme de votre discours, il n'en sera que plus convaincant.

Avant de formuler vos phrases, prenez le temps de réfléchir quelques secondes à ce que vous allez dire. Soyez le plus cohérent possible. Vous éviterez ainsi les bégaiements d'intimidation, les « trous de mémoire » qui mettent mal à l'aise. Évitez bien entendu les longs discours préparés à l'avance, qui lassent les examinateurs.

2. Adopter un ton vivant

Pensez enfin à parler de manière distincte, assez fort pour que tous les examinateurs puissent vous entendre. Articulez correctement chacun des mots. Veillez aussi à varier vos intonations de phrases. Si vous « récitez » votre CV de manière monotone, vous perdrez l'attention du jury et aurez du mal à la reconquérir.

C. Éviter les phrases stéréotypées

Un quart d'heure, c'est peu pour exposer tous ses arguments. Vous devez donc vous démarquer en étant original et spontané.

Vous vous êtes « retourné » sur votre parcours, vous avez réfléchi à plusieurs arguments de motivation. Vous savez donc pourquoi vous êtes là. Vous devez maintenant construire un discours cohérent et personnel, autour de votre parcours, de vos expériences professionnelles, de vos motivations intimes et de vos perspectives d'avenir. Et surtout, évitez les idées clichées que le jury entend une bonne centaine de fois.

1. Le cliché du « journaliste-né »

Tout d'abord, ne commencez pas votre discours par : « Je veux être journaliste depuis que je suis tout petit. » Vous pouvez être sûr qu'avant vous, la plupart des candidats ont placé cette phrase insipide. Parlez plutôt d'une lecture ou d'une rencontre qui ont déclenché en vous l'envie de devenir journaliste. Évoquez tous les éléments qui vous ont conforté dans ce choix : une participation au journal du lycée, une discussion avec un journaliste professionnel, un stage d'observation dans une rédaction.

2. Le cliché de l'écrivain

Autre cliché à bannir : « Je veux être journaliste parce que j'aime écrire. » Un journaliste n'est pas un écrivain. Certes, le maniement de la langue fait partie intégrante des métiers du journalisme. Mais aimer écrire ne suffit pas à prouver au jury que vous êtes fait pour ce métier. Cherchez les traits de caractère personnels qui feraient de vous un bon journaliste : êtes-vous curieux ? ouvert aux autres ? avez-vous un goût poussé pour l'actualité ou pour un domaine particulier ?

D. Être honnête

Ce conseil vous paraît évident ? Tant mieux. Pourtant, de nombreux candidats sont tentés de « gonfler » leur CV et leurs expériences professionnelles, par peur de ne pas être à la hauteur. C'est l'erreur à ne pas faire. Le jury repérera immédiatement votre mensonge, même si vous pensez l'avoir bien préparé.

Prenons l'exemple d'un candidat qui affirme avoir fait un stage dans un quotidien national. Le jury va enchaîner : dans quel service, avec quels journalistes, quels articles avez-vous écrits... N'oubliez pas que, parmi les examinateurs, il y a des journalistes professionnels, qui connaissent beaucoup de gens dans les rédactions.

Il ne sert donc à rien de vous inventer des expériences. Comment faire si vous n'avez aucune expérience professionnelle ? Faites-en un atout pour votre oral. Insistez sur votre vision un peu naïve du journalisme. C'est cet « imaginaire »-là qui vous donne envie d'entrer dans le monde du journalisme. Cependant, vous devez connaître un minimum de choses sur la vie d'une rédaction, l'organisation d'un journal. Une ignorance totale du milieu dans lequel vous voulez entrer vous sera reprochée.

E. Conclure

1. Laisser une bonne impression

Lorsque la discussion touche à sa fin, il s'agit de conclure habilement. Soit par une dernière phrase, qui confirme votre motivation. C'est le moment où jamais de convaincre un jury encore hésitant. En une phrase, parlez de la sincérité de votre démarche et de votre envie d'entrer dans l'univers journalistique, en passant par cette école. Soit par une dernière question sur l'école, la formation, ou le journalisme en général. Une question que vous vous posez réellement, bien entendu, et pas une question prétexte pour prolonger la discussion.

Ensuite, remerciez sobrement le jury. Évitez les « merci vraiment pour votre gentillesse » ou les « ravi d'avoir fait votre connaissance ». Sortez en souriant, d'un pas assuré. La dernière impression laissée au jury doit être la bonne.

2. Ne pas ressasser les minutes de l'entretien

Une fois l'entretien terminé, ne cherchez pas à savoir si les choses se sont bien ou mal passées. Qu'estce qui a pu jouer en votre faveur, qu'est-ce qui vous a desservi ? Aucun candidat ne sort de cet oral avec des certitudes. Et aucun candidat ne saurait estimer sa note correctement. Si vous vous êtes senti à l'aise, tant mieux. Le jury aura sans doute apprécié. Si au contraire vous avez paniqué, craqué, pleuré, bégayé... ne vous dites pas que tout est perdu. L'expérience montre que le jury ne s'arrête pas à ces détails.

Témoignage

« J'ai un assez mauvais souvenir de l'oral du CFJ. J'avais l'impression que le jury n'était là que pour me mettre mal à l'aise. Il me posait des questions du genre : « Travaillerais-tu pour Paris Match ou Voici ? Quel est ton objectif dans la vie ? « Je suis ressortie un peu déboussolée. Et finalement j'ai été admise. »

Juliette Serfati, candidate aux concours en 1999.

« Il faut surtout éviter les poncifs, du genre « Je veux faire ce métier depuis toujours. « Je me souviens que le directeur de l'ESJ avait commencé son entretien par la phrase suivante : « Et vous, ça vous a pris où, l'envie de devenir journaliste, au pied de la tour Eiffel ? « Il faut donc vraiment se poser la question. »

Charlotte Patron, candidate aux concours en 2000.

« À l'IJBA, pour le sujet libre en fin d'entretien, j'ai choisi de faire un portrait de l'écrivain américain Raymond Carver : sa vie, son œuvre, et ce qu'il représentait pour moi. Je crois qu'il faut partir d'un thème qui nous est cher : cela permet d'engager le dialogue sur des bases plus sereines. »

Fabrice Leroy, candidat aux concours en 1988.

« Lors de mon premier oral de motivation, au CELSA, je ne savais pas trop à quoi m'attendre. J'ai préparé des réponses bateau, du genre « J'aime le journalisme parce que j'aime les rencontres. « J'avais 19 ans, je n'avais pas réfléchi à mon parcours. Le jury n'a pas du tout apprécié. Cela m'a servi de leçon pour les autres oraux. »

François Martin, candidat aux concours en 1999, 2000, 2001.

« Lors de mon premier oral, j'ai dit au jury que je n'avais jamais fait de stage. Ce n'est pas cela que le jury m'a reproché, mais plutôt mon ignorance de ce qu'était concrètement le métier de journaliste. J'aurais dû m'y intéresser davantage. »

Julien Haume, candidat aux concours en 1997 et 1998.

« Pendant ces oraux de motivation, j'avais perdu tout sens de l'humour. Les examinateurs lançaient des plaisanteries que je ne comprenais pas… ou alors avec un temps de retard. Je revois encore l'un des membres du jury me dire, alerté par ma mine déconfite : « C'était une blague ! « Avec du recul, je pense qu'il vaut mieux rire de soi et de son stress. »

Florent Maurin, candidat aux concours en 2000.

« Je n'ai pas assez bossé l'oral de motivation. Je ne voulais pas dire que je voulais être journaliste depuis toujours, parce que ce n'était pas vrai. Du coup, je n'ai pas assez montré que j'en voulais. J'avais l'air d'être là uniquement parce que je ne souhaitais pas devenir prof. »

Célia Mériguet, candidate aux concours en 2000.

« Je me suis fait piéger sur une question de déontologie. L'un des membres du jury m'a demandé si j'étais prêt à dissimuler mon identité de journaliste et donc à mentir aux gens pour faire un reportage. Ma réponse a été plutôt floue et pas convaincante. »

Samuel Humez, candidat aux concours en 2001.

FICHE 46

Entretiens : morceaux choisis

Oral de motivation

Du rire, des larmes, un zeste de honte, un brin d'audace... L'oral de motivation réserve bien des surprises, bonnes ou mauvaises. Voici une petite sélection de dialogues insolites gravés dans la mémoire des candidats... et des examinateurs.

▶ **Provocant**

– Un juré : « Je veux tout savoir sur les talibans. »
– Le candidat : « Pouvez-vous angler votre question ? »
L'examinateur a très mal pris la remarque et n'a plus parlé de tout l'entretien.

▶ **Délicat**

« La veille de mon oral de motivation, j'ai appelé l'IPJ pour leur dire que je ne viendrais pas. J'avais été embauché à RFM. Malheureusement, le lendemain, la radio m'annonce que mon embauche n'est plus à l'ordre du jour. J'ai donc rappelé l'IPJ en catastrophe pour savoir si je pouvais toujours passer mon entretien. Autant dire que le jury savait qui j'étais quand je suis entré dans la salle. Ils m'attendaient au tournant. »

Éric, candidat au concours en 1999, tout de même reçu à l'IPJ.

▶ **Agressif**

– Le jury : « Vous sortez de khâgne. Citez-moi un roman qui parle de journalistes. »
– Le candidat : « Euh, L'Honneur perdu de Katharina Blum. »
– Le jury : « Non, un roman français. »
– Le candidat : « Euhhhhhhhh ! »
– Le jury : « *Les Illusions perdues*, cela ne vous dit rien, bien sûr ! »

▶ **Incongru**

École de journalisme et de communication de Marseille.
– Le jury : « Vous venez de Clermont-Ferrand ? »
– Le candidat : « Oui. »
– Le jury : « Vous n'avez pas peur de la mafia, ici, à Marseille, vous qui venez de Clermont-Ferrand ? »

▶ **Piégé**

– Le jury : « Vous avez une formation d'historien ? »
– Le candidat : « Oui. »
– Le jury : « Faire de l'histoire pour devenir journaliste... votre parcours n'est pas très cohérent. »
– Le candidat : « Si, parce qu'on a besoin de l'histoire pour faire du journalisme. »
– Le jury : « Ah oui ? Un obus tombe sur un marché en Serbie et fait 100 morts. En quoi l'histoire m'aide-t-elle à comprendre ce fait ? »
Le candidat, pris au dépourvu, ne répond pas. Silence dans la salle. Désarçonné, le candidat se lève et quitte la pièce.

▶ **Drôle**

Le candidat tend sa main pour serrer celle du directeur de l'école, membre du jury. Celui-ci fait mine de la reculer, en disant...
– Le jury : « On va voir si vous avez le bras long. »

▸ Puéril

À l'oral du CELSA, un candidat sort sa trousse. Collés dessus, des autocollants de Pokémons, personnages de dessins animés japonais.
– Le jury : « Vous avez quoi sur votre trousse ? Vous croyez pouvoir passer le concours en étant si puéril ? »
Le candidat, après un moment de flottement, répond sur le même ton provoquant...
– Le candidat : « Les Pokémons, c'est un phénomène de société. Un journaliste ne peut pas ignorer les phénomènes de société. Ces autocollants m'inspirent. »
Le jury rit. L'entretien se poursuit de manière détendue.

▸ Perles

Quand un candidat ne sait pas répondre ou n'y arrive pas à cause du stress, il préfère parfois tenter sa chance en sortant une énormité.
Perles recueillies par des membres de jury.
– Le jury : « Citez-moi un agrume. »
– Le candidat : « La banane. »
– Le jury : « Donnez-moi un exemple de poisson que l'on trouve sur l'étal d'un poissonnier. »
– Le candidat : « L'huître. »
– Le jury : « Pourquoi dit-on Amérique latine ? »
– Le candidat : « Parce qu'elle est au sud. »
– Le jury : « Citez-moi un grand film sur le thème du transport aérien. »
– Le candidat : « *Y a-t-il un pilote dans l'avion* ? »
– Le jury : « C'est quoi l'inflation ? »
– Le candidat : « Du vol. »

▸ Indispensable

– Le jury : « Quel genre de journalisme avez-vous envie de faire ? »
– La candidate : « Du journalisme musical. »
– Le jury : « Qu'est-ce que qui vous fait croire que le lectorat des magazines musicaux a besoin d'avoir votre avis sur un disque qui vient de sortir, par exemple ? »
– La candidate, spontanément : « Je pense que ce sera à moi, par mon travail, de me rendre indispensable. »

▸ Gaffe

– Le jury : « Que pensez-vous de l'hebdomadaire *Paris-Match* ? »
– La candidate : « Je pense que ce n'est pas de la presse. Pour moi, c'est un torchon. »
– L'un des membres du jury, furieux : « Je suis rédacteur en chef de ce torchon, Mademoiselle. »

FICHE 47

Caractéristiques de l'épreuve

Oral d'actualité

Cette épreuve est du même type que celle que vous avez passée à l'écrit durant les épreuves d'admissibilité. Cette fois, cependant, vous n'êtes plus devant votre feuille… mais face à un jury prêt à vous titiller et à évaluer votre suivi de l'actualité.

1 Une épreuve qui diffère selon les écoles

L'oral d'actualité est une épreuve à part entière à l'IPJ (coefficient 2) et au CUEJ. Dans les autres écoles, il n'apparaît pas comme une épreuve à part, mais est « inclus » dans l'oral de motivation. À l'IJBA, par exemple, l'oral de motivation est construit en trois temps : questions de motivation, questions d'actualité et de culture générale, et sujet libre à développer par le candidat. Cet oral dure entre un quart d'heure et une demi-heure.

2 Déroulement de l'épreuve

Vous êtes face à un jury de journalistes professionnels. Dans les épreuves d'actualité proprement dites, vous allez devoir répondre à des questions sur des événements précis : quand cela est-il arrivé, les enjeux, les acteurs principaux. Vous pouvez aussi être interrogé sur la une des journaux du jour : pourquoi la rédaction a-t-elle choisi cette une, à quoi celle-ci fait-elle référence, est-elle pertinente, laquelle préférez-vous et pourquoi ? En général, le jury vous pose d'abord une question assez globale, sur un sujet d'actualité que vous devez développer.

- **Exemple**
  Parlez-moi du Japon.

Ensuite, vous devez répondre à une suite de petites questions courtes et fermées, qui demandent des réponses courtes et précises.

- **Exemple**
  - Quelle est la une de *Libération* aujourd'hui ?
  - Quel acteur est mort ce matin ?
  - Qui a remporté la coupe Davis la semaine dernière ?

3 Attentes du jury

Le jury attend de vous le même suivi de l'actualité que celui dont vous avez fait preuve pour les épreuves écrites. Il va vous poser des questions sur l'actualité du moment, les grands enjeux actuels. Les journalistes professionnels vont essayer d'évaluer votre rapport à l'actualité. Certains vous poseront des questions plus approfondies que d'autres, essayant ainsi de percevoir votre intérêt pour tel ou tel domaine. Il s'agit, pour le jury, de cerner votre « posture » journalistique.
Le jury est aussi là pour tester votre curiosité et votre repartie. Il cherchera sans doute à vous déstabiliser, en vous posant des questions surprenantes, ou en vous provoquant. Dites-vous qu'il cherche simplement à tester votre personnalité et à mieux vous connaître.

Voir aussi

→ Fiche 16. Se tenir informé
→ Fiche 20. Actualité et culture générale : Caractéristiques de l'épreuve

FICHE 48

Continuer à s'informer

Oral d'actualité

Suivre l'actualité est devenu une habitude quotidienne depuis le début de votre préparation. Une habitude qu'il ne faut pas abandonner une fois les écrits passés. Pour arriver au point à l'oral d'actualité, vous devez donc continuer à vous informer.

1 Suivre l'actualité

Que l'épreuve d'actualité soit écrite ou orale, la préparation reste identique. Vous devez adopter la même méthode quotidienne de suivi de l'actualité. Lire un quotidien par jour, faire des fiches d'actualité, regarder les journaux télévisés, surfer sur le web, et écouter des tranches d'information à la radio, tout cela reste valable pour l'oral d'actualité.
Le jury attendra de vous la même connaissance de l'actualité du moment. Depuis le début de votre préparation, cette méthode a dû devenir un automatisme. Continuer à s'informer reste donc la meilleure préparation pour cette épreuve.

2 Décrypter les unes

Apprendre à regarder la une d'un journal est néanmoins un exercice que vous devez particulièrement travailler pour cette épreuve. Même si vous achetez tous les jours le même quotidien, obligez-vous à regarder sa une en détail. Mettez-vous dans la position d'un acheteur hésitant : en quoi cette une est-elle attirante et pourquoi aurais-je envie d'acheter ce journal ? Ou le contraire.

A. La une, un argument de vente

La une d'un journal a une grande importance car c'est elle qui doit attirer l'œil du futur lecteur. Pour un journal, l'élaboration de la une est une étape essentielle : elle doit « vendre » le contenu de l'ensemble du journal, et ce de manière attractive.
Le jour de l'oral d'actualité, on pourra vous demander de choisir, parmi les unes du jour, celle que vous préférez. Le jury vous demandera alors d'étayer votre choix. Seule la lecture attentive des unes durant votre préparation vous permettra de comprendre et d'expliquer votre choix au jury.

B. Des choix éditoriaux

1. Des politiques de « une »

Dans un quotidien, l'équipe de rédaction en chef décide chaque jour de la une du journal. La décision est collégiale et fait souvent débat. Les quotidiens ont tous une politique de une différente. Certains font dans la sobriété en mettant en valeur une information, un scoop traité dans le journal ; cette pratique est plutôt utilisée par des journaux comme *Le Monde* ou *Le Figaro*. D'autres vont plutôt jouer sur la mise en scène esthétique de la une pour attirer l'oeil du lecteur : c'est le cas de journaux comme *Libération* ou *Le Parisien* ; une image surprenante, des couleurs fortes sont fréquemment utilisées pour leurs unes respectives.
Ainsi, certaines unes de journaux sont restées célèbres ou ont marqué les esprits.

- **Exemple**

Au lendemain des attentats du 11 septembre par exemple, la une de *Libération* a choqué : le choix de montrer des corps se jetant par les fenêtres d'une des tours du World Trade Center était un véritable parti pris. Les journalistes de *Libération* ont voulu montrer que, derrière cette catastrophe, il y avait des gens, dont beaucoup n'ont pu être sauvés et ont préféré sauter dans le vide, plutôt que de mourir brûlés.

- **Exemple**

Autre exemple de une au message fort, cette fois avec *Télérama*. À l'automne 2003, le magazine a choisi de faire une « une » sobre : un pan de mur et un post-it collé dessus, sur lequel on pouvait lire : « Ne pas oublier la Tchétchénie. » La rédaction s'en est expliquée : « Il fallait beaucoup de conviction pour déchirer le silence qui entourait le drame tchétchène, à l'automne dernier. » Un culot et une audace qui ont d'ailleurs valu au magazine d'obtenir le Grand Prix de la une de presse 2003.

2. Des « unes » militantes

Mais certains choix se révèlent plus périlleux.

- **Exemple**

Libération, durant la présidentielle de 2002, a multiplié les unes-chocs : au lendemain du premier tour de l'élection présidentielle de 2002, *Libération* publie la une « NON ! » Jean-Marie Le Pen, candidat du Front national, se retrouve au deuxième tour face à Jacques Chirac, candidat de l'UMP. Au lendemain de l'élection-plébiscite de Jacques Chirac, le quotidien met en une un simple « OUF ! »

- **Exemple**

Même chose avec la une du *Nouvel Observateur* du 2-8 mai 2002 : « Parce qu'une autre catastrophe est possible/CONTRE LE PEN ». En dessous de ce texte, une main montre un bulletin estampillé CHIRAC qu'elle s'apprête à glisser dans l'urne : le journal appelle clairement ses lecteurs à voter pour Chirac.

Ces unes très « politiques » ont été accueillies de manière mitigée par les lecteurs. Nombreux sont ceux qui ont eu le sentiment que les journaux outrepassaient leur rôle ; les journaux, eux, ont parlé de « devoir civique ».

C. S'entraîner

Durant votre préparation, si la une d'un journal vous interpelle, mettez-la de côté ou notez-la sur votre fiche d'actualité du jour. Expliquez en quelques mots pourquoi le choix éditorial fait par le journal vous plaît ou vous déplaît. Surtout, faites cet exercice sur le moment car on oublie très vite pourquoi tel événement a été mis à la une, à quoi fait référence le jeu de mots contenu dans le titre, les sentiments que cela a pu vous inspirer sur le moment. En relisant vos fiches, l'image de la une vous reviendra plus facilement. Pendant l'oral, vous pourrez également citer des exemples précis de unes qui vous ont déjà inspiré la même réflexion ou le même rejet. Cela révèlera votre lecture critique de la presse et non un apprentissage bête et méchant de faits et de dates. Il est aussi important de savoir appréhender la teinte politique des journaux à travers leurs unes : sachez repérer les différences et construire votre critique et votre opinion de manière objective. Si une discussion s'amorce entre le jury et vous, vous aurez ainsi des arguments solides à exposer et vous pourrez tenter d'expliquer pourquoi tel journal a fait le choix de telle une.

Voir aussi

→ **Fiche 16. Se tenir informé**
→ **Fiche 21. Élaborer des fiches d'actualité**
→ **Site www.concours-foucher.com rubrique « La préparation/chronologie »**

FICHE 49

Le jour de l'épreuve

Oral d'actualité

Votre connaissance de l'actualité est complète. Votre préparation a été efficace. Reste maintenant à adopter le bon comportement face à un jury qui va vouloir vous piéger ou du moins vous désarçonner.

1 Ne pas se déstabiliser

A. Être détendu

Notre premier conseil est le suivant : plus vous serez à l'aise et détendu, plus votre esprit sera apte à répondre aux questions du jury. Il est évidemment difficile de maîtriser son trac. Respirez un bon coup et soyez convaincu que les examinateurs ne sont pas là pour vous humilier, mais simplement pour discuter avec vous. Évitez donc d'avoir la tremblote, de baisser le regard ou de bouger inutilement. Trouvez la position qui vous convient, et ayez l'air le plus détendu possible.

Adoptez un ton qui fera comprendre au jury que vous êtes certes un peu stressé, mais que vous vous sentez concerné par les thèmes d'actualité ou les questions de société abordés.

B. Être sûr de soi

Une fois détendu, il s'agit de garder confiance en vous, en toutes circonstances. Votre attitude est révélatrice. Si vous avez les épaules baissées, que vous vous repliez sur vous-même, votre attitude dit : « J'ai peur, je suis stressé, je ne sais rien. » Si au contraire vous vous tenez droit, la tête bien haute, le sourire aux lèvres, votre attitude dit : « Allez-y, je suis prêt à répondre à vos questions, je suis heureux d'être là aujourd'hui. »

Dans vos réponses, soyez le plus direct possible. Vous avez bien entendu le droit d'hésiter et de réfléchir quelques secondes, mais évitez les « euh », les « je ne sais plus, attendez, je crois savoir ». Ne faites pas perdre son temps au jury. Si vous croyez connaître la réponse, répondez du tac au tac, en ayant l'air convaincu de ce que vous dites. Si vous hésitez, dites entre quoi et quoi, et justifiez votre hésitation. Si vous n'avez aucune idée de réponse, n'ayez pas peur de le dire aux examinateurs… mais de manière subtile : « Je ne me suis pas assez penché sur le sujet » vaut mieux qu'un « jamais entendu parler de ce type ».

2 Avoir de la repartie

A. Discuter avec le jury

Cet entretien n'est pas un examen, mais une discussion. Si vous êtes convaincu de cela, l'oral ne pourra que bien se passer. Mais, pour pouvoir établir une discussion, vous devez être le plus spontané et le plus naturel possible. Ne vous positionnez pas comme la jeune victime ignorante face à des journalistes professionnels. Mettez-vous à leur niveau, sans pour autant avoir l'air pédant.

Questionnez, rebondissez à partir de vos réponses et des questions du jury, donnez des exemples, orientez la conversation vers des sujets que vous connaissez bien.

B. Ne pas se braquer

Soyez persuadé d'une chose : le jury va forcément vous poser des questions auxquelles vous ne saurez pas répondre. Surtout, ne vous braquez pas. Certains candidats paniquent trop vite et se disent que tout est perdu. Si vous adoptez cette attitude et que vous abandonnez la partie en cours de route, le jury vous en tiendra rigueur. Au contraire, osez affirmer que vous ne connaissez pas la réponse à la question posée, mais que vous êtes prêt à discuter d'autre chose.

- **Exemple**

Le jury vous demande d'expliquer comment fonctionne techniquement un radar. Vous n'en avez pas la moindre idée. Dites que vous ne savez vraiment pas, puis enchaînez sur la problématique de la sécurité routière.

Le jury appréciera un candidat dynamique et volontaire, qui ne perd pas ses moyens face à une question difficile. Plus vous vous braquerez et plus le jury se chargera de vous déstabiliser pour voir jusqu'où vous pouvez tenir. Si au contraire vous ne paniquez pas, le jury passera à une autre question, sans s'arrêter sur votre petite défaillance.

C. Charmer le jury

Il ne s'agit pas de sortir le grand jeu de la séduction, mais simplement de montrer votre charisme et de convaincre le jury que vous êtes fait pour entrer dans l'école dont vous tentez le concours.

Sachez que très souvent, dans un jury de trois ou quatre personnes, les « rôles » sont attribués à l'avance. L'un jouera l'examinateur sympathique, l'autre devra poser les questions « pièges », tandis qu'un troisième observera sans parler. Cela ne doit pas vous déstabiliser. Tentez le plus possible de vous adresser à tous les examinateurs, en les balayant du regard.
Si une complicité s'instaure entre le jury et vous, sachez l'utiliser à bon escient. Si votre repartie fait sourire le jury, sentez-vous libre de continuer dans ce registre. Évitez tout de même la connivence et les plaisanteries déplacées. Sachez vous arrêter à temps.

Voir aussi

→ **Fiche 45. Oral de motivation : Le jour de l'épreuve**

FICHE 50

Caractéristiques de l'épreuve

Langues

Pour entrer dans une école de journalisme, nul besoin d'être parfaitement bilingue. Votre niveau d'anglais (ou d'allemand ou d'espagnol, au choix dans certaines écoles) doit néanmoins être très correct. Objectif pour le jury : recruter des candidats capables de mener une interview ou un reportage dans la langue étrangère de leur choix.

1 L'épreuve de discussion

À l'ESJ et à l'IUT de Tours, c'est un oral d'anglais qui vous sera imposé. Coefficients respectifs : 20 points sur un total de 220 à l'ESJ, coefficient 2 à Tours. À l'IPJ et à l'EJT, vous pourrez choisir entre un oral d'anglais, d'allemand et d'espagnol (épreuves de coefficient 2).

A. Un oral de motivation

Quelle que soit l'école, l'oral consiste en un simple échange avec un journaliste de langue étrangère ou un professeur. L'entretien dure en général une quinzaine de minutes.

Cet entretien ressemble souvent à un oral de motivation. Pourquoi êtes-vous là aujourd'hui, pourquoi avez-vous envie de devenir journaliste ? L'examinateur vous demandera de parler de vos études, de vos éventuelles expériences professionnelles, de vos projets au sortir de l'école. Cet entretien s'achève souvent sur des questions plus personnelles, sur vos désirs, votre caractère, vos loisirs.

L'examinateur peut aussi choisir de vous faire parler d'un fait d'actualité, en vous demandant par exemple quel événement vous a le plus marqué ces derniers mois. Attention ! Souvent, l'examinateur de langues est journaliste. Il cherchera donc lui aussi à tester votre réceptivité à l'actualité internationale.

B. Les attentes du jury

L'objectif de l'épreuve est simple : il s'agit d'évaluer votre niveau d'anglais (d'allemand ou d'espagnol) à l'oral. Vous devez savoir construire des phrases, être au point sur les grandes règles de grammaire, savoir les appliquer, et maîtriser un minimum de vocabulaire.

2 L'épreuve de compréhension orale

A. Au CELSA

Dans cette école, l'épreuve d'admission d'anglais (coefficient 2) est quelque peu différente. Les candidats écoutent l'enregistrement d'un texte d'actualité extrait de la presse anglo-saxonne. La prise de notes est autorisée pendant l'écoute. Vous devrez ensuite être capable de résumer le texte et de répondre en anglais aux questions d'un jury anglophone.

L'écoute du texte d'actualité dure environ une heure, l'entretien entre un quart d'heure et une demi-heure. Cette épreuve est difficile parce qu'elle juge aussi bien le fond que la forme de vos propos.

B. Les attentes du jury

Le jury va tester à la fois votre compréhension de la langue et votre capacité à restituer un fait d'actualité en anglais. Votre résumé oral doit être concis mais complet, et exprimé dans un anglais correct. Vous devez ensuite pouvoir rebondir sur les questions du jury, sans trop hésiter.

3 L'épreuve écrite

A. À l'IPJ

À l'IPJ, l'épreuve d'admission de langue se fait à l'écrit. Vous pouvez choisir au moment de l'inscription entre une épreuve d'anglais, d'allemand ou d'espagnol, au coefficient 2.
Il s'agit d'une épreuve classique, qui comporte souvent un texte à trous ou des exercices de grammaire, et un essai sur un thème d'actualité.

B. Les attentes du jury

Cette épreuve va tester votre niveau de langue à l'écrit.

Les examinateurs sont souvent plus exigeants à l'écrit qu'à l'oral, et les fautes sautent aux yeux beaucoup plus facilement. Vocabulaire et grandes règles de grammaire doivent donc être maîtrisés.

4 Le niveau requis

Il est aujourd'hui très difficile d'exercer le métier de journaliste, dans quelque média que ce soit, sans maîtriser au moins une langue étrangère, voire deux. Un niveau minimal est requis pour les concours. Que devez-vous savoir faire ?
• À l'oral, être capable de mener une interview en anglais : poser des questions bien construites, comprendre la plupart des réponses de votre interlocuteur, pouvoir rebondir sur ce qu'il dit.
• À l'écrit, savoir rédiger un essai sur un fait d'actualité, par exemple, avec un minimum de fautes de grammaire, de syntaxe et de vocabulaire, comprendre globalement un article de presse étrangère.
Si vous pratiquez l'anglais, l'allemand ou l'espagnol depuis plusieurs années et que vous aviez un niveau de moyen à correct pendant vos études, vous devriez pouvoir réussir cette épreuve sans problème.

Voir aussi

→ **Fiche 35. Langues : Caractéristiques de l'épreuve**
→ **Fiche 36. Revoir les règles de base**

Témoignage
« La maîtrise de l'anglais est devenue indispensable : c'est la langue du journaliste. L'idéal est de maîtriser une autre langue étrangère en plus de l'anglais. »
Aline Réale, ancienne secrétaire générale du CFJ.

« Maîtriser l'anglais, c'est bien mais cela n'est plus suffisant. Connaître une langue rare est un sérieux atout pour le candidat et pour le journaliste ensuite. »
Didier Williame, directeur des études à l'IPJ.

FICHE 51

Comment s'y préparer ?

Langues

L'épreuve de langue, à l'oral ou à l'écrit, ne demande pas une longue préparation. Vous devez simplement vous imprégner de la langue que vous avez choisie, en l'écoutant et en la pratiquant le plus possible.

1 Parler

Pour éviter le classique blocage face au jury, il est essentiel de vous entraîner à parler la langue étrangère de votre choix. Comment ?

• Préparez tout d'abord un texte court de présentation. Repensez à votre oral de motivation : vous devrez savoir justifier cette motivation en anglais, en allemand, ou en espagnol. Rédigez d'abord ce petit texte par écrit, corrigez-le à l'aide d'un dictionnaire (ou faites-le corriger par un ami qui parle couramment la langue). Entraînez-vous ensuite à dire ce texte oralement, de la manière la plus naturelle possible. Vous pouvez vous exercer devant votre glace ou demander à des amis de vous écouter et de vous corriger.

• Discutez le plus souvent possible en anglais, en allemand ou en espagnol. Si vous révisez vos concours à plusieurs, organisez des séances de discussion. Lancez un thème d'actualité ou un sujet de société et discutez-en ensemble dans la langue de votre choix. Lorsque vous bloquez sur un mot ou une expression, cherchez-les dans le dictionnaire afin de les retenir.

Avant l'oral, établissez une liste de mots incontournables et cherchez-les dans le dictionnaire. Le champ lexical des médias ne doit plus avoir aucun secret pour vous.

• **Exemple**
- *a medium/the media*
- *Information* ne prend jamais de s.

2 Écouter

Compréhension orale au CELSA, discussion avec un examinateur dans les autres écoles : pour réussir ce type d'épreuve orale, vous devrez habituer votre oreille aux sons de l'anglais, de l'allemand, ou de l'espagnol.

A. Habituer son oreille à la langue

Certains d'entre vous ont sans doute arrêté les cours de langue depuis quelques années. Il faut donc vous y replonger sérieusement. Que faut-il écouter ?

1. Des émissions de télévision ou de radio en langue étrangère

Quel que soit le sujet de l'émission, tentez de déchiffrer ce qui se dit. Prenez des notes et mettez par écrit un bref résumé de ce que vous avez entendu. Corrigez ensuite vos fautes à l'aide d'un livre de grammaire et d'un dictionnaire. Sur quelles chaînes ou ondes se brancher ?

→ Pour l'anglais : toutes les chaînes câblées en anglais (CNN, BBC, MTV). Vous pouvez écouter en direct sur le web un choix important de radios anglo-saxonnes.

→ Pour l'allemand et l'espagnol, vos « box » captent certaines chaînes, comme RTL9 ou TVE. Il ne s'agit pas de rester devant votre téléviseur toute une journée, mais simplement d'entendre parler la langue et de vous en imprégner.

2. Des chansons en anglais, en allemand ou en espagnol

Le conseil peut paraître loufoque, mais il est utile et plutôt facile à appliquer. Très souvent, votre oreille écoute les paroles sans vraiment parvenir à les déchiffrer. Faites ce petit effort d'écoute : vous apprendrez du vocabulaire et réviserez votre grammaire simplement en écoutant de la musique (www.musicmatch.com à télécharger sur le Net).

B. S'entraîner

Une fois votre oreille habituée à la langue, mettez-vous dans les conditions de l'épreuve de compréhension orale du CELSA. Enregistrez sur les ondes une émission, un flash d'information, une interview. Pendant l'écoute, repérez les éléments qui vous permettront de faire un résumé complet. La solution : répondre aux cinq questions en *wh*, soit *what, who, where, when, why* ? Tentez aussi d'identifier un champ lexical recurrent, un accent particulier.
C'est aussi l'occasion de vous entraîner à la prise de notes. Il ne s'agit pas de retranscrire le texte dans son intégralité : vous n'y arriverez pas. Notez les éléments qui vous paraissent essentiels, de manière lisible et dans l'ordre chronologique de l'écoute. Soyez attentifs aux noms propres, aux indications de temps et à la conclusion du papier.

3 Lire et s'exercer

Pour les épreuves écrites de l'IPJ et du CFJ, vous devez vous replonger dans les règles de grammaire et de syntaxe. Faites des exercices, assurez-vous que vous n'avez pas oublié les bases de la langue. La préparation de ces épreuves de langue est similaire à celle des épreuves d'admissibilité.
Pendant l'oral d'anglais, évitez :
– les fautes d'accord de la troisième personne ;

- **Exemple**
  Un *s* oublié dans « *he makes* » est rédhibitoire.

– les « euh... » d'hésitation, très français, qui exaspèrent l'examinateur ;
– les fautes dans le discours rapporté (inversion du sujet et concordance des temps) ;

- **Exemple**
  I wonder what he is doing et non pas *I wonder what is he doing.*

– les phrases trop longues ;
– les fautes de pronoms ;

- **Exemple**
  him/her, his/her/its

– la mauvaise accentuation des mots ;

- **Exemple**
  Dans *information*, on accentue l'avant-dernière syllabe.

Voir aussi

→ Fiche 37. Lire la presse étrangère

Témoignage

« L'épreuve de compréhension orale du CELSA a été une vraie catastrophe. Il fallait écouter une cassette. Je n'ai pas compris un seul mot du texte, mis à part que cela se passait aux États-Unis. Une fois devant le jury, j'ai éclaté de rire, je me suis excusé, et je suis sorti de la salle. »

Cyril Azouvi, candidat aux concours en 1997 et 1998.

FICHE 52

Le classement de dépêches

CFJ, pour les reporters en herbe

L'épreuve du classement de dépêches consiste à hiérarchiser l'information. Un exercice d'autant plus difficile que vous devrez justifier votre choix devant un jury.

Le déroulé du concours du CFJ a changé depuis 2009. Jusqu'ici véritable parcours du combattant, qui nécessitait de se déplacer trois fois pour l'ensemble des épreuves, le concours est désormais simplifié. Mais il garde deux spécificités dans son admission : le classement de dépêches et l'enquête-reportage.

1 Caractéristiques de l'épreuve

A. Son déroulement

L'épreuve de classement de dépêches dure entre 35 et 45 minutes et elle est à coefficient 1. Une fois que les dix dépêches vous ont été remises, vous disposez de 15 minutes pour préparer votre classement. Un classement que vous devez justifier au cours d'un entretien de 20 à 30 minutes.

B. Ses objectifs

Dix dépêches d'agence de presse vous sont donc remises au début de l'épreuve. Ces dépêches, vous allez devoir les hiérarchiser par ordre d'importance. En d'autres termes, vous allez choisir le déroulé d'un « journal » fictif : si vous étiez aux commandes d'un journal, par quel événement décideriez-vous de commencer ? Autre élément à prendre en compte dans votre hiérarchie : l'intérêt du lecteur pour les informations du jour. Aujourd'hui, quelle est l'information qui intéressera le plus mon lecteur, mon téléspectateur ou mon auditeur ?

C. Les attentes du jury

Cette épreuve de classement de dépêches est une épreuve orale. Un jury va juger vos choix en vous interrogeant. Les examinateurs chercheront à saisir votre vision de l'information, votre manière de vous adresser au lecteur.

2 Une hiérarchie à établir

A. La dépêche d'agence

1. Qu'est-ce qu'une dépêche ?

C'est à partir de dix dépêches que vous allez devoir établir votre classement. Qu'est-ce qu'une dépêche ? C'est un condensé d'informations émis par les agences de presse. L'agence France Presse, Reuters et Associated Press sont les trois plus grandes agences de presse. La forme des dépêches est pyramidale : on trouve toujours l'information la plus importante, la plus récente au début de la dépêche. Viennent ensuite les citations exactes des déclarations, puis des éléments d'analyse et d'explication dans les paragraphes suivants. Une dépêche d'agence ne comporte pas d'effets de style : c'est de l'information pure. Elle sert souvent de base à la rédaction d'un article.

2. De quoi parle-t-on ?

Toute dépêche étant construite sur ce même schéma, décortiquer chacune d'entre elles ne devrait pas vous prendre trop de temps. De quoi est-il question ? S'agit-il d'un fait nouveau ? Est-ce que l'information concerne beaucoup de gens ? Autant de questions auxquelles vous répondrez facilement si vous avez par ailleurs une bonne connaissance de l'actualité.
Pour vous entraîner à cette épreuve, vous pourrez trouver des dépêches sur les moteurs de recherche internet, comme Yahoo, rubrique « Actualités ». Vous vous habituerez ainsi à manier ce genre de document.

B. Des choix justifiés

1. Établir un classement

Votre première lecture vous a permis d'appréhender chaque événement à sa juste valeur. Il va falloir maintenant les hiérarchiser. Deux méthodes de tri s'offrent à vous.
• Soit vous adoptez le classement classique auquel la lecture des journaux vous a habitué : Monde, France, Sports, Culture, par exemple.

Mais rien n'est verrouillé ! Si une dépêche vous annonce un attentat en France, il est évident qu'elle doit figurer en tête de classement. Vous devez être logique et évaluer à sa juste valeur l'information.

• Soit vous partez du principe que l'intérêt du lecteur est identique au vôtre et vous vous permettez des choix plus audacieux. Cette deuxième méthode est certes plus risquée que la première mais l'originalité peut aussi jouer en votre faveur.

2. S'expliquer devant le jury

Peu importe la méthode que vous déciderez d'adopter, la plus consensuelle ou la plus originale. De toute façon, il faudra justifier vos choix devant le jury. Alors, attention à ne pas aborder cette épreuve avec trop de légèreté : le jury ne sera pas tendre avec votre classement final. Son objectif : remettre un par un vos choix en question. Durant les quinze minutes qui vous sont accordées, réfléchissez vite mais bien à ce que vous allez pouvoir dire sur chacune des dépêches.

3 Le jour de l'épreuve

A. Lire attentivement

Même si vous ne disposez que de quinze minutes pour lire les dix dépêches, il ne faut pas aller trop vite. Prenez bien le temps de comprendre quel événement exactement est relaté.

- **Exemple**
  Si une explosion est rapportée, cherchez le nombre de morts, de blessés, s'il s'agit d'un attentat ou si ça pourrait en être un.

C'est de cette façon que travaillent les journalistes pour décider s'ils vont ou non traiter de l'événement dans un flash radio, télé ou dans les pages de leur journal. Ainsi, veillez à ne pas mettre en tête de vos dépêches une simple explosion de gaz qui n'a fait aucun blessé.

B. Être sûr de soi

Lorsque vous arrivez devant le jury, vous devez être sûr de vos choix. Il faut que vous les justifiiez de manière détaillée et précise. L'objectif recherché par le jury est de vous déstabiliser, de vous faire douter de vos convictions. En clair, il vous faudra répondre à chaque fois à la question : « Pourquoi faire passer telle information en premier et pas telle autre ? » Ne montrez aucun agacement face à ce questionnement répétitif. Ne laissez rien paraître même si intérieurement vous vous sentez un peu déstabilisé. La seule chose qui doit ressortir, c'est votre capacité à faire des choix et à les assumer. Ne remettez surtout pas en cause tout votre classement, même si vous sentez que le jury n'approuve pas votre sélection.

Témoignage

« Je suis arrivée devant le jury confiante vis-à-vis de mon classement. Pourtant, je me suis fait déstabiliser. J'en suis ressortie en pleurs. »

Sophie Mainguy, candidate aux concours en 2001.

FICHE

53 L'enquête-reportage

CFJ, pour les reporters en herbe

Cette épreuve est la plus déterminante des épreuves d'admission du CFJ. Vous quittez la salle d'examen pour vous retrouver en situation réelle de reportage. Une épreuve éprouvante, tant par sa durée que par la maîtrise de soi qu'elle exige.

1 Caractéristiques de l'épreuve

A. L'enquête-reportage

La première partie de l'épreuve dure 14 heures et elle est à coefficient 2. L'épreuve commence tôt : à 8 heures, vous tirez un sujet au sort dans les locaux du CFJ. Généralement, il s'agit d'un simple mot ou expression.

- **Exemple**
  - Bureau de poste.
  - Auberge de jeunesse.
  - Les bouddhistes de Paris.

Une fois le sujet tiré, vous avez jusqu'à 22 heures maximum pour rendre le résultat de votre travail : un reportage que vous aurez réalisé dans Paris durant la journée. Il faut revenir au CFJ vers 20 heures pour disposer de deux heures entières pour rédiger.

B. L'entretien

1. Déroulement de l'épreuve

Le lendemain de cette première partie de l'épreuve, vous avez rendez-vous avec un jury face auquel vous allez devoir exposer et justifier les choix éditoriaux qui ont guidé votre enquête de la veille. Cet entretien dure 20 à 30 minutes et il est à coefficient 1.

2. Les attentes du jury

Le jury est composé de journalistes professionnels. Ceux-ci vont vous juger sur votre aptitude à mener ou non une enquête et surtout à en rendre compte au mieux devant eux. Avant de vous recevoir, ils auront donc lu l'enquête telle que vous l'avez rédigée la veille au soir. Les différentes étapes que l'on attend de vous dans cette épreuve sont les suivantes :
- rechercher des interlocuteurs pertinents pour votre sujet ;
- rechercher des informations : des faits, des chiffres qui étayeront votre sujet ;
- rapporter des choses vues et entendues durant votre reportage.

Face aux membres du jury, soyez clair et précis pour expliquer votre démarche journalistique. Votre façon de procéder doit leur apparaître de manière limpide. Pourquoi avoir contacté tel interlocuteur plutôt que tel autre ? Comment avez-vous recherché vos informations ? Il faut que vos choix aient du sens.

2 Une épreuve difficile à préparer

A. La technique du reportage

1. Du vu et du vécu

Écrire un reportage, c'est raconter ce que l'on a vu, perçu, ressenti, sans s'impliquer et de la manière la plus objective possible. Vous devenez les yeux et les oreilles du lecteur qui n'a pas assisté à la scène. N'oubliez pas que les membres du jury seront avant tout vos lecteurs. Grâce à vos mots, vous leur permettrez de découvrir ce qu'ils n'ont pas vécu. Vos cinq sens doivent être en éveil. Pensez à décrire les odeurs, les bruits du lieu où vous êtes. Dès que vous ressentez quelque chose, notez-le.

2. Des informations, un angle

Il faut aussi et surtout agrémenter votre texte d'éléments d'information. Dans l'écriture, cela peut se faire au travers de la citation d'un interlocuteur ou d'un paragraphe explicatif. Ces informations distillées seront le résultat de votre enquête.
Mais aussi riche que soit votre texte, s'il est trop vague, trop standard ou trop global, vous ne séduirez pas les lecteurs. Il va falloir angler votre reportage, chercher l'information dans l'information. Car c'est l'angle que vous choisirez qui surprendra le jury et facilitera la rédaction de votre article. En vous tenant à cet angle, vous ne vous disperserez pas dans l'écriture. Les choses vues, entendues et ressenties n'en ressortiront que mieux.
Pour trouver votre angle, commencez par faire quelques lectures sur le sujet, fruit de vos recherches sur internet. Vous saisirez ainsi les enjeux actuels du sujet que vous avez à traiter. D'emblée, vous devez admettre qu'en une seule journée, il vous sera impossible de faire le tour de la question. Ce que l'on attend de vous, c'est un choix précis de traitement du sujet.

B. L'écriture du reportage

Avant de vous lancer dans l'écriture, il vous faudra d'abord effectuer le tri de vos informations. Les notes que l'on ramène d'un reportage sont souvent très riches. Il est donc nécessaire de bâtir un plan précis : votre texte sera plus clair et le lecteur comprendra d'autant mieux où vous voulez en venir.
Des éléments essentiels doivent entrer dans la composition de votre reportage.
→ Le chapô : ce petit paragraphe résume votre article et met le lecteur en apprétit. Dans le chapô, vous devez répondre aux questions suivantes : qui ? quand ? quoi ? où ? comment ?
→ La chute : il faut soigner la fin de votre texte car c'est la dernière impression que votre article laissera au lecteur. Il faut donc terminer votre reportage sur une idée forte ou une citation forte.
→ Le vocabulaire : on attend de vous un vocabulaire riche et varié. Il faut particulièrement soigner votre écriture dans cet exercice. Évitez d'utiliser constamment les verbes *être* et *avoir*, et trouvez des verbes de substitution qui enrichiront votre texte et vous rendront plus précis dans vos descriptions.
→ Le style : préférez les phrases courtes et rythmées mais néanmoins riches de sens. Tenez-vous à une idée par phrase.

C. Faire des stages

Durant votre préparation, il est inutile de prévoir des journées pour vous exercer à cette épreuve en situation réelle. Cela vous prendrait trop de temps. Le meilleur entraînement pour se familiariser à l'enquête-reportage est encore de faire des stages dans la presse les mois précédant le concours. En effet, le travail que vous devrez réaliser durant cette épreuve correspond tout à fait à celui qu'effectue quotidiennement un journaliste. Si vous faites un stage dans la rédaction d'un quotidien, vous constaterez que les journalistes traitent chaque jour d'un sujet qu'ils découvrent souvent le matin même et qu'ils doivent rédiger dans la soirée. Durant vos stages, expliquer en quoi consiste cette épreuve du CFJ à votre rédacteur en chef est aussi un bon moyen d'obtenir un sujet et de le travailler en condition réelle plutôt que de ne faire que de l'observation. Il vous faudra alors, exactement comme en face du jury du CFJ, justifier le choix de vos interlocuteurs, l'angle que vous avez traité dans votre papier. Les conseils du rédacteur en chef seront le meilleur des entraînements pour vous préparer à cette épreuve.

3 La gestion du temps

A. L'organisation de votre journée

Logiquement, vous allez effectuer votre reportage à Paris. Ceux qui habitent déjà la capitale ont donc un léger avantage « géographique » pour cette épreuve.

> *Ce qui compte avant tout, c'est de vous poser les bonnes questions afin de rendre un travail satisfaisant. Que vous habitiez Lyon, Biarritz ou Lille ne changera pas grand-chose à la qualité de votre travail.*

Première chose à savoir : les sujets proposés par le CFJ pour cette épreuve ne sont pas propres à la ville de Paris. Le sujet « bureau de poste », par exemple, peut être traité dans toutes les villes. Donc, ne vous bloquez pas là-dessus. De plus, vous trouverez évidemment à Paris les mêmes institutions et professions que dans votre ville.
Pour faciliter votre repérage dans Paris, il faut bien sûr vous munir d'un plan, indispensable pour vous rendre à vos rendez-vous de la journée.
Par ailleurs, même si le règlement stipule que le candidat doit impérativement effectuer son enquête seul, par ses propres moyens, rien ne vous empêche de vous faire un peu aider. Profiter d'un ordinateur équipé d'internet chez la personne qui vous héberge le temps des concours n'est pas une entorse au règlement. Si le sujet que vous tirez porte sur la profession d'une personne que vous connaissez bien, n'hésitez pas à la contacter et ce, même si elle n'habite pas Paris. Son témoignage pourra être d'une grande utilité. Cette personne pourra aussi vous donner les bons contacts dans la profession sur Paris. Cette façon de procéder vous permettra de gagner beaucoup de temps.
Enfin, si vous êtes vraiment seul à Paris pendant la durée des concours, repérez avant l'épreuve un cybercafé à proximité du CFJ et courez-y dès que le sujet est tiré pour commencer vos recherches. Un téléphone portable est aussi un outil très pratique pour cette épreuve.

B. L'enquête

Même si vous disposez de quatorze heures pour cette première partie de l'épreuve, le temps va passer très vite. Aussi, ne gaspillez pas une seconde dans vos recherches.

1. Contacter des interlocuteurs

Commencez par faire une liste des personnes que vous pourriez contacter pour traiter le sujet. N'ayez pas peur d'être exhaustif au départ car le peu de temps dont vous disposez vous fera rencontrer beaucoup de déconvenues : n'imaginez surtout pas qu'en appelant les gens le matin, vous les trouverez tout prêts à vous recevoir ou à vous parler au téléphone dans la journée. C'est là une donnée importante qu'il faut avoir constamment à l'esprit.

Lorsque vous réussissez à joindre un interlocuteur, ne vous faites pas passer pour un journaliste. Expliquez-lui votre situation et l'enjeu que représente pour vous sa coopération. Votre contact, peu disposé à être interviewé aussi rapidement, sera peut-être sensible à votre situation.

2. Aller en reportage

La première donnée à prendre en compte est la proximité géographique de votre contact ou du lieu que vous devez découvrir pour faire votre reportage. Vu le peu de temps dont vous disposez, choisissez de rester dans Paris *intra-muros*. Le transport vous ferait perdre du temps.

À chaque fois que vous devez vous rendre à un endroit, faites-vous bien expliquer par votre contact comment vous y rendre, surtout si vous ne connaissez pas bien Paris. Si vous passez une heure à trouver un lieu de rendez-vous, vous paniquerez et perdrez inéluctablement un temps précieux.

Une fois arrivé sur votre lieu de reportage, soyez efficace. Imprégnez-vous immédiatement de tout ce que vous voyez autour de vous. Posez rapidement vos questions. N'acceptez en aucun cas une visite qui n'a rien à voir avec le sujet que vous traitez. Une réponse du genre : « Pas aujourd'hui mais une prochaine fois avec plaisir » évite les incidents diplomatiques. À vous de faire comprendre habilement à votre interlocuteur les enjeux auxquels vous avez à faire face.

Enfin, n'hésitez pas à faire vos interviews par téléphone à chaque fois que cela est possible. Posez-vous toujours la question : « Ai-je besoin de voir comment travaille cette personne ? Pourquoi je la contacte ? » Vous ne pourrez pas rencontrer toutes les personnes que vous souhaitez. Faites le tri intelligemment.

Au téléphone, ne passez pas trop de temps avec votre contact. Sachez mener une interview pour qu'en une demi-heure ou trois quarts d'heure, vous ayez les réponses à vos questions. À vous d'estimer les cas où il est nécessaire de prolonger l'interview.

C. La rédaction

Dans le meilleur des cas, vous disposez de deux heures pour rédiger, ce qui, encore une fois, est très court. De plus, ces deux heures sont tardives : de 20 heures à 22 heures. Vous êtes fatigué par cette journée où votre endurance a été mise à rude épreuve. Vous pouvez gagner du temps en anticipant la rédaction de votre article, et ce, tout au long de la journée. Dès votre premier rendez-vous ou interview, forcez-vous à prendre des notes de manière claire et lisible. Vous aurez moins de mal à les reprendre à la fin de la journée. Lorsqu'on mène une interview par exemple, on ne peut jamais tout noter. Mais si vous êtes concentré, les idées et les phrases de votre interlocuteur vont s'imprimer dans votre esprit. Dès la fin de l'interview, reprenez tout de suite vos notes pour rajouter ce que vous n'avez pas eu le temps d'écrire. Si vous ne le faites pas immédiatement, votre mémoire chassera vite ces quelques bribes d'information. Il est donc important de vous imposer cette relecture apès chaque interview. Ainsi, le soir, tout vous reviendra à la simple lecture de vos notes.

4 Le jour de l'épreuve

A. L'enquête-reportage

1. Prévoir son matériel

Pour cette épreuve, tout le matériel du « parfait reporter » est indispensable : plusieurs stylos, un bloc-notes, des fluos qui vous permettront, à la relecture de vos notes, de mettre en valeur ce qui se rapporte à chaque thème.

2. S'organiser

Dans cette épreuve d'enquête-reportage, chaque moment de « creux » de la journée, par exemple entre deux rendez-vous, doit être utilisé pour relire vos notes et commencer à noter des idées sur une feuille à part.

La journée est à vous et elle va s'avérer bien différente pour chacun. Pour les plus chanceux, les rendez-vous vont s'enchaîner. Vous aurez donc fini votre reportage avant 20 heures. Profitez du temps qui vous reste jusqu'à 20 heures pour commencer à relire vos notes et à faire le plan de votre article.

Si vous le pouvez, revenez au CFJ vingt minutes avant 20 heures : on ne vous laissera pas rentrer mais au moins, vous serez sûr de commencer votre rédaction à 20 heures précises. Car à 22 heures, tout sera fini. Ne comptez pas sur quelques minutes supplémentaires.

3. Se nourrir !

Pensez aussi à vous alimenter convenablement durant cette journée. Arrêtez-vous un moment à midi et profiter de cette détente pour repenser à tout ce que vous avez fait durant la matinée. Faites un petit point général et essayez de repérer ce qu'il vous manque.

Le soir, n'arrivez pas au CFJ sans avoir mangé. Car il vous serait difficile de vous concentrer jusqu'à 22 heures...

B. L'entretien

Une nuit est passée entre le reportage et l'entretien qui vous attend. Or votre mémoire peut vous jouer des tours. Forcez-vous à parcourir à nouveau vos notes de la veille. Relisez aussi le plan de votre article. Vous devrez expliquer votre démarche journalistique devant le jury. Si besoin, faites un plan de vos démarches, étape par étape. À chaque fois, posez-vous la question : « Pourquoi ai-je fait ça ? », « Pourquoi ai-je interviewé telle personne ? », « Pourquoi ai-je finalement opté pour tel angle ? » Il ne s'agit pas de remettre vos choix en question, mais au contraire de les argumenter et de les justifier le mieux possible. Essayez de « vendre » votre travail. Ne vous sous-estimez pas : si une discussion s'instaure, n'hésitez pas à raconter au jury des rencontres inattendues, des instants insolites, qui coloreront votre oral.

Témoignage

« Mon sujet était « Bureau de poste «. J'ai fait l'erreur de vouloir interviewer des dirigeants de la Poste, des gens haut placés, alors que ce n'est pas ce qu'on me demandait. Le jury m'a reproché un manque de « vu « et de « vecu «. Je n'avais pas fait assez de terrain. Aujourd'hui, avec du recul, je pense qu'il aurait simplement fallu passer la journée dans un bureau de poste, et écrire une chronique ou un reportage. »

Sophie Mainguy, candidate aux concours en 2001.

« Pour cette épreuve, il faut aller très vite dès le début, et ne pas avoir peur de changer d'angle en cours de route, si notre choix de départ s'avère mauvais. Il faut utiliser toutes ses connaissances, ses proches, ses amis... L'essentiel est de gagner du temps. »

Mikaël Guedj, candidat aux concours en 2002.

« Mon sujet était « La télévision en couleur « qui n'existait pas encore sur les ondes de l'unique chaîne de la télévision française. Je me suis souvenu que j'avais une vague cousine qui travaillait à l'ORTF. Elle m'a donné le nom d'un contact aux studios d'Issy-les-Moulineaux, où l'on préparait des émissions de variétés en couleur. Je m'y suis rendu. J'ai assisté, sur le plateau, à un tournage en play-back. J'ai oublié qui était la

jeune chanteuse yé-yé. Mais je me souviens du nom du responsable qui a répondu à mes questions : c'était Pierre Sabbagh. L'épreuve en ellemême était plutôt angoissante au départ, car je sentais bien qu'elle était déterminante et que je pouvais la rater. Je n'avais pas l'habitude d'aller au-devant de l'information. J'ai eu de la chance. L'important est de décrocher au plus vite son premier rendez-vous. »

Joseph Limagne, directeur de la rédaction parisienne d'*Ouest-France*, candidat au CFJ en 1966.

« Mon sujet était « Jouer au billard «. J'ai eu de la chance parce que, pendant un an, j'ai vécu à Paris devant une salle de billard ancien. J'ai donc foncé là-bas. Et les contacts se sont enchaînés naturellement. Pendant les trajets, plutôt longs à Paris, je prenais des notes et commençais à penser à la rédaction. »

Volker Saux, candidat au CFJ en 2000.

« Souvent, nous ne jugeons pas la copie elle-même. Nous attendons la rencontre pour établir une note définitive. C'est pendant l'entretien que l'on va pouvoir évaluer la débrouillardise et la motivation du candidat. On l'interroge sur sa démarche, sur chaque détail de sa journée. Ce que l'on attend de lui ? Qu'il ait le feeling du futur journaliste. »

Béatrice Houchard, membre du jury au CFJ.

« Mon sujet était « Les animaux exotiques dans Paris, en dehors des jardins zoologiques «. Je ne connaissais alors personne à Paris. Je me demandais surtout à partir de quel critère un animal devenait « exotique «. Tout bêtement, je me suis dirigé vers le premier kiosque à journaux à la recherche de revues consacrées aux animaux. Je suis tombé sur le magazine La Vie des bêtes, ce qui m'a donné l'idée de contacter le rédacteur en chef de la revue. Celui-ci a trouvé la question amusante et m'a indiqué deux ou trois personnes de sa connaissance qui élevaient des petits alligators dans leur baignoire. Je me suis dit aussi que ces animaux-là devaient être un peu déphasés dans leur nouvel environnement et qu'il fallait bien les soigner. C'est pourquoi j'ai aussi contacté l'ordre des vétérinaires. Grand bien m'a fait : j'ai recueilli de nombreuses anecdotes sur des singes, des léopards et même un lama d'Amérique du Sud… J'avais de quoi faire un reportage très vivant. »

Jean-Yves Boulic, éditorialiste à *Ouest-France*, candidat au CFJ en 1967.

FICHE 54

Caractéristiques de l'épreuve

ESJ, le marathon des sujets

Une fois admissible à l'ESJ, le travail est loin d'être terminé ! Une épreuve de longue haleine, qui nécessite trois semaines de préparation, vous attend. Il s'agit de traiter de manière journalistique des thèmes imposés.

1 Une épreuve de longue haleine

En même temps que votre convocation à l'écrit, vous recevez une liste de thèmes d'actualité, sur lesquels vous êtes « invités à recueillir une information originale, à partir des sources documentaires traditionnelles, mais aussi de reportages, interviews, rencontres ». Le jour de l'oral, vous tirerez l'un des sujets au sort. Vous disposerez alors de trente minutes pour organiser vos connaissances, et ce, sans l'aide de vos notes. Vous devrez ensuite exposer devant un jury votre traitement dusujet tiré au sort. Cette épreuve compte pour 80 points sur un total de 220 pour les épreuves orales.

A. Les sujets

À quel genre de sujets devez-vous vous attendre ? Il s'agit en général d'un mot, d'une question, du nom d'une personnalité, d'un pays. Les thèmes abordés sont liés à l'actualité récente ou à venir.
Voici quelques exemples de sujets imposés ces dernières années :

- **Exemple**
  - → Monaco
  - → Le Maroc de Mohammed VI
  - → Le dopage
  - → La DHEA
  - → Robert Hue
  - → Le Medef est-il un parti politique ?
  - → Sida : état des lieux
  - → La sécurité routière

- **Exemple**
  Les sujets du concours 2009 :
  - → La réforme des institutions en France
  - → Le réchauffement climatique
  - → Grippe A : la France est-elle prête ?
  - → Presse : les sites d'information vont-ils remplacer les journaux ?
  - → Les Français et la grève
  - → L'extrême gauche en France

B. La préparation

Entre les résultats de l'écrit et votre date d'oral, vous disposerez d'environ trois semaines pour effectuer vos recherches et préparer votre exposé. L'objectif est d'arriver le jour de l'oral avec un exposé journalistique de qualité, et ce quel que soit le sujet tiré au sort. Pas question, donc, de faire des « impasses » : le risque serait trop grand. Bien entendu, par choix ou par affinité, vous traiterez certains sujets de manière plus approfondie que d'autres. Mais pour chaque thème, vous devrez avoir effectué une recherche et un effort de reportage minimaux.

C. L'oral

Le jury auquel vous présenterez votre exposé est généralement composé de deux personnes : un responsable de l'école (directeur des études, directeur) et un professeur d'université ou un journaliste professionnel. Après le tirage au sort et les trente minutes de préparation, vous entrez dans la salle. L'entretien dure environ 20 minutes. Après avoir écouté votre exposé, le jury vous posera des questions pour approfondir le sujet et vérifier que vous en maîtrisez le contexte.

2 Les attentes du jury

Selon le sujet, les examinateurs prennent en compte « l'originalité du traitement du sujet, la culture générale du candidat, sa capacité à s'informer, son expression orale et son écoute d'autrui ».

A. Une recherche d'information cohérente

La première attente du jury concerne votre travail en amont. Votre recherche d'informations doit être pertinente, cohérente et complète. C'est à partir de l'originalité de vos sources (personnes interviewées, citées, ouvrages de référence, documents lus) que le jury va évaluer votre travail.

Le jury n'attend pas un exposé exhaustif, ni des informations très pointues sur tel ou tel sujet. Il sait que vos conditions de recherche ont été particulières, que votre temps de travail a été minuté. En revanche, il se montrera exigeant sur deux points.

D'abord, sur le choix de vos informations et de vos sources. Sachez justifier chacun de ces choix : pourquoi avoir interviewé telle personne, et non pas telle autre ? Pourquoi citer tel auteur, est-il intéressant ? Ensuite, sur votre maîtrise du contexte du sujet et votre intérêt pour le thème abordé.

B. Un travail journalistique « anglé »

L'énoncé de l'épreuve consacrée aux thèmes d'actualité est loin d'être exhaustif. Il est certes conseillé de recueillir une information originale, sans plus grande précision. Ce que le jury attend de vous, c'est un travail journalistique. Il n'est donc pas question de faire un exposé de type « universitaire », qui ferait une synthèse globale du thème à traiter, en trois parties et trois sous-parties. Puisque nous sommes dans une optique journalistique, il vous faut trouver un « angle » de traitement pour chaque sujet, une problématique. C'est notamment sur votre appropriation du sujet, votre manière de l'envisager, que le jury vous testera.

Témoignage

« Cette épreuve est un moyen idéal pour se rendre compte de la gamme de qualités que possède un candidat : curiosité, imagination, énergie et ouverture sur le monde. Des atouts préalables qui permettront d'en faire un journaliste. »

Éric Maitrot, ancien directeur des études à l'ESJ.

FICHE 55

Organiser ses recherches

ESJ, le marathon des sujets

Vous disposez de trois semaines environ pour travailler vos sujets d'actualité. Cette longue période de travail hors concours est déstabilisante en raison de la liberté dont vous disposez pour effectuer vos recherches. Aussi devez-vous considérer cette épreuve comme une chance de faire vos « premiers pas » de journaliste.

1 Choisir un angle

D'emblée, il faut comprendre que l'ESJ n'attend pas de vous un dossier exhaustif sur chacun des sujets au programme. Pour chacun, vous devez vous poser une question et essayer d'y répondre. Ce sera votre angle de traitement du sujet.

A. La démarche type

Même s'ils sont très différents, il vaut mieux adopter une démarche type de travail que vous appliquerez à l'ensemble des sujets. Vous pourrez ainsi plus facilement faire le point sur l'avancée de vos recherches et savoir exactement où vous en êtes, sujet par sujet.

1. Étape 1 : faire le tour du sujet

Vous n'allez pas d'emblée trouver l'angle pour traiter le sujet. Il faut donc commencer par une recherche globale sur le thème imposé. Vous allez ainsi vous rendre compte des enjeux du sujet et des problématiques qu'il soulève. Cette première étape ne doit pas vous prendre trop de temps : une demi-journée, voire une journée par sujet, doit suffire.

• Surfez sur les moteurs de recherche Internet (Yahoo ou Google par exemple) : tapez les mots clés du sujet et voyez ce qu'il en sort. Cela permet de faire rapidement le tour de la question. Préférez en priorité les articles et les documents (mémoires, dossiers de presse...) qui apparaîtront grâce au moteur de recherche. Laissez pour l'instant de côté les autres résultats de la recherche ; vous y reviendrez si besoin une fois que vous serez plus avancé.

• Allez à la bibliothèque. Repérez quelques ouvrages, récents de préférence, sur le sujet que vous traitez. Parcourez-les rapidement et essayer de voir ce que chaque ouvrage peut vous apporter : des idées pour trouver l'angle de traitement, des enrichissements pour votre réflexion, des citations ou un interlocuteur possible (l'auteur d'un ouvrage, par exemple).

• Consultez les archives des journaux. Que ce soit sur Internet ou à la bibliothèque, regardez si votre sujet n'a pas été traité récemment par les journaux français ou étrangers. Vous trouverez, là encore, des pistes de réflexion, des idées d'interlocuteurs mais aussi des exemples de traitement du sujet (reportages, interviews, chroniques...).

• Continuez à lire quotidiennement la presse. Très souvent, les sujets à traiter sont directement liés à l'actualité des mois d'été. Il est donc important de ne pas passer à côté d'articles fraichement publiés. Ne négligez pas l'actualité « chaude » du sujet.

2. Étape 2 : trier ses documents

Pour ne pas perdre de temps, vous devez faire preuve d'une organisation rigoureuse. Vous avez passé environ une demi-journée à faire vos recherches sur un sujet. Une fois ces recherches globales terminées, triez les documents que vous avez imprimés du plus important au plus anecdotique, en notant pour chacun la source, le nom de l'auteur et la date. Rangez le tout dans une pochette sur laquelle vous noterez soigneusement le titre du thème. Ces conseils peuvent paraître superflus... mais ils ne le sont pas ! Car on ne tarde pas à se perdre dans un tas de paperasse.

3. Étape 3 : déterminer une problématique

La problématique, c'est la question que vous allez vous poser sur le sujet et à laquelle vous allez devoir répondre. Ne craignez pas d'être précis et évitez les questions trop globales. Plus votre question sera ciblée, plus il vous sera facile de vous y tenir et de ne pas faire du hors-sujet dans votre article. Le choix des interlocuteurs, des exemples et des illustrations vous apparaîtra de manière beaucoup plus évidente.

• **Exemple**
Le sujet « Monaco »
Vous avez le choix entre plusieurs interrogations, c'est-à-dire plusieurs angles, des plus attendus aux plus surprenants.
- La famille princière de Monaco : vous ferez un portrait de la famille, en insistant sur la personnalité de chacun de ses membres et le rôle de cette famille sur le Rocher.
- Le blanchiment d'argent à Monaco : un tout autre angle, qui s'apparente davantage à une enquête.
- Le rugby à Monaco: un candidat fan de rugby avait choisi cet angle... et a plutôt réussi son oral.
- Monaco pendant la Seconde Guerre mondiale : là, vous prenez le parti de l'angle historique.

4. Étape 4 : trouver des interlocuteurs

Pour alimenter votre réflexion, il va falloir trouver des interlocuteurs. Le choix est grand, du sociologue à l'écrivain, du chercheur au simple témoin. À vous de voir selon le sujet. Ne cherchez pas à tout prix à contacter le spécialiste ou la « star » de la question. Les gens autour de vous ont peut-être des choses tout aussi intéressantes à dire. Pour un sujet qui vous paraît institutionnel ou « parisien », pensez à contacter, dans votre région, des personnes plus abordables qu'un ministre.

• **Exemple**
Le sujet « DHEA (hormone de jeunesse) »
Une candidate habitant Brest a contacté :
- un pharmacien de quartier, qui ne voulait pas prendre le risque de vendre de la DHEA ;
- un professeur de la faculté de médecine de Brest, spécialiste de la vieillesse ;
- une amie de sa mère qui consommait de la DHEA.

Ce que les examinateurs vont juger avant tout, c'est votre démarche. Il ne faut pas citer une personne pour ce qu'elle représente ou parce que vous avez envie de montrer que vous avez réussi à la contacter. Un bon interlocuteur est simplement quelqu'un qui apporte une information nouvelle à votre propos.
Il n'est pas utile de rencontrer tous vos contacts. N'hésitez pas à utiliser le téléphone ou le mail pour poser vos questions. Enfin, n'ayez pas peur d'expliquer concrètement à vos interlocuteurs que vous les contactez dans le cadre d'un concours. Cela évitera les ambiguïtés sur votre statut et vous permettra de leur faire respecter des délais pour répondre à vos questions.

2 Essayer d'être original

Plus de cent candidats sont admis aux épreuves orales de l'ESJ. Chacun doit traiter les mêmes sujets. L'originalité de votre travail va donc compter énormément dans cette épreuve.

A. Dans vos sources

Imaginez combien il peut être difficile pour le jury d'entendre trente sujets traités de la même façon. Le jury désire être surpris par votre exposé, de la même manière qu'il le serait en découvrant votre article dans un journal le matin. Donnez-lui envie de vous écouter. Plus vous sortirez des sentiers battus, plus vous marquerez de points.

Il ne s'agit pas d'être imprévisible et de partir dans tous les sens. Il s'agit juste de se démarquer.

- **Exemple**

Le sujet « François Bayrou »
Évitez à tout prix le portrait pur et simple. Les journalistes politiques le font certes très bien, mais brosser un portrait original exige beaucoup d'expérience et un carnet d'adresses fourni. Vous courez le risque de répéter ce qui a déjà été écrit. En revanche, si vous demandez aux membres d'une section locale de l'UDF de vous parler de l'homme, vous aurez sûrement des choses très intéressantes à raconter, et plus originales.

De manière générale, fuyez les contacts des autres candidats. Comme vous êtes très nombreux à vous présenter aux concours, il est inévitable que vous pensiez à contacter les mêmes personnes. Et si votre interlocuteur au bout du fil vous dit : « Ah ! Encore un étudiant qui passe le concours de l'ESJ ! » réfléchissez bien à l'intérêt du contact. Est-il indispensable pour votre travail ? N'existe-t-il pas quelqu'un d'autre qui serait mieux placé pour répondre ? Vous éviterez ainsi au jury d'entendre Monsieur X parler des problèmes des retraites dix fois de suite. Trouver des sources originales est donc loin d'être négligeable, même s'il n'est pas toujours possible de le faire : certaines sources s'avéreront en effet incontournables.
Enfin, n'hésitez pas à demander conseil à vos parents et amis pour trouver des interlocuteurs. Leur connaissance du sujet, en raison de leur profession par exemple, peut vous permettre de trouver des contacts différents des autres candidats. Les journalistes qui ont déjà réalisé des articles sur votre sujet pourront aussi vous aiguiller vers de bons interlocuteurs.

B. Dans votre façon de raconter

La façon dont vous allez traiter votre sujet va également beaucoup compter dans votre résultat. Il ne faut pas hésiter à varier les formes de traitement. Vous pouvez faire le choix de l'article « réflexion/analyse », ou opter plutôt pour le traitement reportage. Par exemple, traiter localement un sujet par un reportage dans votre ville peut être très intéressant. De plus, sachez sauter sur l'occasion si, dans votre région, tel ou tel phénomène est particulièrement visible. Vous montrerez ainsi au jury votre curiosité et votre sens du « terrain ».
Durant vos recherches, n'hésitez pas à noter toutes les anecdotes ou événements surprenants que vous pouvez observer. Les journalistes se servent souvent de ces petits détails pour pimenter leurs articles, les rendre plus vivants. Vous ne devez rien négliger. Si ce petit détail révélateur n'apparaît pas dans votre compte rendu, vous pourrez toujours le glisser dans la réponse à une question du jury.

3 Penser « oral »

L'exercice est un peu hybride dans le sens où vous devrez citer les gens que vous avez rencontrés, rendre compte de vos réflexions oralement. Vous devrez être vivant et descriptif dans votre façon de raconter les choses pour arriver à captiver le jury.

A. Établir un plan détaillé

La meilleure méthode est de faire un plan une fois vos recherches sur chaque sujet terminées. Ce plan sera bien sûr détaillé pour que vous puissiez vous souvenir immédiatement de la réflexion qui accompagne telle idée ou telle citation. Mieux vaut avoir tout noté très consciencieusement durant vos interviews et observations de terrain. Cela dit, si vous ne vous rappelez plus de la citation de Madame Y au mot près, ne vous inquiétez pas outre mesure. Le jury n'est pas regardant à ce point-là.
Comment bâtir un plan et organiser ses idées de manière cohérente ?

1. L'accroche

L'accroche est faite pour attirer l'auditeur ou le lecteur, en l'occurrence le jury, pour lui donner envie d'écouter ou de lire la suite. Commencez par une question, ou une citation marquante. Pensez ensuite à exposer très rapidement l'angle que vous avez choisi, pour que le jury sache dès le début où vous « l'emmenez ».

- **Exemple**

Le sujet « DHEA »
« Moi aussi j'en prends ! » Johnny Hallyday, la star du rock and roll, l'avoue simplement. À soixante ans, il prend de la DHEA pour garder le tempo.
Cette accroche est une façon légère et plutôt amusante de rentrer dans le sujet mais elle apporte malgré tout une information : les gens de la génération du chanteur sont ceux qui consomment de la DHEA.

2. Le développement

Votre pensée doit ensuite se dérouler tout naturellement, idée par idée, argument par argument. Tentez d'éclairer chaque nouvelle idée par une citation que vous aurez lue ou recueillie. Utilisez des mots précis et appropriés, pensez à être pointilleux sur les dates, la prononciation des noms propres.

3. La chute

Comme à l'écrit, c'est la dernière impression que vous allez laisser aux examinateurs (la chute). Montrez-vous donc incisifs et pertinents. Il ne s'agit pas de conclure sur le sujet, ni de trouver la bonne réponse à la question qu'il pose. Tentez plutôt d'ouvrir le débat, d'aborder d'autres questions. Vous pouvez aussi chuter sur une citation intéressante qui fait le point sur la question.
Travailler à partir de plans détaillés est essentiel, non seulement pour l'organisation de vos recherches, mais aussi en vue de l'oral. C'est en suivant ces plans que vous ferez un exposé cohérent et fluide.

B. S'entraîner

Pas de doute : pour être à l'aise le jour de l'oral, la seule solution est de s'entraîner à parler de son sujet et à exposer son travail. Seul, devant votre glace, ou devant des amis, mettez-vous dans les conditions de l'entretien. Prenez votre plan détaillé et déroulez votre pensée pendant 20 minutes. Vous pourrez repérer les mauvaises transitions, les points un peu faibles, les citations qui ne collent pas. Ainsi, entraînement après entraînement, vous améliorerez votre travail, tout en pensant « oral ». S'entraîner devant un public est aussi une manière de vaincre sa timidité et d'acquérir de l'aisance.

4 Établir un calendrier

Trois semaines de préparation, c'est court ! Vous devez donc organiser minutieusement votre temps de travail. Voici une suggestion de calendrier, qui peut vous aider à évaluer en moyenne le temps nécessaire à chaque étape de votre préparation.
Calendrier sur 21 jours :
→ Faire le tour des sujets et trier les documents (5 jours) ;
→ Relire ses documents et trouver un angle pour chaque sujet (3 jours) ;
→ Rechercher des interlocuteurs, prendre rendez-vous, faire des reportages sur le terrain, si nécessaire (9 jours).
→ Établir un plan détaillé pour chacun des sujets (4 jours).

Témoignage

« Une candidate a failli me faire pleurer tellement elle a joué sur l'émotivité. Elle avait rencontré l'abbé Pierre, et nous en a fait un tel portrait qu'on avait l'impression qu'elle parlait de Jésus-Christ en personne. Elle avait été transfigurée ! »

Hughes Beaudoin, responsable de la presse écrite à l'ESJ et membre du jury de 1999 à 2003.

« Pour les sujets, j'ai travaillé avec deux autres candidats. Chacun a préparé une base de trois sujets. Pour qu'on ne dise pas tous la même chose à l'oral, on a réalisé des entretiens complémentaires. Comme on bossait à plusieurs, je n'ai pas trop stressé. Et on a tous les trois réussi ! »

Léo Pajon, candidat aux concours en 1999 et 2000.

« J'ai travaillé à distance avec deux autres personnes, on s'est réparti les sujets. Cette méthode était plutôt moyenne. En fait, les sujets que je connaissais vraiment étaient ceux pour lesquels j'avais fait moi-même les recherches. »

Thomas Baumgartner, candidat aux concours en 1999.

« Le jury va tout de suite repérer le candidat qui est coupé de la réalité pour bachoter, qui n'est pas allé sur le terrain. »

Éric Maitrot, ancien directeur des études à l'ESJ.

« J'ai eu du mal à établir un calendrier dans ma préparation. Je me suis beaucoup attardée sur le premier sujet que j'ai traité car j'ai voulu en faire trop. Résultat : j'étais dans l'urgence pour les derniers sujets de la liste! Il faut très vite trouver le bon rythme de travail »

Sophie Mainguy, candidate aux concours en 2001.

FICHE 56

Le jour de l'épreuve

ESJ, le marathon des sujets

Vous avez eu trois semaines pour effectuer vos recherches. Le jour J est arrivé. Vous disposez de vingt minutes pour convaincre les examinateurs de vos capacités journalistiques. Les mots d'ordre : confiance en soi et pertinence.

1 L'attente

Les épreuves d'admission de l'ESJ se déroulent en une seule journée. L'oral des dix sujets, l'oral de motivation et l'oral d'anglais se succèdent, dans cet ordre, sans pause réelle entre chaque entretien. Ce « périple » de salle en salle, de jury en jury, dure environ 1 h 30.

Vous aurez sans doute plusieurs minutes d'attente avant le premier oral, celui des sujets. Surtout, évitez le stress. Détendez-vous le plus possible et ne pensez plus aux sujets qui ont « hanté » votre mois de juillet. Vous aurez largement le temps de vous concentrer pendant la demi-heure de préparation.

D'autres candidats errent dans les couloirs, discutent entre eux. Que faire ? Se joindre à eux ou rester concentré ? Tout dépend de votre caractère et de vos envies. Certains préféreront partager le stress, les questions, les doutes avec les autres candidats.

Ce qui vaut pour un candidat déjà passé ne vaut pas forcément pour vous. D'autres, au contraire, préféreront rester seuls. L'essentiel est de se sentir le plus à l'aise possible avant le passage devant le jury.

2 Le tirage au sort

Votre tour arrive. Un membre de l'administration de l'école vous fait tirer au sort le sujet que vous présenterez devant les examinateurs. Une fois que vous connaissez votre sujet, tout se met à bouillonner dans votre tête : rien de plus normal ! Vous essaierez de « calmer » votre esprit et de rester concentré.

Si vous tirez au sort le sujet que vous attendiez, tant mieux : toutes les chances sont de votre côté. Si, au contraire, vous tombez sur le sujet « haï », celui qui vous donne des cauchemards depuis plusieurs nuits, ne vous laissez pas gagner par la panique. D'abord, gardez en tête que l'épreuve est un concours. Même si votre travail n'est pas excellent, il sera peut-être meilleur que celui d'un autre candidat. Ensuite, pensez sereinement à ce que vous savez sur le sujet, en mettant en avant les quelques éléments qui peuvent être un atout dans la présentation que vous en ferez. Beaucoup de candidats ont franchi le cap du concours d'entrée malgré un tirage au sort « malchanceux » !

3 La demi-heure de préparation

Avant de passer devant le jury, vous disposez d'une demi-heure pour remettre vos idées au clair, par écrit. Vous aurez le droit de vous servir de ces notes pour l'oral. Vous devez mettre à profit ces quelques minutes pour « plonger » dans le sujet.

Plusieurs méthodes s'offrent à vous.

A. Écrire simplement son plan

Vous pouvez choisir de ne mettre par écrit que le plan de votre exposé, les grands éléments qui le composent : accroche, citations des personnes interviewées, chiffres, chute. Ces notes vous serviront d'aide-mémoire pendant l'entretien. Les candidats qui optent pour cette solution doivent être plutôt à l'aise à l'oral. Il s'agit d'enchaîner les arguments et de développer sa pensée de manière fluide. Le plan et les mots clés servent à articuler votre exposé.
Si vous choisissez cette méthode, la demi-heure de préparation peut vous paraître longue. Ne rêvassez pas. Profitez de ces minutes précieuses pour répéter à voix basse les grandes lignes de votre exposé.

B. Écrire la totalité de son exposé

Vous pouvez aussi décider « d'assurer » et de vous « rassurer » en écrivant la totalité de votre exposé (que vous finirez par savoir presque par coeur si vous vous êtes entraîné chez vous). Il faut, bien sûr, avoir clairement en tête les articulations du sujet, et avoir noté quelques mots clés et idées à faire ressortir.
Cette méthode peut être un bon moyen de couper court à l'angoisse du « trou noir » face au jury. Si vous perdez le fil de vos idées au cours de l'entretien, vous pourrez facilement vous référer à vos notes et reprendre le cours de votre exposé.

Le jury n'appréciera pas le candidat qui lit en permanence ses notes : celles-ci ne doivent vous servir qu'en dernier recours. Il ne faut pas non plus donner l'impression de réciter un discours prémâché. N'oubliez pas que vous « discutez » avec les examinateurs.

4 Devant le jury

A. Quelle attitude prendre ?

Dès votre entrée dans la salle, jetez un coup d'oeil sur les cartons de présentation des examinateurs. Professeur d'université, responsable de la presse écrite à l'ESJ, directeur de l'école… Vous cernerez ainsi le rôle de chacun et éviterez les « gaffes ». Comme pour l'oral de motivation, le jury est là pour évaluer votre travail, mais aussi pour tester votre personnalité.
Soyez donc, une fois encore, le plus naturel possible. Si vous êtes à l'aise et que vous croyez à ce que vous racontez, le *feeling* passera sans problème. N'oubliez pas que le jury attend un candidat sûr de lui et de ses propos. Si vous avancez une information, soyez capables de l'argumenter et de la justifier. Dans le cas contraire, le jury vous piégera facilement et vous serez déstabilisé. Si vous avez suffisamment préparé votre oral, vous n'avez aucune raison de vous montrer hésitant ou sur la défensive. Ce sujet, vous devez le « vendre ». Sourire, tête haute, regard qui balaye le jury. Il faut éviter les yeux rivés sur ses notes, les tremblements, le ton monotone.

B. Quelle forme de discours adopter ?

Il ne s'agit ni de lire un article écrit, ni de réciter un exposé de type universitaire. Pensez que vous participez à une conférence de rédaction et que vous expliquez à des confrères journalistes l'intérêt d'un sujet, l'angle que vous avez choisi pour le traiter, vos ressources journalistiques… et comment vous le développeriez si vous aviez un article à écrire dessus.
Pour ceux qui n'ont jamais assisté à une conférence de rédaction, imaginez simplement que le jury ignore tout du sujet dont vous allez lui parler. Vous devez donc lui expliquer les

tenants et les aboutissants de la question, en fonction de l'angle que vous avez choisi pour la traiter.

C. Comment répondre aux questions ?

Une fois votre exposé terminé, le jury ne va pas s'en tenir là. Pour juger de votre connaissance globale du sujet et de votre intérêt pour le thème abordé, il va vous poser quelques questions. Quels autres angles de traitement auraient pu être envisagés ? Quelle est l'actualité du sujet ? Pourquoi avoir privilégié cet angle ? Ces questions sont récurrentes et nous vous conseillons de leur préparer quelques réponses ; vous éviterez ainsi d'être pris de court. Les examinateurs s'amusent aussi à poser des questions très pointues, d'ordre technique, scientifique, juridique, religieux. Si vous ne savez pas y répondre – ce qui est le cas la plupart du temps –, n'y voyez pas un piège. Il s'agit juste de vous tester un peu. Des questions incongrues, totalement éloignées de votre sujet, peuvent aussi surgir. Ne vous laissez pas déstabiliser et répondez spontanément, sans avoir l'air étonné.
Sachez que si votre exposé est complet et sérieux, le jury ne cherchera pas à vous « cuisiner » longtemps... sauf s'il est joueur !

5 Après l'oral

Vous sortez de la salle. Euphorique, dépité, incertain... Ne cherchez surtout pas à évaluer votre prestation. Les impressions des candidats sont la plupart du temps très différentes de celles du jury. Il est difficile de savoir ce que les examinateurs ont pensé de votre travail. Souvent, ils ne laisseront rien transparaître. Faites donc le vide, et pensez à autre chose.
Vous n'avez d'ailleurs que quelques minutes devant vous avant de passer devant un nouveau jury, pour l'oral de motivation. Il est donc primordial de rester calme et concentré. Votre visage ne doit rien montrer de votre éventuel « raté » à l'oral des dix questions. Chaque étape de ces épreuves orales est importante. Il n'est donc pas question de vous décourager.

À éviter

- Se laisser déstabiliser.
- Réciter un texte préparé.
- Intégrer de nouvelles idées à la dernière minute.
- S'évaluer après l'oral.

Voir aussi

→ Fiche 44. Pourquoi suis-je là ?
→ Fiche 45. Oral de motivation : Le jour de l'épreuve

Témoignage

« L'oral sujet intervient plutôt sur la méthode utilisée par un candidat pour approcher un sujet. Ce ne sont pas ceux qui en disent le plus ou qui ont le plus « bachoté « qui ont les meilleures notes. Les mots clés dans cet oral sont : la curiosité, l'argumentation d'un point de vue, l'originalité de l'angle, l'insolite. On tient compte aussi, bien entendu, de la présentation (aisance dans l'expression et le maintien par exemple). Mais on évalue surtout les sources d'information utilisées, le bon sens, le nombre de gens

rencontrés directement. Important aussi : la contextualisation d'un sujet. Par exemple, la Sécurité sociale, ce n'est pas que la Sécurité sociale. C'est un choix de société, ce sont des choix économiques, politiques… On regarde ainsi si le candidat est allé voir un peu autour du sujet. »

Hughes Beaudouin, responsable de la presse écrite à l'ESJ et membre du jury de 1999 à 2003.

« J'avais tiré au sort « Bilan des tempêtes de 1999 «. Après ma présentation, la première question que m'a posée l'examinateur était : « Avez-vous lu la Bible ? «. S'est alors enchaînée une discussion sur les chevaliers de l'Apocalypse et les essences de bois, le symbole de l'arbre dans nos sociétés… À la sortie, cela laisse une drôle d'impression. »

Stéphanie Lemaire, candidate aux concours en 2000.

« J'étais particulièrement fière d'avoir rencontré Robert Hue, qui était cette année-là un sujet au programme. Mais au final, cela a joué en ma défaveur à l'oral. Quand on rencontre un homme politique célèbre pour la première fois, on est un peu impressionné. Du coup, j'ai jugé que c'était un personnage d'un certain relief… Les examinateurs, eux, ne semblaient pas lui trouver ce charisme. Bref, je me suis fait avoir comme une bleue. Cela a été ma première leçon de journalisme. »

Célia Mériguet, candidate aux concours en 2000.

« J'étais tombée sur le sujet « DHEA «. À la fin de ma présentation, un des membres du jury m'a demandé où on trouvait des compléments alimentaires dans la nourriture. Je ne m'étais même pas posé la question. La réponse était les yaourts au bifidus actif. Je n'avais pas été assez curieuse. J'ai séché. »

Sophie Mainguy, candidate aux concours en 2001.

PARTIE 5

Annales journalisme 2009

Retrouvez toutes les Annales
en ligne sur www.supfoucher.com

FICHE 57

Annales corrigées

Sujet 1 – Concours PEMEP (ESJ, CFJ, IPJ) - Épreuves communes

Session 2009

Français (45 min. sur 20 points)

Relecture de copie

Nous avons incorporé plusieurs fautes d'orthographe dans le texte ci-dessous. Retrouvez-les et écrivez TRÈS LISIBLEMENT le(s) mot(s) correctement orthographié(s) dans la marge.

La véritable histoire de Vernon Sullivan

J'irai cracher sur vos tombes est né d'un pari. À sa parution, le livre provoque un scandale. Comment un canulard est-il devenu un best-seller ?

Vernon Sullivan est né dans une file d'attente devant un cinéma des Champs-Élysées. En ce doux soir de l'été 1946, l'éditeur Jean d'Halluin retrouve sur le trottoir Boris Vian et son épouse Michelle. Ses affaires vont mal. Il lui faut vite un succès dans la veine de ces Chase et Cheney qui font les beaux jours de la toute jeune Série noire. Boris ne connaîtrait-il pas un auteur de polar à traduire ? « Tu veux un best-seller ? Donnes-moi dix jours et je t'en fabrique un », lance Vian. Il faut toujours se méfier des paris. On ne sait jamais où ils vont vous mener…

Le 5 août, Boris, son épouse et leur fils, Patrick, partent en vacances à Saint-Jean-de-Monts, en Vendée. À peine arrivée, le petit Patrick attrape la coqueluche. Ses parents se relaient à son chevet. Boris prend les tours de garde de nuit. Et en profite pour écrire son « best-seller ». Le 20 août, le roman est fini. Il s'appelle *J'irai cracher sur vos tombes*. Pari quasiment tenu : ce pastiche de polar hard boiled aura été écrit en quinze jours. C'est Michèle qui a trouvé le titre définitif, Boris ayant d'abord opté pour un plus poétique *J'irai danser sur vos tombes*.

L'histoire ? Celle de Lee Anderson, un « Nègre blanc » psychopathe qui viole et tue des femmes blanches dans la ville de Buckton. Le style est sec, truffé d'américanismes, crû pour l'époque, comme en témoigne les dernières lignes du roman : « Ceux du village le pendirent tous de même parce que c'était un Nègre. Sous son pantalon, son bas-ventre faisait encore une bosse dérisoire. » Pour que le canulard soit complet, Vian, qui n'a, à l'époque, encore signé aucun roman sous son nom, décide de faire croire que *J'irai cracher sur vos tombes* est l'œuvre d'un romancier Américain du nom de Vernon Sullivan – nom forgé à partir de Paul Vernon, un copain musicien, et Joe Sullivan, pianiste de jazz. Lui n'en ait, officiellement, que le traducteur. Lorsque le scandale couvera, Vian poussera jusqu'à retraduire son polar en anglais sous le titre de *I shall spit on your graves !* Seuls Michelle et Jean d'Halluin, patron des éditions du Scorpion, sont dans le secret. Boris rêve d'un succès qui lui permettrait de s'acheter – enfin ! – une voiture. Il ne va pas être déçu.

Le livre sort timidement en novembre 1946. Petit acceuil. Heureusement, Daniel Parker vînt. Ce tenant des bonnes mœurs dirige le Cartel d'action sociale et morale. Il s'en était pris en Henry Miller. Début 1947, ce croisé porte plaine contre ce Vernon Sullivan, accusé d'inciter les adolescents à la débauche. Vernon Sullivan ? Très vite, la presse découvre la mythification : Boris Vian et Vernon Sullivan ne font qu'un ! Plus empoisoné qu'amusé par ce canular littéraire réussi au-dela de ses espérances, Boris Sullivan – où est-ce Vernon Vian ? – finit par avouer : tout d'abord devant le patron de la DST, le contre-espionnage français, qu'il croise chez des amis ; puis devant un juge d'instruction. Oui, il est bien Sullivan…

S'en suivent, d'amnisties en nouvelles plaintes, une série de procès qui vaudront à Boris Vian, en 1953, une condamnation à quinze jours de prison… aussitôt amnistiée ! Mais le scandale a été immense – attisé par deux nouveaux Sullivan parus dans la foulée, *Les morts ont tous la même peau* suivi de *Et on tuera tous les affreux.* Le succès est colossal – surtout si on le compare à *L'écume des jours*, parue à la même époque, et qui ne s'écoule qu'à quelque centaines d'exemplaires. Boris Vian n'aurait jamais pu s'offrir une BMW 1 500 six cylindres avec ses droits d'auteur. Vernon Sullivan, lui, n'hésite pas.

Car si cette aventure laissera un arrière-goût amer à Boris Vian, fatigué du double jeu et des bissebilles judiciaires, elle constituera une incroyable cash machine. Dans ses savoureuses *Vies parallèles de Boris Vian,* Noël Arnaud a décortiqué les comptes des éditions du Scorpion. Les ventes, tout d'abord : 110 000 exemplaires pour *J'irai cracher…*, 37 900 pour *Les morts ont tous la même peau* et 25 205 pour *Et on tuera tous les affreux.* Rappelons que Vian touchait 10 % de droits en temps d'auteur et… 5 % en temps que traducteur ! Au total, Sullivan lui a rapporté 4 500 000 francs de l'époque ; Soit six fois plus que ce que lui rapportait annuellement son travail de gratte-papier à l'Afnor (Association française de normalisation) ! Sullivan claquera joyeusement tout cet argent. Mais c'est Vian qui devra payer les impôts. Il en fut incapable, obligeant le fisc à saisir les relicats de droits de *J'irai cracher sur vos tombes.* Qui aura donc, également, enrichi la République française.

Jérôme Dupuis
Lire, avril 2009

Questionnaire de français (10 points)

Reportez à chaque fois la réponse choisie dans le tableau ci-dessous

1	2	3	4	5	6

Questions

1. Dans la phrase « Ses affaires vont mal » « mal » est un :

A adjectif

B adverbe

C pronom

D nom

2. Le début de la phrase « Car si cette aventure laissera... » est :

A incorrect car elle est cacophonique

B correct car il ne s'agit pas d'une subordonnée circonstancielle de condition

C incorrect car un « si » ne peut être suivi ni du futur ni du conditionnel

D correct car le « si » n'est ici pas une conjonction

3. Choisissez un synonyme de « hard boiled » :

A à l'eau de rose

B érotique

C musclé

D vicieux

4. Choisissez un synonyme de « attisé » :

A avivé

B calmé

C émoussé

D relativisé

5. Choisissez un synonyme de « gratte-papier » :

A lampiste

B notaire

C planton

D rond-de-cuir

6. Un gratte-papier, des :

A grattes-papiers

B gratte-papier

C grattes-papier

D gratte-papiers

7. Proposez en une ligne une définition de :

A pastiche

B cartel

8. Sachant que le coefficient de transformation des « francs de l'époque » en euros est 0,02, quel est l'équivalent actuel du salaire annuel de Boris Vian à l'Afnor ?

9. Écrivez en toutes lettres les nombres suivants :

A 1953

B 25 205

C 37 900

10. Conjuguez au temps demandé les verbes placés entre crochets :

A Nous ne nous [méfier] pas des paris (imparfait de l'indicatif).

B Nous [se relayer] à son chevet (passé simple).

C un succès qui lui [permettre] de s'acheter une voiture (passé simple).

D Il [enrichir] la République française (plus-que-parfait de l'indicatif).

Questionnaire d'actualité (1 h. sur 100 points)

Relisez très attentivement votre copie : les fautes d'orthographe seront pénalisées.

Pour toutes les personnalités, vous devrez préciser leur nom et prénom.

Questions

1. Quel est le point commun entre Abdelaziz Bouteflika et Hugo Chavez ?

A Ils ont été portés au pouvoir par l'armée

B Ils ont fait assassiner leur opposant

C Ils ont fait modifier la constitution pour rester au pouvoir

D Ils ont refusé de se rendre aux États-Unis

E Ils n'ont aucun point commun

2. Comment s'appelle le chien des Obama ?

A Bo

B Bush

C Bill

D Bruce

E Bud

3. Le procès en appel d'Yvan Colonna s'est déroulé durant le mois de mars. Colonna a été condamné à la réclusion à perpétuité. Qui est-il accusé d'avoir assassiné en février 1988 (fonction, prénom et nom) ?

4. *Séraphine*, le film de Martin Provost, a obtenu sept César lors de la cérémonie de 2009. Il retrace la vie de Séraphine Louis (interprétée par Yolande Moreau) servant devenue célèbre à plus de 40 ans grâce à :

A La musique

B La sculpture

C La peinture

D Le théâtre

E La cuisine

5. Une affiche annonçant une exposition à la Cinémathèque de Paris a été retouchée par la régie publicitaire de la RATP : la pipe du personnage est devenue un petit moulin à vent. À qui cette exposition est-elle consacrée ?

A Georges Simenon

B L'inspecteur Maigret

C Sherlock Holmes

D Claude Chabrol

E Jacques Tati

6. Du 20 au 24 avril s'est déroulée à Genève la conférence dite de « Durban II » destinée à lutter contre le racisme. Une première conférence avait eu lieu en 2001 dans la ville de Durban qui se situe :

A En Iran

B Au Canada

C Aux États-Unis

D En Afrique du Sud

E En Chine

7. Complétez la légende de cette photo :

Ces pirates somaliens sévissent dans .... et l'océan ....
....

Au moins 94 bateaux étrangers ont été attaqués cette année au large de ce pays africain dont la capitale est ....

8. Pour la première fois depuis neuf ans, l'équipe de France de tennis a été éliminée dès le premier tour de la Coupe Davis 2009. Par quel pays ?

A La République Tchèque

B La Suède

C Israël

D L'Allemagne

E La Russie

9. Pour la deuxième fois depuis 1948, cette équipe de rugby a remporté, cette année, le Tournoi des VI Nations sans perdre un seul match. De quelle équipe s'agit-il ?

10. Fin avril, le Parti socialiste a décidé l'exclusion de l'un de ses membres, le maire nordiste Gérard Dalongeville, mis en examen pour détournement de fonds publics, faux en écriture et favoritisme. De quelle ville M. Dalongeville est-il le maire ?

A Mons-en-Barœul

B Hénin-Beaumont

C Marcq-en-Barœul

D Hénin-Liétard

E Villeneuve-d'Ascq

11. Quel nom porte le virus de la grippe porcine, renommée grippe A par l'OMS (Organisation mondiale de la Santé) ?

A H5N1

B H1N1

C H2N1

D H1 bénin

E H4N1

12. Valérie Pécresse, ministre de l'Enseignement supérieur et de la recherche, a été choisie comme chef de file UMP aux élections régionales de 2010 en Ile-de-France. Elle a remporté la primaire qui l'opposait à :

A Xavier Bertrand

B Jean-François Lamour

C Xavier Darcos

D Hervé Novelli

E Roger Karoutchi

13. Nicolas Sarkozy a présenté, le 29 avril, ses projets pour la réalisation d'un Grand Paris, dans les dix ans à venir. Selon lui, quelle ville a vocation à devenir « le port du Grand Paris » ?

A Rouen

B Cherbourg

C Caen

D Dieppe

E Le Havre

14. Le mandat de Jean-Paul Cluzel à la présidence de Radio France n'a pas été reconduit. Par quel journaliste de radio a-t-il été remplacé ?

15. Plus de 100 millions de personnes à travers le monde ont visionné *YouTube* la vidéo du Susan Boyle. À quelle occasion cette Écossaise de 47 ans s'est-elle fait connaître ?

A Elle a gagné le jackpot à l'Euromillion

B Elle a accouché de quintuplés

C Elle a rendu publique son ancienne liaison avec le Prince Charles

D Elle a triomphé lors d'une émission *Britain's Got Talent*, l'équivalent de *La Nouvelle Star*

E Elle héberge une centaine de chiens dans son pavillon de banlieue

16. En finale de la Coupe de la Ligue de football, les Girondins de Bordeaux ont battu par 4 buts à 0 le V.O.C. Que signifie ce sigle ?

17. Quel dossier confidentiel, Barack Obama a-t-il décidé de déclasser en avril 2009 :

A Un dossier de la CIA sur le trafic d'héroïne en Afghanistan

B Un dossier de la CIA sur l'ancien nazi Ivan Demjanjuk

C Un dossier du FBI sur la vie privée de George W. Bush

D Un dossier sur les tortures pratiquées par la CIA en Irak

E Un dossier du FBI sur les dirigeants des banques américaines

18. Quel est le Premier ministre d'Israël depuis mars 2009 ? À quel parti appartient-il ?

19. Quel musicien français, décédé en mars 2009 à Los Angeles, a composé le thème musical indicatif pour la radio Europe 1 et qui aujourd'hui sert de top horaire ?

20. À quelle personnalité politique associez-vous les lieux suivants ?

A La Roche de Solutré :

B Le plateau des Glières :

C Montboudif :

D Vulcania :

E Le canal à Nevers :

21. À quelle organisation ou entreprise associez-vous les noms suivants ?

A Nogzi Okonjo-Iweala :

B Gilles Leclerc :

C Pierre-Henri Gourgeon :

D Jean-Cyril Spinetta :

22. Il a jeté sa chaussure sur le président Bush lors d'une conférence de presse à Bagdad le 14 décembre 2008. Comment s'appelle-t-il ?

A Mountazir al-Zaïdi

B Nouri al-Maliki

C Ali al-Sistani

D Asif Ali Zardari

E Ayman al-Zawahiri

23. Identifiez cette personnalité et complétez la légende la photo ci-dessous :

.... le journaliste de télévision présenté par la gauche salvadorienne, a remporté .... dimanche 15 mars, avec plus de 51 % des suffrages, mettant fin à .... de règne de la droite.

24. Quel est le nom du président de la Géorgie ?

25. Quel est le nom du président du Soudan ?

26. Ils ont reçu le Prix Nobel de Médecine 2008 pour leurs travaux portant sur la découverte du rétrovirus du Sida en 1983 à l'Institut Pasteur. Comment s'appellent-ils ?

27. Depuis le 1er avril 2009, un nouveau carburant, le *SP95-E10*, est disponible dans les stations-service. Il est composé d'un mélange de :

A 90 % d'essence et 10 % de monopropylène glycol

B 90 % d'essence et 10 % d'éthanol

C 90 % d'essence et 10 % d'éther

D 90 % d'essence et 10 % d'huile de ricin

E Ce carburant n'a jamais existé

28. Quel est le site choisi en janvier pour l'implantation de la nouvelle centrale nucléaire EPR en Seine-Maritime ?

29. Le 10 avril 2009, le quotidien *l'Équipe* fêtait la sortie de son numéro :

A 1 000

B 5 000

C 10 000

D 20 000

E 30 000

30. On a célébré en 2009 les 20 ans d'existence du CSA. Qui le préside aujourd'hui ?

31. Quelles sont les chaînes qui composent le groupe audiovisuel France Télévisions ?

32. Qui est le PDG de TF1 ?

33. Quel est le nom du site d'informations lancé sur la toile en février 2009 par Colombani, Le Boucher et Leser ?

34. Ce magazine est exclusivement distribué par le réseau des librairies. Vendu à 35 000 exemplaires, c'est un trimestriel fondé par Patrick de Saint-Exupéry et Laurent Beccaria. Quel est son titre ?

35. Les jeux en ligne devraient bientôt s'ouvrir à la concurrence. Une autorité administrative sera mise en place pour encadrer les jeux sur internet. Quel est sont nom ?

A Déjel

B Javel

C Hijel

D Arjel

E Virjel

36. La *NRF* fête ses 100 ans d'existence. Que signifie ce sigle ? Quel éditeur en est le propriétaire ?

37. Quel réalisateur de cinéma fête ses 50 ans d'activité en produisant *Bellamy* ?

38. Qui est l'acteur principal du film « *L'étrange histoire de Benjamin Button* » ?

39. Alain Bashung est décédé après avoir sorti un album intitulé « Bleu pétrole ». Mais quel était le titre de son premier album ?

A Roulette russe

B Roman photos

C Pizza

D Play blessures

E Figure imposée

40. Quel film a obtenu le Lion d'Or au Festival de Venise 2008 ?

A Bienvenue chez les Ch'tis

B La vengeance dans la peau

C The Wrestler

D Les trois royaumes

E Bellamy

41. Qui a présidé le jury du 62e festival de Cannes ?

42. Parmi les personnalités suivantes, lesquelles ont été élues à l'Académie française en 2008 ?

A Jean-Loup Dabadie

B Rachida Dati

C Pierre Messmer

D Bertrand Poirot-Delpech

E Simone Veil

43. La 34e cérémonie des César (édition 2009) a consacré :

A Meilleur acteur

B Meilleur film

44. De quelle entreprise sont-ils les PDG ?

A Gérard Mestrallet

B Anne Lauvergeon

C Pierre Gadonneix

D Baudoin Prot

E Christophe de Margerie

F Philippe Varin

45. La Fed (banque centrale américaine) est dirigée depuis 2006 par Ben Bernanke. À qui succède-t-il ?

A William Bush

B Eugène Meyer

C Alan Greenspan

D Paul Volcker

E Bob Geldof

46. Qui dirige l'entité issue du mariage de la Caisse d'Épargne avec la Banque Populaire ?

47. Quels établissements bancaires avaient le monopole du Livret A jusqu'en janvier 2009 ?

A La Caisse d'Épargne

B Le Crédit Agricole

C La Banque Populaire

D La Banque Postale

E Le Crédit Mutuel

48. En France, quel est le montant du Smic mensuel brut en janvier 2009 pour un salarié travaillant 35 heures par semaine ?

A 942,07 €

B 1 009,75 €

C 1 171,04 €

D 1 321,02 €

E 1 532,25 €

49. Quels accords sont à l'origine de la création en 1994 du FMI ?

A Les accords d'Évian

B Les accords d'Helsinki

C Les accords de Bretton Woods

D Les accords de Mexico

E Les accords d'Antananarivo

50. Lors de son premier voyage en Afrique en mars dernier, le Pape s'est rendu au Cameroun et en Angola. Il a donc découvert les capitales de ces deux pays, qui sont :

A Yaoundé et Luanda

B Yaoundé et Bangui

C Ndjamena et Bangui

D Nouakchott et Luanda

E Ouagadougou et Bamako

51. Parmi ces 5 pays, lesquels font partie du G20 ?

A Corée du Sud

B Nouvelle-Zélande

C Indonésie

D Venezuela

E Mexique

52. Deux femmes faisaient partie du groupe des ministres des Finances au dernier G20. Quels sont leur nom et leur nationalité ?

53. Quel est le nom du président de la Cour des comptes ?

54. Jean-Louis Debré préside le Conseil constitutionnel. De quand date cette institution ?

55. Valérie Létard est, au sein de l'actuel gouvernement, secrétaire d'État chargée :

A de la solidarité

B de la famille

C de l'écologie

D des relations avec le Parlement

E de la fonction publique

56. Qui a succédé à Jean-Pierre Jouyet au secrétariat d'État aux Affaires étrangères, en décembre 2008 ?

57. Combien l'Assemblée nationale française compte-t-elle de sièges de députés ?

A 466

B 544

C 555

D 577

E 666

58. En juillet 2008, dans un centre de vacances en Loire-Atlantique, Nicolas Sarkozy affirmait qu'il aimerait qu'une expérience de bénévolat compte autant pour être reçu à un concours administratif que la restitution à l'oral de certains passages d'une œuvre très connue de Marie-Madeleine de La Fayette. Quelle est cette œuvre ?

59. Quel député a fait l'objet d'un signalement du Tracfin portant sur des mouvements de fonds suspects à partir de comptes de l'association Les Parrains de SOS Racisme et de l'organisation lycéenne Fidl, depuis janvier 2006 ? Précisez son parti politique.

60. Le président du MoDem, François Bayrou est député de :

61. Quel est le titre du dernier ouvrage de Régis Debray ?

A Le banquet des démons

B Critique de la raison politique

C Le moment fraternité

D Le siècle et la règle

E La folie des anges

62. Quelle commune française porte la candidature de la France pour l'organisation des Jeux Olympiques d'hiver en 2018 ?

A La Plagne

B Grenoble

C Albertville

D Annecy

E Chamonix

63. L'athlète Husain Bolt a battu les records du monde du 100 mètres et du 200 mètres aux Jeux Olympiques de Pékin. Quelle est sa nationalité ?

A Américaine

B Canadienne

C Éthiopienne

D Jamaïcaine

E Mauricienne

64. Où se dérouleront les prochains Jeux Olympiques d'hiver ?

A Dans quelle ville :

B Dans quel pays :

C En quelle année :

65. À quelle discipline sportive associez-vous ces noms ?

A Gregory Baugé :

B Jenson Button :

C Gilles Simon :

D Julien Lizeroux :

E Jeanne Colignon :

66. Quel est le prénom du basketteur américain, fils de Yannick Noah ?

A Lance

B Jo-Wilfried

C Joakim

D Nicholas

E Jonathan

CORRIGÉ FRANÇAIS – RELECTURE DE COPIE

La véritable histoire de Vernon Sullivan

J'irai cracher sur vos tombes est né d'un pari. À sa parution, le livre provoque un scandale. Comment un canulard est-il devenu un best-seller ?

Vernon Sullivan est né dans une file d'attente devant un cinéma des Champs-Élysées. En ce doux soir de l'été 1946, l'éditeur Jean d'Halluin retrouve sur le trottoir Boris Vian et son épouse Michelle. Ses affaires vont mal. Il lui faut vite un succès dans la veine de ces Chase et Cheney qui font les beaux jours de la toute jeune Série noire. Boris ne connaîtrait-il pas un auteur de polar à traduire ? « Tu veux un best-seller ? Donnes-moi dix jours et je t'en fabrique un », lance Vian. Il faut toujours se méfier des paris. On ne sait jamais où ils vont vous mener…

Le 5 août, Boris, son épouse et leur fils, Patrick, partent en vacances à Saint-Jean-de-Monts, en Vendée. À peine arrivée, le petit Patrick attrape la coqueluche. Ses parents se relaient à son chevet. Boris prend les tours de garde de nuit. Et en profite pour écrire son « best-seller ». Le 20 août, le roman est fini. Il s'appelle *J'irai cracher sur vos tombes*. Pari quasiment tenu : ce pastiche de polar hard boiled aura été écrit en quinze jours. C'est Michèle qui a trouvé le titre définitif, Boris ayant d'abord opté pour un plus poétique *J'irai danser sur vos tombes*.

L'histoire ? Celle de Lee Anderson, un « Nègre blanc » psychopathe qui viole et tue des femmes blanches dans la ville de Buckton. Le style est sec, truffé d'américanismes, crû pour l'époque, comme en témoigne les dernières lignes du roman : « Ceux du village le pendirent tous de même parce que c'était un Nègre. Sous son pantalon, son bas-ventre faisait encore une bosse dérisoire. » Pour que le canulard soit complet, Vian, qui n'a, à l'époque, encore signé aucun roman sous son nom, décide de faire croire que *J'irai cracher sur vos tombes* est l'œuvre d'un romancier Américain du nom de Vernon Sullivan – nom forgé à partir de Paul Vernon, un copain musicien, et Joe Sullivan, pianiste de jazz. Lui n'en ait, officiellement, que le traducteur. Lorsque le scandale couvera, Vian poussera jusqu'à retraduire son polar en anglais sous le titre de *I shall spit on your graves !* Seuls Michelle et

Jean d'Halluin, patron des éditions du Scorpion, sont dans le secret. Boris rêve d'un succès qui lui permettrait de s'acheter – enfin ! – une voiture. Il ne va pas être déçu.

Le livre sort timidement en novembre 1946. Petit acceuil. Heureusement, Daniel Parker vînt. Ce tenant des bonnes mœurs dirige le Cartel d'action sociale et morale. Il s'en était pris en Henry Miller. Début 1947, ce croisé porte plaine contre ce Vernon Sullivan, accusé d'inciter les adolescents à la débauche. Vernon Sullivan ? Très vite, la presse découvre la mythification : Boris Vian et Vernon Sullivan ne font qu'un ! Plus empoisoné qu'amusé par ce canulard littéraire réussi au-dela de ses espérances, Boris Sullivan – où est-ce Vernon Vian ? – finit par avouer : tout d'abord devant le patron de la DST, le contre-espionnage français, qu'il croise chez des amis ; puis devant un juge d'instruction. Oui, il est bien Sullivan…

S'en suivent, d'amnisties en nouvelles plaintes, une série de procès qui vaudront à Boris Vian, en 1953, une condamnation à quinze jours de prison… aussitôt amnistiée ! Mais le scandale a été immense – attisé par deux nouveaux Sullivan parus dans la foulée, *Les morts ont tous la même peau* suivi de *Et on tuera tous les affreux.* Le succès est colossal – surtout si on le compare à *L'écume des jours*, parue à la même époque, et qui ne s'écoule qu'à quelque centaines d'exemplaires. Boris Vian n'aurait jamais pu s'offrir une BMW 1 500 six cylindres avec ses droits d'auteur. Vernon Sullivan, lui, n'hésite pas.

Car si cette aventure laissera un arrière-goût amer à Boris Vian, fatigué du double jeu et des bissebilles judiciaires, elle constituera une incroyable cash machine. Dans ses savoureuses *Vies parallèles de Boris Vian,* Noël Arnaud a décortiqué les comptes des éditions du Scorpion. Les ventes, tout d'abord : 110 000 exemplaires pour *J'irai cracher…,* 37 900 pour *Les morts ont tous la même peau* et 25 205 pour *Et on tuera tous les affreux.* Rappelons que Vian touchait 10 % de droits en temps d'auteur et… 5 % en temps que traducteur ! Au total, Sullivan lui a rapporté 4 500 000 francs de l'époque ; Soit six fois plus que ce que lui rapportait annuellement son travail de gratte-papier à l'Afnor (Association française de normalisation) ! Sullivan claquera joyeusement tout cet argent. Mais c'est Vian qui devra payer les impôts. Il en fut incapable, obligeant le fisc à saisir les relicats de droits de *J'irai cracher sur vos tombes.* Qui aura donc, également, enrichi la République française.

Jérôme Dupuis, *Lire*, avril 2009

CORRIGÉ FRANÇAIS – QUESTIONNAIRE

Question 1
adverbe

Question 2
correct car il ne s'agit pas d'une subordonnée circonstancielle de condition

Question 3
musclé

Question 4
avivé

Question 5
rond-de-cuir

Question 6
gratte-papier

Question 7
A. imitation ou évocation du style d'un écrivain, d'une école, d'un genre littéraire
B. association de groupements en vue d'une action commune

Question 8
15 000 euros

Question 9
mille (ou mil) neuf cent cinquante-trois
vingt-cinq mille deux cent cinq
trente-sept mille neuf cents

Question 10
méfiions
nous relayâmes
permit
avait enrichi

CORRIGÉ – QUESTIONNAIRE D'ACTUALITÉ

Question 1
Ils ont fait modifier la constitution pour rester au pouvoir

Question 2
Bo

Question 3
Préfet de Corse Claude Erignac

Question 4
La peinture

Question 5
Jacques Tati

Question 6
En Afrique du Sud

Question 7
(le golfe d'Aden)
(indien)
(Mogadiscio)

Question 8
La République Tchèque

Question 9
L'Irlande

Question 10
Hénin-Beaumont

Question 11
H1N1

Question 12
Roger Karoutchi

Question 13
Le Havre

Question 14
Jean-Luc Hees

Question 15
Elle a triomphé lors d'une émission *Britain's Got Talent*, l'équivalent de *La Nouvelle Star*

Question 16
Vannes Olympique Club

Question 17
Un dossier sur les tortures pratiquées par la CIA en Irak

Question 18
Benyamin Netanyahou, Likoud

Question 19
Maurice Jarre

Question 20
François Mitterand
Nicolas Sarkozy
Georges Pompidou
Valéry Giscard d'Estaing
Pierre Bérégovoy

Question 21
Banque mondiale
Public sénat
Air France-KLM
Air France-KLM et Areva

Question 22
Mountazir al-Zaïdi

Question 23
Mauricio Funes
l'élection présidentielle

Question 24
Mikheil Saakachvili

Question 25
Omar el-Bechir

Question 26
Luc Montagnier et Françoise Barré-Sinoussi

Question 27
90 % d'essence et 10 % d'éthanol

Question 28
Penly

Question 29
20 000

Question 30
Michel Boyon

Question 31
France Ô, France 2, France 3, France 4, France 5

Question 32
Nonce Paolini

Question 33
Slate.fr

Question 34
XXI

Question 35
Arjel

Question 36
Nouvelle revue française/Gallimard

Question 37
Claude Chabrol

Question 38
Brad Pitt

Question 39
Roman photos

Question 40
The Wrestler

Question 41
Isabelle Huppert

Question 42
Jean-Loup Dabadie/Simone Veil

Question 43
Vincent Cassel
Séraphine

Question 44
GDF-Suez
Areva
EDF
BNP Paribas
Total
PSA

Question 45
Alan Greenspan

Question 46
François Pérol

Question 47
La Caisse d'Épargne/La Banque Postale/Le Crédit Mutuel

Question 48
1 321,02 €

Question 49
Les accords de Bretton Woods

Question 50
Yaoundé et Luanda

Question 51
Corée du Sud/Indonésie/Mexique

Question 52
Christine Lagarde, Française/Sri Mulyani, Indonésienne

Question 53
Philippe Seguin

Question 54
mars 1959
Note aux correcteurs : on acceptera aussi 50 ans

Question 55
de la solidarité

Question 56
Bruno Le Maire

Question 57
577

Question 58
La Princesse de Clèves

Question 59
Julien Dray, député PS

Question 60
Pyrénées atlantiques

Question 61
Le moment fraternité

Question 62
Annecy

Question 63
Jamaïcaine

Question 64
Vancouver
États-Unis
2010

Question 65
Cyclisme sur piste
Formule 1
Tennis
Ski alpin
Escrime

Question 66
Joakim

FICHE 58

Annales corrigées
Sujet 2 – Concours PEMEP (CFJ-IPJ) – Épreuve spécifique

Session 2009 Durée : 45 min

Questionnaire de culture générale

Relisez très attentivement votre copie : les fautes d'orthographe seront pénalisées.

Pour toutes les personnalités, vous devrez préciser leur nom et prénom.

Questions

1. En quelle année, et sous quelle présidence, la France a-t-elle cessé sa participation aux commandements de l'OTAN ?

2. Au États-Unis, le parti Républicain et le parti Démocrate ont chacun pour emblème un animal. Lesquels ?

A L'aigle républicain et l'âne démocrate

B L'aigle démocrate et l'éléphant républicain

C L'éléphant républicain et l'âne démocrate

D L'éléphant démocrate et l'âne républicain

E Aucun de ces choix

3. De quand date la création du livret A de la Caisse d'Épargne ?

A Environ 200 ans

B Pas plus de 100 ans

C Après la Première Guerre mondiale

D Après la Seconde Guerre mondiale

E Depuis 1968

4. En économie, on appelle la baisse généralisée et durable des prix :

A L'inflation

B La déflation

C La désinflation

D La stagflation

E La récession

5. Que signifie la Halde ? Qui la préside ?

6. Quel titre de presse français appartient au groupe de presse norvégien Schibsted ?

7. Jean-François Kahn est le fondateur de :

A Libération

B Choc

C Marianne

D Le Nouvel observateur

E Valeurs actuelles

8. Le nombre d'internautes dans le monde a désormais dépassé le milliard. Dans quelle zone géographique est la concentration d'internautes (41 %) ?

A L'Amérique du Nord

B L'Europe

C L'Asie de l'Est

D Le Moyen-Orient et l'Afrique

E L'Amérique du Sud

9. Parmi les sites internet suivants, lequel ou lesquels sont de type pure player ?

A Amazon

B Transfuge

C Rue89

D Médiapart

E Fnac

10. Qui est Mark Zuckerberg ?

A le fondateur de Facebook

B un producteur TV

C le directeur de Google News

D le créateur de la série NCIS

E un comédien américain

11. Qu'est-ce que le streaming ? Qui est en France l'acteur dominant de ce phénomène ?

12. Citez les quatre membres du jury de La Nouvelle Star.

13. Anthony LaPaglia est la vedette de la série TV américaine :

A FBI portés disparus

B Nip/Tuck

C Les Experts Manhattan

D Dr House

E Lost

14. Dans quelle ville sera édifié Le Louvre des sables ?

15. Dans quelle ville, siège du gouvernement tibétain, est réfugié le Dalaï Lama ?

A Lhassa

B Dharamsala

C Kuala Lumpur

D Katmandou

E Dharan

16. Quelle est la langue la plus parlée au Sénégal ?

17. Quel était le premier métier du Président malgache Andry Rajoelina ?

A Acteur

B Avocat

C Disc Jockey

D Joueur de foot

E Journaliste

18. Elle a chanté *My country, t'is for thee* lors de la cérémonie d'investiture de Barack Obama le 20 janvier 2009.

19. Quel était le nom de l'associé d'Albert Uderzo, il y a 50 ans ?

20. Quel est le titre du 19e et dernier volume de la série de bandes dessinées XIII, paru aux éditions Dargaud (Van Hamme) ?

A Le dossier Jason Fly

B Le dernier round

C La version irlandaise

D Fin de partie

E Le jugement dernier

21. Associez à chacune des personnalités suivantes sa spécialité :

A Francis Veber :

B Jacques Weber :

C Max Weber :

D Bernard Werber :

22. Quel écrivain est l'auteur de *Anges et Démons*, publié en 2005 aux éditions JC Lattès ?

23. Le Petit Nicolas imaginé par Sempé et Goscinny fête ses cinquante ans. Sa toute première aventure a été publiée en 1959 dans :

A Pilote

B Le Journal du dimanche

C France-Soir

D Ouest-France

E Sud Ouest Dimanche

24. Quel est le nom du prix Nobel de littérature 2008 ?

25. Parmi les titres suivants, citez celui ou ceux écrits par ce prix Nobel :

A Désert

B Un moment de fraternité

C La consolante

D La ritournelle de la faim

E L'homme nomade

26. Le nom officiel de l'Inde est Union indienne. Depuis août 2000, elle compte :

A 8 états

B 12 états

C 18 états

D 24 états

E 28 états

27. Que sont le Limpopo, le Moche, le Tarim et le Jucar ?

A Des volcans

B Des fleuves

C Des dialectes

D Des insectes

E Des virus

28. Quelle est la capitale du Swaziland ?

A Lomamba

B Manzini

C Mbabane

D Maputo

E Lilongwe

29. Sur quelle commune périgourdine est située la grotte de Lascaux ?

A Vézère

B Thonac

C Solinge

D Montignac

E Lascaux

30. À quelle partie du corps sont associés les os du carpe et du métacarpe ?

A La cheville

B Le poignet

C Le cou

D La main

E Le pied

31. L'année 2009 marque le bicentenaire de la naissance de Charles Darwin. Quel titre porte l'œuvre maîtresse ?

A L'origine des espèces

B La théorie des espèces

C L'origine de l'homme

D La théorie de l'évolution

E L'évolution des espèces

32. Qui a été le premier être vivant envoyé dans l'espace par les Soviétiques, le 3 novembre 1957 ?

A Youri Gagarine

B La chienne Laïka

C Le rat Viktor

D Oleg Popov

E Le singe Ham

33. Parmi les œuvres suivantes, quelles sont celles écrites par l'anthropologue Claude Lévi-Strauss ?

A Pourquoi le Brésil

B Loin du Brésil

C Mythologies

D Mythologiques

E Rouge Brésil

34. Quel est le point commun entre Anatol, Katrina, Klaus, Martin et Erwin ?

35. L'inventeur de la carte à puce est :

A Isaac Asimov

B Steve Jobs

C Jack Kilby

D Roland Moreno

E Shigeru Miyamoto

36. Des chercheurs du Goddard Space Flight Center de la Nasa ont montré que Mars exhalait des bouffées de gaz d'origine biologique. De quel gaz s'agit-il ?

37. Quel est le phénomène le plus puissant : un ouragan, un cyclone, un typhon ?

38. Avec quelle échelle mesure-t-on la vitesse du vent ?

A L'échelle de Richter

B L'échelle de Beaufort

C L'échelle de Coriolis

D L'échelle de Dvorak

E L'échelle de Jacob

39. Au bout de combien de temps une bouteille en plastique se détruit-elle ?

A 5 ans

B 15 ans

C 50 ans

D 500 ans

E 5 000 ans

40. Qu'a découvert Marie Curie ?

A Le plutonium

B L'uranium

C Le géranium

D Le radium

E Le polonium

41. Qui est arrivé(e) dernier(e) du Vendée Globe 2009 ?

A Michel Desjoyeaux

B Armel Cléac'h

C Norbert Sedlacek

D Samantha Davies

E Isabelle Autissier

42. Vous souvenez-vous du prénom de Pelé, le joueur brésilien de football ?

A Ronaldo

B Emilio

C Ernesto

D Leroy

E Aucun de ces choix

43. Qui préside l'Olympique de Marseille ?

44. Quel auteur Isabelle Adjani fait-elle étudier à ses élèves lorsqu'elle prend en otage sa classe dans le film *La journée de la jupe* ?

45. L'apostasie concerne :

A La connexion entre deux vaisseaux sanguins

B Une hémorragie intracérébrale

C Les personnes qui demandent leur débaptisation

D Les petits enfants souffrant de la phobie d'aller au pot

E Les réfractaires à tout postulat mathématique

46. Qui est Le Che dans les deux films de Steven Soderbergh sortis en 2009 ?

A Ben Stiller

B Benicio Del Toro

C Antonio Banderas

D Georges Clooney

E Hugh Jackmans

47. Combien y a-t-il eu d'entrées pour Bienvenue chez les Ch'tis ?

A plus de 5 millions

B plus de 10 millions

C plus de 20 millions

D plus de 25 millions

E plus de 30 millions

48. Parmi les films suivants, lesquels ont été produits par Claude Berri ?

A Amen

B La Graine et le Mulet

C Astérix & Obélix : Mission Cléopâtre

D Bienvenue chez les Ch'tis

E Le Transporteur 3

49. Qui est le réalisateur du film *Welcome* ?

A Jean-Paul Lilienfeld

B Benoît Jacquot

C Philippe Lioret

D Sophie Filières

E Vincent Lindon

50. Le peintre Maurice Utrillo était le fils de :

A Rosalba Carriera

B Mary Cassat

C Frida Kahlo

D Berthe Morisot

E Suzanne Valadon

51. Du 10 septembre 2008 au 4 janvier 2009, il a exposé dans les salons du château de Versailles des œuvres de Lobster, Rabbit ou encore Pink Panther. Quel est son nom ?

52. Qui est Laurent Garnier ?
A Un footballeur du PSG
B Un célèbre DJ, pionnier des musiques électroniques
C L'architecte qui a construit l'Opéra de Paris
D Un patron de presse
E La nouvelle révélation du théâtre contemporain

53. Dans quel domaine artistique s'illustre Martin Parr ?
A La littérature
B La musique
C La danse
D L'architecture
E La photographie

54. Qui a composé *Le songe d'une nuit d'été* ?
A Ludwig van Beethoven
B Félix Mendelssohn
C Franz Liszt
D Alain Bashung
E Wolfgang Amadeus Mozart

55. Quel peintre du xxe siècle est surnommé le peintre du noir, en référence à sa couleur fétiche ?
A Mark Rothko
B Pierre Soulages
C William Klein
D Balthus
E Ernest Pignon-Ernest

56. Qui a fondé le Festival d'Avignon en 1947 ?
A Germaine Montero
B Paul Claudel
C Jean Vilar
D Gérard Philippe
E José Valverde

57. Quel individu pourrait être qualifié de « thuriféraire » ?
A Un homme d'affaires
B Un flatteur
C Une personne irritable
D Un conducteur d'engin
E Un facteur d'orgue

58. La « Quadrature du cercle » représente :
A La première partie d'une résolution de fonction trigonométrique
B Un problème résolu
C Un problème inexistant

D Un problème impossible à résoudre

E Ne veut absolument rien dire

59. Rétablissez, si nécessaire, le bon accord des participes passés dans les phrases suivantes :

Déçu, les candidates ont préparées quelques notes pour affronter les journalistes.

Peu avant, elles se sont essuyé les mains et le visage après les avoir lavé.

60. Trouvez le nom qui correspond à la définition suivante :

Personne sans nationalité légale

61. La résilience est :

A La capacité d'un métal à retrouver son état initial à la suite d'un choc

B La capacité d'un enfant à surmonter un traumatisme profond

C La capacité d'un non juriste à résilier un contrat

D Le fait de renoncer à son mariage après avoir célébré ses fiançailles

E En joaillerie, l'art de fondre deux alliances en une

62. Quel rocker célèbre est surnommé l'Iguane ?

A JJ Cale

B Johnny Cash

C Iggy Pop

D Pete Doherty

E David Bowie

63. Parmi les propositions suivantes, laquelle (ou lesquelles) ne désigne(nt) pas des musiciens de jazz ?

A Charlie Parker et Duke Ellington

B Harry Porter et Miles Davis

C Count Basie et Thelonius Monk

D Oscar Peterson et Glenn Miller

E Les quatre désignent des musiciens de jazz

64. Le premier album solo de Pete Doherty, sorti en mars 2009, s'intitule :

A Grace-Wastelands

B No line on the horizon

C Roll on

D One of the boys

E It's not me it's you

65. De quelle nationalité était la chanteuse Myriam Makeba, décédée en novembre 2008 ?

CORRIGÉ – QUESTIONNAIRE DE CULTURE GÉNÉRALE

Question 1
1966/Charles de Gaulle

Question 2
L'éléphant républicain et l'âne démocrate

Question 3
Environ 200 ans

Question 4
La déflation

Question 5
La Haute autorité de lutte contre les discriminations et pour l'égalité/Louis Schweitzer

Question 6
20 Minutes

Question 7
Marianne

Question 8
L'Asie de l'Est

Question 9
Amazon/Rue89/Médiapart

Question 10
le fondateur de Facebook

Question 11
L'écoute gratuite de musique sur internet/Le site Deezer.com

Question 12
Philippe Manœuvre/Lio/Sinclair/André Manoukian

Question 13
FBI portés disparus

Question 14
Abou Dhabi (on acceptera aussi Abu Dhabi)

Question 15
Dharamsala

Question 16
Le Wolof

Question 17
Disc Jockey

Question 18
Aretha Franklin

Question 19
René Goscinny

Question 20
Le dernier round

Question 21
réalisateur
acteur
sociologue
écrivain

Question 22
Dan Brown

Question 23
Sud Ouest Dimanche

Question 24
Jean-Marie Gustave Le Clézio

Question 25
Désert/La ritournelle de la faim

Question 26
28 états

Question 27
Des fleuves

Question 28
Mbabane

Question 29
Montignac

Question 30
La main

Question 31
L'origine des espèces

Question 32
La chienne Laïka

Question 33
Loin du Brésil
Mythologiques

Question 34
Ce sont des noms de tempêtes.

Question 35
Roland Moreno

Question 36
Le méthane

Question 37
Ce sont tous les mêmes.

Question 38
L'échelle de Beaufort

Question 39
500 ans

Question 40
Le radium

Question 41
Norbert Sedlacek

Question 42
Aucun de ces choix

Question 43
Pape Diouf

Question 44
Molière

Question 45
Les personnes qui demandent leur débaptisation

Question 46
Benicio Del Toro

Question 47
plus de 20 millions

Question 48
Amen
La Graine et le Mulet

Question 49
Philippe Lioret

Question 50
Suzanne Valadon

Question 51
Jeff Koons

Question 52
Un célèbre DJ, pionnier des musiques électroniques

Question 53
La photographie

Question 54
Félix Mendelssohn

Question 55
Pierre Soulages

Question 56
Jean Vilar

Question 57
Un flatteur

Question 58
Un problème impossible à résoudre

Question 59
Déçues, préparé, lavés

Question 60
Apatride

Question 61
La capacité d'un métal à retrouver son état initial à la suite d'un choc
La capacité d'un enfant à surmonter un traumatisme profond

Question 62
Iggy Pop

Question 63
Harry Porter et Miles Davis

Question 64
Grace-Wastelands

Question 65
Sud Africaine

FICHE 59

Annales corrigées
Sujet 3 – Concours PEMEP (CFJ) – Épreuves spécifiques

Session 2009

Sujet d'actualité (2 h., sur 20)

Vous disposez de deux heures et de trois pages maximum pour traiter au choix l'un des sept sujets suivants. Lors de la correction, il sera tenu compte de la précision de l'information et de la qualité de l'expression.

1. La crise du PS est-elle strictement française ou s'inscrit-elle dans une crise plus large et plus profonde de la social-démocratie européenne ?
2. De l'élection de Barack Obama à la grève générale en Guadeloupe, assiste-t-on à un réveil de la conscience noire ?
3. Des X-Men à Iron man, les superhéros cartonnent au box-office. Comment expliquer la popularité actuelle de personnages créés il y a plus de cinquante ans ?
4. Faut-il craindre une révolution sociale en France ?
5. Afghanistan-Pakistan, la grande peur des Occidentaux.
6. Le sport est-il étanche à la crise financière internationale ?
7. La polémique autour des cellules souches a-t-elle hypothéqué leurs chances ?

Épreuve de créativité (2 h., sur 20)

Demain, après-demain, sait-on jamais, l'Agence spatiale européenne (ESA) détecte une vie extraterrestre douée de conscience. Il vous revient de rédiger une fiche qui sera insérée dans « le bilan de l'humanité » envoyé à nos nouveaux interlocuteurs. Vous choisissez son thème, et la rédigez sans souci d'exhaustivité. Le rapport contiendra en effet des milliers d'autres feuilles.

Votre fiche doit tenir en deux pages maximum. Vous serez noté sur des critères d'originalité, d'imagination et de créativité.

Pour aller plus loin

→ Retrouvez les corrigés en ligne sur www.supfoucher.com.

FICHE 60

Annales corrigées
Sujet 4 – Concours CELSA – Entrée en Master Journalisme

Sessions 2007, 2008, 2009

Épreuves d'admission 2007

Synthèse d'un dossier de dépêches (30 dépêches)

À partir de ce dossier de dépêches, que vous lirez attentivement et que vous utiliserez à votre guise, en intégrant ou écartant selon votre propre analyse, les informations qu'il contient, vous rédigerez (en vous gardant de prendre des positions politiques) trois articles de presse qui respecteront les thèmes et les longueurs demandés.

Questions

1. À l'aide des dépêches jointes, retracez les moments clés qui ont conduit à placer les journalistes, et plus généralement les médias, au cœur de la polémique lors de la campagne pour l'élection présidentielle. (*300 mots maximum*).

2. *« Complot médiatique »*, *« bipolarisation »* des temps de parole, *« berlusconisation »* de la politique, *« manquement au devoir de réserve »* sont quelques-unes des expressions utilisées pour fonder la critique des médias et des journalistes. Expliquez les principales critiques adressées aux médias et journalistes et les réponses qu'y apportent les acteurs de la profession. (*400 mots maximum*).

3. À la lumière de phénomènes nouveaux que vous analyserez brièvement, comme la montée en puissance de l'internet, l'émergence d'émissions politiques « new look » et l'omniprésence des sondages, vous vous interrogerez sur le rôle des journalistes et sur leur place dans le fonctionnement démocratique. (*400 mots maximum*).

Questionnaire portant sur l'actualité et sur la vie contemporaine

Extrait du questionnaire d'actualité (50 questions)

Questions

1. Quelle marque automobile fera un retour aux 24 heures du Mans cette année, 14 ans après avoir remporté cette épreuve ? (1 point)

2. Pour quelle raison Monseigneur *Wielgus*, futur archevêque de Varsovie a-t-il démissionné le jour de son intronisation le 7 janvier ? (1 point)

3. Qui sont-ils et pourquoi ont-ils fait la Une de l'actualité ? (5 points)

Stephen Frears, Fernando Araujo, Augustin Legrand, Christian Streiff : Lisa Nowak, Barack Obama, Hrant Dink, Marion Cotillard, Ali Reza Asghari, Patrick Roger : (5 points)

4. Quelles sont les cinq mesures principales formulées par *Nicolas Hulot* dans son pacte écologique ? *(2 points)*

5. Pour quelle raison l'adhésion de la Roumanie et de la Bulgarie à l'Union Européenne permet-elle aux députés d'extrême droite de créer un groupe au Parlement européen ?

Quel est le nom de ce groupe ? (1 point)

6. Un arrêté publié au Journal Officiel le 8 février dernier transforme le livret d'épargne Codevi. Quelles sont ses nouvelles caractéristiques ? (2 points)

7. Quels sont les titre et thème du dernier livre de Pierre Péan paru le 17 février dernier ? (1 point)

8. Quel différend oppose la société *JC Decaux* à l'américain *Clear Channel* ? (1 point)

9. Quel festival s'est achevé à Gérardmer le 4 février 2007 ? (1 point)

10. En Suède, quelle discipline sportive professionnelle, interdite depuis 1969, vient d'être à nouveau autorisée ? (1 point)

11. *Franck Hammoutène* a reçu le 29 janvier denier l'Equerre d'argent.

Que récompense cette distinction ? (1 point)

12. Pour quelle raison le Président israélien *Moshe Katzav* s'est-il mis en congé de ses fonctions le 24 janvier ? (1 point)

13. Pour quelle raison les ostéopathes ont-ils manifesté à Paris le 4 mars dernier ? (1 point)

14. Sur quoi porte l'accord que le ministère de la Culture française vient de signer avec l'émirat d'Abou Dhabi ? (1 point)

15. Dans le domaine économique, qu'est-ce que le plan *Power 8* dont la presse a beaucoup parlé début mars ? (1 point)

16. Quelle nouvelle clause va être intégrée par la direction de France Télévision dans les contrats que ses animateurs devront signer ? (1 point)

17. *Le Monde* daté du 22 janvier 2007 publiait une nécrologie de l'*Abbé Pierre* signée du journaliste *Michel Castaing*. En quoi cette nécrologie était-elle particulière ? (1 point)

18. Début janvier une crise pétrolière éclatait pendant quelques jours entre Moscou et Minsk. Quelles en étaient la cause et la conséquence ? (2 points)

19. Sur quoi porte la polémique qui a opposé l'UCI aux organisateurs du Paris-Nice début mars ? (1 point)

20. Quelle expérimentation *Airparif* a-t-il réalisée le 13 février dernier ? (1 point)

21. Quelle est la particularité de l'Euro de football dont la troisième édition s'est déroulée à Sarajevo les 13, 14 et 15 février ? (1 point)

22. Quel a été le thème du salon du livre de cette année ? (1 point)

23. Pour quelle raison, à quelques mois des élections législatives vient-on d'élire un nouveau Président de l'Assemblée nationale française ? Qui est-il ? (2 points)

24. Dans le cadre de quelle affaire Lewis Libby, ancien chef de cabinet du vice-président américain vient-il être déclaré coupable de parjure ? (1 point)

25. Qu'instaurent, pour La Réunion et La Guyane, les deux décrets publiés début mars ? (1 point)

51. Le 11 mars dernier plusieurs personnalités célébraient le bicentenaire du Grand Sanhédrin. Qu'est-ce que le Grand Sanhédrin ? (1 point)

52. Qu'est-ce que le Mercosur et quels en sont les pays fondateurs ? (3 points)

53. Qu'est-ce que Batasuna ? (1 point)

54. Quelle est l'origine de la crise de Suez en 1956 et quels en sont les principaux acteurs ? (2 points)

55. Une stèle rendant hommage à *Emmanuel Pouvreau* a été récemment inaugurée sur le parvis de la Défense.

Qui est-il et qu'a-t-il fait voici presque 50 ans pour mériter cet hommage ? (1 point)

56. Depuis 1975, pour quelle raison l'Algérie et le Maroc s'affrontent-ils ? (1 point)

57. Quand a été créé l'Insee ? Quel est son statut et que signifie ce nom ? (2 points)

58. Dans quel domaine *Victor Horta* et *Antonio Gaudi* sont-ils connus ? (1 point)

59. Que marque en France la crise du 13 mai 1958 ? (1 point)

60. Quelle fut l'origine de la première guerre du Golfe en 1990 ? (1 point)

61. En 1970, quelle fut la particularité de la mission spatiale Apollo 13 ? (1 point)

62. En 1967 le député *Lucien Neuwirth* propose une loi qui est adoptée le 28 décembre. Que reconnaît cette loi ? (1 point)

63. Dans quel contexte fut créée en 1993 la Cour de justice de la République ? Quelles infractions est-elle amenée à juger ? (2 points)

64. Quelle est l'origine du premier choc pétrolier de 1973 ? (1 point)

65. Quelle fut la fonction ministérielle occupée par *André Malraux* à partir de 1958 ? Que créa-t-il alors ? (2 points)

Anglais

Blank filing (10 marks)

Read the text carefully, then choose the best answer to fill each space (1>20).

Only one answer is possible for each space.

Who killed the newspaper ?

At their best, newspapers can challenge governments and companies. They usually set the news ….. (1) ….. for the rest of the media. But in the rich world newspapers are now an endangered species. A cause for concern, but not for panic.

Of all the "old" media, newspapers have ….. (2) ….. to lose from the internet. Circulation ….. (3) ….. in America, western Europe, Latin America, Australia and New Zealand for decades (elsewhere, sales are rising). But in the past few years the web has hastened the decline. In his book "The Vanishing Newspaper", Philip Meyer calculates that the first quarter of 2043 will be the moment when newsprint ….. (4) ….. in America. Even the most cynical news baron cannot dismiss the way that ever more young people are getting their news online.

Advertising is following readers out of the door. The rush is almost ….. (5) ….. , largely because the internet is a seductive medium that supposedly ….. (6) ….. buyers with sellers and proves to advertisers that their money is well spent. Classified ads, in particular, are quickly shifting online. Rupert Murdoch once described them as the industry's rivers of gold-but, as he said last year, "Sometimes rivers ….. (7) ….. ."

Newspapers have not ….. (8) ….. started to shut down in large numbers, but it is only a matter of time. Over the next few decades half the rich world's general papers may ….. (9) ….. . Jobs are already disappearing. According to the Newspaper Association of America, the number of people employed in the industry fell by 18 % between 1990 and 2004.

Having ignored reality for years, newspapers are at last doing something. In order to cut costs, they are already spending less ….. (10) ….. journalism. Many are also trying to attract younger readers by shifting the mix of their stories towards entertainment, lifestyle and subjects that may seem more relevant to people's daily lives than international affairs and politics. And they are investing in free daily papers, which do not use up any of their meagre editorial resources on uncovering political corruption or corporate fraud.

Nobody should relish the ….. (11) ….. of once-great titles. But the decline of newspapers will not be ….. (12) ….. harmful to society ….. (12) ….. some fear. Democracy ….. (13) ….. the huge television-led decline in circulation since the 1950s. And it will surely survive the decline to come.

This is partly because titles that invest in the kind of investigative stories which often benefit society the most are in a good position to survive, as long as their owners do a competent job of adjusting to changing circumstances.

Such publications ….. (14) ….. put up the price of their journalism to compensate for advertising revenues lost to the internet. As with many industries, it is those in the middle – neither ….. (15) ….. , nor entertainingly populist – that are likeliest to fall by the wayside.

The …..(16) ….. of the press goes much wider than investigating abuses or even spreading general news ; it lies in holding governments to account. People ….. (17) ….. trust a handful of national papers or, worse, their local city paper. News-aggregation sites such as Google News draw together sources from around the world.

In addition, a new force of "citizen" journalists and bloggers is itching to hold politicians to account. The web has opened the closed world of professional editors and reporters to ….. (18) ….. with a keyboard and an internet connection. Each blogger is capable of bias and ….. (19) ….. , but taken as a group, bloggers offer the searcher boundless material to chew over.

For hard-news reporting, as opposed to comment, the results of net journalism have admittedly been limited. Most bloggers operate from their armchairs, not the ….. (20) ….. , and citizen journalists tend to stick to local matters. But it is still early days.

(1) coverage ; programme ; agenda ; diary ; list
(2) the much ; the most ; the more ; mostly ; mainly
(3) was falling ; had fallen ; fell ; is falling ; has been falling
(4) dies ; is dying ; will die ; will be dying ; shall die
(5) fast ; unseen ; ugly ; unselfish ; unseemly
(6) matches ; fixes ; combines ; mixes ; mingles
(7) dry over ; dry down ; dry up ; dry ; overflow
(8) already ; yet ; before ; since ; still
(9) pleat ; fold ; bankrupt ; bust ; burst
(10) for ; in ; with ; on ; about
(11) demise ; demerit, deceit, deprivation ; retirement
(12) so... than ; so ... as ; (.....)... as ; as... as . as... like
(13) is still surviving ; is even surviving ; already survived ; still survives ; has already survived
(14) used to be able to ; should be able to ; could have been able to ; were capable of ; are used to being able to
(15) upfront ; high-handed ; highbrow ; highborn ; high intellect
(16) usability ; usance ; usefulness ; uselessness ; convenience
(17) no longer have to ; no longer are to ; no more have to ; no more must ; are no longer allowed to
(18) whoever ; whomever ; all ; anyone ; these
(19) wording ; lauding ; liability ; libation : libel
(20) forehead ; frontline ; borderline ; cover ; front page

The Economist August 24 2006

Essay (10 marks)

Discuss the following statement made by Arthur Miller in 1961 : « A good newspaper, I suppose, is a nation talking to itself. »

N.B. : Write a minimum of 300 words and a maximum of 400 words.

Épreuves d'admission 2008

Synthèse d'un dossier de dépêches (30 dépêches)

À partir de ce dossier de dépêches, que vous lirez attentivement et que vous utiliserez à votre guise, en intégrant ou écartant selon votre propre analyse, les informations qu'il contient, vous rédigerez (en vous gardant de prendre des positions politiques) trois articles de presse qui respecteront les thèmes et les longueurs demandés.

Questions

1. À l'aide des dépêches jointes, retracez l'évolution des cours du baril de brut de ces derniers mois ; vous analyserez les causes des fluctuations et montrerez comment le pétrole est revenu au centre de l'actualité économique, sociale et politique en France et en Europe. (*200 mots maximum*)

2. Quels défis la baisse des réserves de pétrole pose-t-elle à la communauté internationale et quelles solutions de remplacement celle-ci pense-t-elle développer dans les prochaines années ? (*300 mots maximum*)

3. Le pétrole, une arme diplomatique ? Vous étaierez votre réflexion en vous appuyant sur des cas précis. (*400 mots maximum*)

Questionnaire portant sur l'actualité et sur la vie contemporaine

Extrait du questionnaire d'actualité (50 questions)

Questions

1. Ils ont été dans l'actualité ces derniers mois. Qui sont-ils ? Lazare Ponticelli – Guillaume Pépy – Denis Gautier-Sauvagnac – Marc Lièvremont – Demetris Christofias – Fahmida Mirza – Catherine Pégard – Tang Wei – Bouchra Ghezizelle – Clara Rojas

France

1. Quel examen, créé par Napoléon, a fêté ses 200 ans le 17 mars

2. Sur quoi porte le rapport que Jean-Marie Colombani a remis mi-mars au chef de l'État ?

3. Quelle nouvelle fonction la carte Vitale va-t-elle pouvoir remplir après avoir reçu l'accord de la CNIL ?

4. Quelle est la particularité du barrage que la Shem, filiale de Suez, a inauguré début avril dans les Pyrénées

5. Quel est l'objet de la commission que Jean-François Copé préside depuis le 19 février dernier ?

Monde

1. Quelle a été l'origine de la tension qui s'est instaurée entre la Colombie, l'Equateur et le Venezuela début mars ?

2. Quelle est la cause de l'incendie qui a détruit l'ambassade des Etats-Unis à Belgrade fin février ?

3. Qu'a inauguré la Norvège, fin février dans les îles Svalbard ?

4. Pour quelle raison la Grèce met-elle son veto à l'entrée de la Macédoine dans l'OTAN, prévue début avril ?

5. Quel était l'objectif de l'opération « démocratie aux Comores » menée fin mars ?

Économie

1. Qu'est-ce que la crise des subprimes ?
2. Selon quel indice la loi du 8 février 2008 encadre-t-elle l'augmentation des loyers en France ?
3. Quel était l'enjeu de la guerre économique à laquelle se sont livrés Toshiba et Sony et qui, fin février, s'est soldée par la défaite de Toshiba ?
4. Pour quelle raison Boeing a-t-il déposé une plainte auprès de la Cour des comptes américaine début mars ?
5. Que vient de vendre l'américain Ford à l'indien Tata Motors ?

Société

1. Quelle affaire a relancé le débat sur l'euthanasie en France début mars ?
2. Quelle décision vient de prendre le Vatican en ce qui concerne la pollution, les inégalités, les manipulations génétiques ou encore le trafic de drogue ?
3. Sur quoi porte le rapport écrit par Philippe Nasse, magistrat honoraire, et Patrick Légeron, médecin psychiatre, qui a été remis au ministre Xavier Bertrand le 12 mars ?
4. Selon un rapport publié par l'Institut national d'études démographiques, en quoi la canicule de 2003 fait-elle aujourd'hui progresser l'espérance de vie des Français ?
5. Concernant les 13-17 ans, quel signal d'alarme vient de lancer Arnaud Gruselle, directeur de la Fondation pour l'enfance ?

Sport

1. À quelle fonction Marcel Desailly vient-il d'être nommé par Bernard Laporte ?
2. Quels sont les deux nouveaux circuits qui vont accueillir un grand prix de Formule 1 cette saison ?
3. Quels records Alain Bernard a-t-il battus lors de l'Euro d'Eindhoven fin mars ?
4. Pourquoi l'équipe de football de Carquefou a-t-elle fait la Une de l'actualité sportive ?
5. Pour quelle raison la première étape de la course cycliste Paris-Nice a-t-elle été raccourcie de 70 km ?

Art, médias culture

1. Quelles récompenses Marion Cotillard a-t-elle remportées pour son interprétation dans « La môme » ?
2. Quelle polémique a entouré l'ouverture du Salon du Livre cette année ?
3. Pour quelle raison le Liechtenstein a-t-il suspendu tout prêt d'œuvres d'art à l'Allemagne et refusé de participer à une exposition prévue à Munich ?
4. Quel changement vient d'être annoncé à la tête du Nouvel Observateur ?
5. Quel groupe de Hip Hop français, séparé voilà 10 ans, a annoncé sa « reformation » pour 3 concerts en septembre à Bercy ?

Extrait du questionnaire de culture générale (20 questions)

1. Comment se nomment les indices des places financières suivantes : Paris – Hong Kong – New York – Tokyo – Londres – Francfor
2. Quelle assemblée élit-on lors des élections cantonales ?
3. Le 11 mars Fra'Mtthew Festing a été élu Grand Maître de l'Ordre de Malte. Qu'est-ce que l'Ordre de Malte ?

4. Sur quoi porte la directive Sévéso et quelle est l'origine de son appellation ?

5. Pourquoi les Jeux Olympiques de 1980 et 1984 furent-ils boycottés par certains pays ?

6. Quel événement marque, le 22 mars 1968, le début de ce que l'on appelle aujourd'hui « Mai 68 » ?

7. En 1956 quels pays d'Afrique accèdent à l'indépendance ?

8. En 1944, quels quotidiens nationaux encore existants aujourd'hui font leur apparition ?

9. Quand, par qui et dans quel objectif l'OPEP a-t-elle été créée ?

10. Quelle fut l'origine politique de la création du Festival de Cannes qui eut lieu pour la première fois en 1946 ?

Anglais *Blank filing (10 marks)*

Read the text carefully, then choose the best answer (A, B, C, D, E) to fill each space (1 > 20).

Only one answer is possible for each space.

China media less aggressive in foreign coverage

For the second time in as many months there was big trouble in an important allied country that .... 1 .... China's borders, with huge crowds demonstrating, bombs exploding, opposition leaders being arrested and demonstrators killed. This time it was Pakistan, where President Pervez Musharraf .... 2 .... special emergency powers. A few weeks earlier it had been Myanmar, where pro-democracy demonstrations were put down with .... 3 .... force. .... 4 .... the proximity and important interests in play, most Chinese newspaper readers had to content themselves with dry, narrowly drawn and sometimes inaccurate accounts of the events. .... 5 .... from the foreign news coverage was independent reporting from the scene or any in-depth analysis that referred to China's strategic interests in the countries in question. The contrast with domestic news coverage .... 6 .... more striking. Despite continuing censorship and restrictive government rules about ownership and registration of publications, Chinese news coverage at home is .... 7 .... something of a golden age. A large and growing variety of news sources and a new generation of journalists have .... 8 .... expanded the boundaries of the permissible. Less than three decades .... 9 ...., there were only a few dozen newspapers in the country, all of them state-run. In 2005, according to one survey, China had 2,000 or more newspapers and 9,000 magazines, providing more in-depth coverage of events inside the country. But what Chinese readers are able to learn of events in the rest of the world from most .... 10 .... media here remains sharply limited in context and tightly controlled. Only a handful of China's conservative, state-run publications have permanent bureaus and correspondents in foreign countries. Even publications that use freelance journalists overseas, or that occasionally send out reporters of their own, rely heavily on what foreign publications publish, and carefully avoid delicate subjects. The short list of Chinese media that maintain foreign bureaus includes Xinhua ; the China News Agency ; the official newspaper, People's Daily ; the state television broadcaster CCTV ; and China Radio International. None of the publications that have made names .... 11 .... with vigorous domestic reporting and investigative work make this list. Asked why, editors pointed to a government rule requiring authorization to open bureaus or send reporters overseas. One editor said orders were sometimes received .... 12 .... people overseas, and to avoid .... 13 .... with representatives of the foreign media. News media critics say one result of this lack of vigorous independent reporting is that what most Chinese news readers know of the world closely conforms with government policy and propaganda. « .... 14 .... China's international reporting is a mirror of China's diplomacy, » said Yu Guoming, a journalism professor at People's University in Beijing. « As government .... 15 ...., their international reports are linked with the government's diplomacy. It's not free, so what we're really talking about is China's diplomacy, not its media.» .... 16 .... Chinese publications, for example, have explored the intricacies of China's deepening interests in Pakistan, including Beijing's supplying .... 17 .... 60 percent of the country's weapons, according to some Pakistani estimates. The critical role China .... 18 .... to have played in helping Pakistan develop its nuclear weapons and ballistic missile programs is also rarely mentioned. In fact, when issues like these are .... 19 ...., it is usually to dismiss them as malicious rumors. Chinese news coverage of Pakistan typically depicts the United States as the only foreign country that is a factor in Pakistan's affairs. This is in keeping with a general tendency to depict the United States as a .... 20 .... power, in sharp contrast with China, which frequently proclaims that it does not interfere in the affairs of other countries, and sees to it that this line is scrupulously echoed in the news media.

In its world coverage, the Chinese press often presents an "It's none of our business, let's watch the show' attitude. »

A, B, C, D

(1) sits to ; is sited at ; sits on ; sits by ; is sited by
(2) would have proclaimed ; would proclaim ; proclaims ; is proclaiming ; had proclaimed
(3) deadly ; fatal ; mortal ; deathly ; ailing
(4) unless ; besides ; whereas ; despite ; therefore
(5) missed ; devoid ; diverted ; absent ; vacant
(6) should not be ; could not be ; might not be ; would not be ; must not be
(7) in the midst of ; amongst ; during ; amid ; among
(8) sharply ; sensibly ; steadily ; evenly ; strongly
(9) away ; past ; previously ; before ; ago
(10) widespread ; streamlined ; standard ; trendsetting ; mainstream
(11) by themselves ; for themselves ; themselves ; of themselves ; in themselves
(12) not to interview ; to not interview ; not interview ; not interviewing ; to not interviewing
(13) having talked ; to talk ; talk ; talking ; to have talked
(14) by the way ; largely ; by and by ; to and fro ; by and large
(15) advocates ; mouthpieces ; speakers ; patrons ; defenders
(16) any ; none ; no ; not any ; not any of
(17) as much as ; as long as ; as far as ; as large as ; as many as
(18) is widely believing ; is widely believed ; widely believed ; was widely believing ; widely believes
(19) aroused ; raised ; risen ; arisen ; rising
(20) middling ; meandering ; mendacious ; mirthful ; meddlesome

IHT December 7, 2007

Essay (10 marks)

"A long life in journalism convinced me many presidents ago that there should be a large air space between a journalist and a head of state." Walter Lippmann (American journalist, 1889-1974).

Comment on this statement, backing up your arguments with concrete examples of current events.

N.B. : Write a minimum of 300 and a maximum of 400 words.

Épreuves d'admission 2009

Synthèse d'un dossier de dépêches (30 dépêches)

À partir de ce dossier de dépêches, que vous lirez attentivement et que vous utiliserez à votre guise, en intégrant ou écartant selon votre propre analyse, les informations qu'il contient, vous rédigerez (en vous gardant de prendre des positions politiques) trois articles de presse qui respecteront les thèmes et les longueurs demandés.

Questions

1. À l'aide des dépêches jointes, retracez les principales étapes de ce mouvement social. Vous pourrez éventuellement illustrer ce papier factuel et informatif avec 1 ou 2 encadrés. (300 mots maximum encadrés compris)

2. Economie sous perfusion, taux de chômage élevé, sentiment plus qu'ailleurs d'être exploité... Expliquez les raisons pour lesquelles les Antilles ont pu connaître un tel embrasement.

3. La crise sociale en Guadeloupe a été révélatrice des problèmes récurrents dans cette île, plus largement aux Antilles et même au-delà, dans tous les départements d'outre-mer. Dans cet article, vous rendrez compte de l'émotion générée et des interrogations dans cette France ultra-marine. Vous évoquerez aussi les solutions proposées.

On notera que ces trois articles ne sont pas destinés à paraître ensemble. Considérez donc que l'on peut redire dans l'un (mais avec une formulation différente) ce qui a été écrit dans l'autre.

Épreuve de créativité

Cette épreuve étant mise en place pour la première fois, nous ne pouvons vous proposer de sujet.

Questionnaire portant sur l'actualité et sur la vie contemporaine

Extrait du questionnaire d'actualité (50 questions)

Questions

1. Ils ont été dans l'actualité ces derniers mois. Qui sont-ils ?

Christophe Sirkis – Tzipi Livni – Gérard Larcher – Omar Al-Béchir – Andry Rajoelina – Mauricio Funes – Florence Cassez – Yazid Sabeg – Loulia Tymochenko – Jade Goody

France

1. Quel était l'objet du sommet international organisé par l'Egypte et la Norvège et qui a réuni 75 délégations à Charm-El-Cheikh le 1er mars dernier ?

2. Début février, pour son premier déplacement hors Amérique Latine, avec quels pays Raùl Castro a-t-il rétabli des relations ?

3. Pour quelle raison la ratification du traité de Lisbonne par la République Tchèque est-elle compromise depuis la fin mars ?

4. Mi-mars le président russe Medvedev annonçait un plan de modernisation important de l'armée russe d'ici à 2011. Dans quel contexte s'inscrit cette annonce ?

5. Pour quelle raison les députés européens socialistes et verts ont-ils demandé un changement du règlement du fonctionnement européen ?

Économie

1. Pour quelle raison 90 personnes ont-elles porté plainte contre Natixis le 24 février dernier ?

2. Quelle décision prise par l'assureur AIG a déclenché début mars la colère du Président américain ?

3. Quelle est la voiture la moins chère du monde ? Où est-elle vendue ?

4. Début mars, qu'a annoncé Eurotunel à ses actionnaires ?

5. Pour quelle raison François Pérol est-il l'objet d'une polémique ?

Société

1. Pourquoi les professionnels de la filière viticole ont-ils dénoncé un article de la loi Bachelot fin février ?

2. Mi-mars l'association Emmaüs a érigé une pyramide de matelas place de la République. Que demandait-elle par cette action ?

3. Quel nouveau service l'industriel Samsung associé à l'afficheur Decaux, vient-il de mettre à disposition des usagers des aéroports de Roissy et Orly ?

4. Pourquoi, en levant l'excommunication de 4 évêques intégristes ordonnés en 1988 par Mgr Lefèvre, le pape a-t-il déclenché une polémique ?

5. Pourquoi le décès d'Eluana Englaro a-t-il divisé l'Italie début février ?

Sport

1. Du 12 au 15 mars s'est déroulée la 24e édition de la Pierra Monta. De quel genre d'épreuve sportive s'agit-il ?

2. Quels sont les skippers arrivés premier et dernier du Vendée Globe ? Quel écart les sépare ?

3. Pourquoi le record du monde du 50 m papillon féminin, établi le 17 mars à Sydney aux Championnats d'Australie par la Suédoise Therese Alshammar, a-t-il été annulé le lendemain ?

4. De quelle discipline la France est-elle devenue championne du monde à Zagreb le 1er février en battant la Croatie ?

5. Pour quelle raison Lance Armstrong a-t-il dû quitter le tour de Castille-Leon fin mars ?

Art, médias culture

1. Pour quelle raison Ségolène Royal a-t-elle assigné Paris-Match en référé fin février ?

2. Quels personnages créés par Sempé et Goscinny pour l'un et par Ruth Handler pour l'autre, viennent de fêter leurs 50 ans ?

3. Pour quelle raison des avocats chinois ont-ils entamé une procédure judiciaire à Paris pour empêcher la vente de deux pièces lors de la dispersion de la collection de Pierre Berger et d'Yves Saint Laurent ?

4. Après Bakchich, Rue89 et Mediapart, quel nouveau site d'information « pure player » a été lancé début février en France ? Qui en est le directeur ?

5. Pour quelles raisons le film de Philippe Lioret, Welcome, a-t-il suscité un débat puis une polémique dans la société française ?

Extrait du questionnaire de culture générale (20 questions)

1. Quelles sont les capitales des pays suivants : Soudan – Bengladesh – Paraguay – Australie – Estonie – Nouvelle-Zélande

2. Qu'est-ce que le Commonwealth ?

3. Dans la Constitution française, que prévoit l'article 49.3 ?

4. Que sont des stock-options ?

5. Qu'est-ce que le commerce équitable ? Quand et où ce concept a-t-il vu le jour ?

6. Depuis 1972, quelles sont les forces qui s'opposent dans la guerre civile sévissant au Sri Lanka ?

7. Où et quand s'est déroulé le premier tir nucléaire français ?

8. Quels événements ont été à l'origine des chocs pétroliers de 1972 et de 1979 ?

9. En 1982, quel est l'objet du conflit qui oppose la Grande-Bretagne à l'Argentine ?

10. Quels sont les principaux rôles du FMI ? Quand cette organisation a-t-elle été créée et qui en est l'actuel directeur ?

Anglais

Blank filing (10 marks)

Read the text carefully, then choose the best answer (A, B, C, D, E) to fill each space (1 > 20).

Fill in each of the following blanks using the most appropriate term.

"Virtual Pleasures"

Many young people prefer pleasure-seeking to politics – but for how long ? ONE of the reasons for Barack Obama's electoral success was his campaign's brilliantly effective deployment of young e-communicators. Their tireless use of blogs and social-networking sites helped to generate excitement, collect money, get the vote out and raise political consciousness in America as a whole.

All that was a landmark in the political history of the internet. But the transforming – and at best, liberating – effects of modern communications ....(1).......... even more dramatic in societies that are poorer and harsher than America: countries where authoritarian regimes and rigid mores had until recently .... (2).......... youngsters little room for manœuvre.

The question in many internet-watchers' minds is this: as young surfers are exposed to facts, sights, sounds and a range of interlocutors that are far beyond their parents' ken, ...(3).......... use that access ? Will they try to change the world, or simply settle for .... (4).......... themselves ?

There is so much evidence of the .... (5).......... choice that pundits have invented a new word – cyber-hedonism – to describe it. To the dismay of idealists, young people in many countries seem to be giving up the political struggles of previous generations and opting instead for a sort of digital nirvana, revelling in a ....(6).......... supply of movies, music, instant communication and of course, sexual opportunity. One .... (7).......... thing about cyber-hedonism is that, compared with politics, ...(8).......... less likely to attract the authorities' attention.

Electronic pastimes for the young range from the innocent to the deadly dangerous. In Nigeria, a best-selling book provides youngsters with tips on "touching the heart through unforgettable text messages". Young Indians have a penchant for browsing marriage sites .... (9).......... a good match. Newly ....(10).......... who would like to celebrate by visiting a famous site, such as the Taj Mahal, can make virtual tours instead. In richer Asian countries – like South Korea or Singapore – there is a passion among the young for online gambling that often ....(11).......... addictive.

Cyber-hedonism does not, of course, replace real-life fl irtation and sex ; it ....(12).......... seems to remove some of the obstacles. Chile has spawned a youth culture known as the Pokémon movement, in which teenagers with odd hairstyles gather to engage in kissing or more. All this – as well as the activity of conservative youth groups that disapprove – is co-ordinated electronically.

In China, two-thirds of the ....(13).......... to one opinion poll agreed with the statement that "It is possible to have real relationships purely online," compared with one-fi fth of Americans who felt the same way. But clearly, not all Chinese are content with keeping things virtual: a doctor who runs a pregnancy helpline in Shanghai has said that half the calls she receives ....(14).......... from girls who met boys through the net.

In many countries, the truth is that access to pornography is ....(15).......... factor that draws young men online. First-time visitors to internet cafés in the Middle East or South-East Asia are often surprised to see a male-only clientele, awkwardly protecting their screens from public view. The owners of such cafés know what is happening, but they also realise that cracking down in the name of morality could drive them out of business. In ultra-conservative Saudi Arabia, meanwhile, most of the material passed between teenagers' mobile phones is pornographic.Political leaders and religious establishments are placed in a ....(16).......... by the ....(17).......... of cyber-hedonism: do they follow their youngsters onto the net, or try vainly to ....(18).......... them away from the computer ?

In Asia, some politicians have tried to profi t from online hedonism by presenting themselves as devotees. In last year's elections in Taiwan, candidates vied to appear internet- and youth-friendly. One hired a spokesman from a heavy-metal band and YouTube, the video-sharing site ; he was unfazed by explicit exchanges about a popular erotic film, "Lust, Caution".

In authoritarian countries with rising living standards – such as Russia and China, until recently – offi cial tolerance of cyber-hedonism has been a sort of Faustian pact ....(19).......... by the authorities: we will let you enjoy yourselves, in new and unconventional ways, if you keep off politics. But now that economies have turned sour, will the young go on keeping their side of that ....(20)..........?

A, B, C, D

1. A. was often ; B. has often been ; C. was ; D. had been ; E. have been
2. A. fournish ; B. giving ; C. given ; D. fournished ; E. fournishing
3. A. how would they ; B. how they will ; C. how they ; D. how do they ; E. how will they
4. A. to enjoy ; B. enjoyment ; C. joyfully ; D. to enjoying ; E. enjoying
5. A. later ; B. former ; C. latter ; D. latent ; E. following
6. A. vastly ; B. barren ; C. sparse ; D. sparse ; vast ; E. sparing
7. A. appealing ; B. attracting ; C. appalling ; D. drawing ; E. attiring
8. A. it ; B. its ; C. it's ; D. his ; E. is
9. A. to search ; B. searching C. in search for ; C. in search of ; E. for searching
10. A. wed ; B. married ; C. marriaged ; D. wedding ; E. weds
11. A. becomes ; B. is becoming ; C. became ; D. has become ; E. did become
12. A. barely ; B. justly ; C. merely ; D. hardly ; E. purely
13. A. responders ; B. contesters ; C. contestants ; D. respondents ; E. reactions
14. A. coming ; B. comes ; C. had come ; D. come ; E. are coming
15. A. biggest ; B. the biggest ; C. the bigger ; D. the more bigger ; E. the most biggest
16. A. catch 22 ; B. catch 20 ; C. dilemma ; D. confusion ; E. puzzle
17. A. uprising ; B. raise ; C. highrise ; D. growing up ; E. rise
18. A. attire ; B. allure ; C. seduce ; D. lure ; E. lust
19. A having been offered ; B. thus offering ; C. offered ; D. that offered ; E. which offers
20. A. truce ; negotiation ; C. new deal ; D. bargain ; E. dealing

The Economist. February 5, 2009

Essay (10 marks)

« I read newspapers online... why ? The San Francisco Chronicle is dead.

So apparently are the 150 year old Rocky Mountain News, The Baltimore Sun, The Chicago Tribune, The LA Times, The New York Times and just about every other major and minor newspaper in the country.

Dead or on life support and nearly dead. This did not need to happen. Indeed, it should not have happened. The Chronicle could have been Craigslist.com in a heartbeat and today be worth $ 3 billion, instead of going out of business. » Michael Rosenblum, personal blog, February 27, 2009.

Using Michael Rosenblum's comments and referring to your own concrete examples, write an essay (300-400 words) on the implications for the fi eld of Journalism and, more specifi cally, for journalists themselves.

Pour aller plus loin

→Retrouvez les corrigés en ligne sur www.supfoucher.com.

FICHE 61

Annales corrigées
Sujet 5 – Concours CUEJ

Sessions 2007, 2008, 2009

Épreuves d'admission 2007

Connaissance de l'actualité (2 h., sur 50)

Questions

1. Présentez, sous forme de synthèses, les éléments d'actualité et d'analyse auxquels renvoient les titres suivants :

A/Erdogan place son « frère » Gül à la présidence turque (*Libération*, 25 avril 2007)

(*30 lignes maximum, 20 points*)

B/Chirac fait entrer les Justes au Panthéon (*Le Monde*, 19 janvier 2007)

(*15 lignes maximum, 10 points*)

C/La révolution fiscale de Sarkozy, premier casse-tête de Bercy (*La Tribune*, 24 mai 2007)

(*15 lignes maximum, 10 points*)

2. Précisez qui sont les personnes dont les noms suivent ainsi que leur rapport avec l'actualité :

Roberto Alagna, Ban Ki-moon, Jean Louis Bianco, Marcel Granier, Floyd Landis, Moqtada Al-Sadr, David Martinon, Daniel Ortega, Wolfgang Schäuble, Muhammed Yunus.

(*2 lignes maximum par sujet (style télégraphique autorisé) – 1 point par sujet*)

Article sur un thème de société (3 h., sur 50)

Que faire du 4e âge ?
Vous construirez et développerez votre argumentation à partir de situations précises, d'exemples concrets.

(*400 mots maximum*)

Observation/Reportage (3 h., sur 80)

« Il y a une espèce d'objet que nous ne connoissons point en Perse, et qui me paroisse ici fort à la mode... il s'appelle chaussures »
Inspiré librement des *Lettres Persanes* de Montesquieu.
Destiné à un lecteur qui en ignore tout, votre article fera découvrir cet objet.

(*400 mots maximum*)

Résumé (2 h., sur 60)

Vous résumerez en français, et en 250 mots maximum, le texte (version anglaise ou allemande d'un article paru dans *Le Monde*).

Culture générale (2 h., sur 50)

Vous traiterez, en 25 lignes maximum, dans chacune des matières, un des deux sujets proposés.

– **ARTS ET LETTRES**

1. Les Bienveillantes.
2. Paris, Lens, Abu Dhabi : le Louvre, un musée, une marque ?

– **DROIT**

1. Le référendum.
2. L'élection des députés sous la Ve République.

– **GÉOGRAPHIE**

1. Euskadi – le pays basque.
2. Aménagement : la prévention des risques.

– **HISTOIRE**

1. Décrivez les relations israélo-palestiniennes de 2000 à nos jours.
2. Mondialisme, antimondialisme et altermondialisme.

– **ÉCONOMIE**

1. Le traité du Marché commun, 1957.
2. Diplomatie et politique étrangère de Jacques Chirac (1995-2007).

Épreuves d'admission 2008

Connaissance de l'actualité (2 h., sur 50)

Questions

1. Présentez, sous forme de synthèses, les éléments d'actualité et d'analyse auxquels renvoient les titres suivants :

A/Bruxelles récuse une coprésidence française de l'Union pour la Méditerranée (*Le Monde*, 20 mai 2008)

(*30 lignes maximum, 20 points*)

B/L'Indien Tata entre dans le Gotha de l'automobile (*Les Echos*, 27 mars 2008)

(*15 lignes maximum, 10 points*)

C/Les sans papiers s'invitent dans un restaurant chic de Neuilly (*Le Parisien*, 20 avril 2008)

(*15 lignes maximum, 10 points*)

2. Précisez qui sont les personnes dont les noms suivent ainsi que leur rapport avec l'actualité :

Mathieu Amalric - David Axelrod - Coralie Balmy - Ban Ki-Moon - Lucie Ceccaldi - Michaëlle Jean - Evo Morales - Nadine Morano - Robert Rauschenberg - Frank-Walter Steinmeier.

(*2 lignes maximum par sujet (style télégraphique autorisé) - 1 point par sujet*)

Article sur un thème de société (3 h., sur 50)

À l'aide d'exemples précis, concrets, vous rendrez compte de ce qui selon vous caractérise aujourd'hui les adolescent(e)s.

(*400 mots maximum*)

Observation/Reportage (3 h., sur 80)

« Il y a une espèce d'objet que nous ne connoissons point en Perse, et qui me paroisse ici fort à la mode... il s'appelle des lunettes »

Inspiré librement des *Lettres Persanes* **de Montesquieu.**

Destiné à un lecteur qui en ignore tout, votre article fera découvrir cet objet.

(*400 mots maximum*)

Résumé (2 h., sur 60)

Vous résumerez en français, et en 250 mots maximum, le texte (version anglaise ou allemande d'un article paru dans *Le Monde***).**

Culture générale (2 h., sur 50)

Vous traiterez, en 25 lignes maximum, dans chacune des matières, un des deux sujets proposés.

– **ARTS ET LETTRES**

1. Albert Giacometti.
2. Claude Lévi-Strauss.

– **DROIT**

1. Le Sénat.
2. Les révisions de la Constitution depuis 1958.

– **GÉOGRAPHIE**

1. Le pétrole dans le monde.
2. Aménagement : Les parcs naturels en France.

– **HISTOIRE**

1. États-Unis et Moyen-Orient (Irak compris) sous la présidence George W. Bush.
2. La France et l'Afrique de 1995 à nos jours.

– ÉCONOMIE

1. L'inflation en France est-elle de retour ?.
2. Le plein-emploi en France est-il pour demain ?

Épreuves d'admission 2009

Connaissance de l'actualité (2 h., sur 50)

Questions

1. À quel(s) événement(s) se rapportent les titres suivants :

1) L'addition baissera-t-elle avec la TVA ? (*Le Parisien*, 28 avril 2009)

(*30 lignes maximum – 20 points*)

2) Rien ne va plus entre le Parti socialiste et les artistes (*Le Monde*, 9 mai 2009)

(*15 lignes maximum – 10 points*)

3) Le «Tigre N° 1» est mort (*Libération*, 19 mai 2009)

(*15 lignes maximum – 10 points*)

2. À quelle occasion a-t-on parlé des dix personnages suivants :

Aung San Suu Kyi - David Axelrod - Sonia Gandhi - Jean-Pierre Jouyet - Veronica Lario - Thomas Liévremont - Avigdor Lieberman - Dmitri Medvedev - Bernard Murat - Hans-Georg Pöttering

(*2 lignes maximum par sujet (style télégraphique autorisé) – 1 point par sujet*)

Article sur un thème de société (3 h., sur 50)

À l'aide d'exemples précis, concrets, vous argumenterez (*en 400 mots maximum*) une réponse à la question suivante : « La crise, une aubaine ? »

Observation/Reportage (3 h., sur 80)

– « Il y a une espèce d'objet que nous ne connoissons point en Perse, et qui me paroisse ici fort à la mode... il s'appelle un miroir »

Inspiré librement des *Lettres Persanes* **de Montesquieu**

Destiné à un lecteur qui ne le connaît pas, votre article fera découvrir cet objet. (*400 mots maximum*).

Résumé (2 h., sur 60)

Vous résumerez en français, et en 250 mots maximum, le texte (version anglaise ou allemande) d'un article paru dans *Le Monde*.

Culture générale (2 h., sur 50)

Vous traiterez, en 25 lignes maximum, dans chacune des matières, un des deux sujets proposés.

– ARTS ET LETTRES

1. Andy Warhol

2. À la fin des années 60, André Malraux déclarait : « (...) la culture doit être tôt ou tard gratuite comme l'est l'instruction ». En quoi l'actualité confirme-t-elle ou infirme-t-elle cette affirmation ?

– DROIT

1. Le Médiateur/2. Le préambule à la Constitution de 1958

– GEOGRAPHIE

1. Aménagement : L'avenir des découpages territoriaux actuels en France

2. Géographie : L'Ukraine

– ECONOMIE

1. Crise économique : comment peut-on faire pour relancer une économie ?

2. Le R.S.A. (revenu de solidarité active) peut-il faire reculer la pauvreté ?

– HISTOIRE

1. Le traité de l'Atlantique Nord : création, élargissements, interventions de 1949 à nos jours.

2. États et organismes internationaux face au réchauffement climatique :

1988 : création du groupe international d'experts sur l'évolution du climat (GIEC)

1992 : Sommet de la Terre à Rio de Janeiro

1997 : protocole de Kyoto

2006 : conférence du Curitiba

2007 : conférence de Bali

2008 : conférence de Poznan

12 décembre 2008 : adoption du « plan climat » (Union européenne)

Pour aller plus loin

→ Retrouvez les corrigés en ligne sur www.supfoucher.com.

FICHE 62

Annales corrigées
Sujet 6 – Concours EJT

Session 2009

Rédaction (2 h. 30 min, coefficient 3)

Vous rédigerez une synthèse personnelle de quatre feuillets manuscrits (soit les deux recto verso de votre copie d'examen distribuée en début d'épreuve). Vous choisirez l'un des trois sujets suivants :

1. D'aucuns pensent que l'information par Internet va supplanter les médias traditionnels que sont la presse, la radio et la télévision. Donnez votre point de vue argumenté.

2. Les médias français sont accusés d'uniformisation de l'information. Qu'en pensez-vous ?

3. Des médias anglais et italiens ont stigmatisé, encore récemment, des comportements de personnalités politiques dans leur pays respectif.

Considérez-vous qu'il s'agisse d'une finalité de l'information journalistique ou bien d'une dérive ? Développez.

Langue française (1 h. 30 min, coefficient 2)

Questions

1. Corriger les fautes de l'article. Veiller à réécrire lisiblement les mots corrigés.

Du haut de l'immeuble, rue Shibab, à Doqqi, des micros déversent un chapelet de sourate sur les 1 350 convives attablées au milieu de la place. L'espace d'une demie-heure, sur le maccadam, le piéton au ventre vide est roi, rupture du jeune oblige. Dans le parking, au sous-sol, les Mercedes du luxueux bâtiment sont contraintes à l'exode : berlines et limousines sont remplacées pour un mois par un amoncèlement de carcasses graisseuses, de plats en alu et de casseroles en ébullition. Cuisine de fortune, où une centaine de serveurs s'affairent, sous les hospices du propriétaire de l'immeuble : un homme d'affaire qui, depuis sa rencontre avec un dignitaire religieux à La Mecque lors de son pèlerinage en 1992, sait mis à la bienfaisance. Tout le monde au Caire a entendu parlé de l'endroit, ce temple de la générosité où plus de 4 000 couverts sont servis quotidiennement, soit sur place soit en « take away », concurrençant le McDonald's d'en face, désespérément vide à ces heures-là.

Comme la plupart des *maidat al-rahman*, celle de la rue Shibab est récente. Au milieu des années 1980, le phénomène était encore marginal, avant de devenir un passage obligé pour tout détanteur de quelque richesse soucieux de respectabilité. Absentes de la capitale jusque dans les années 1960, les tables de charité passeront en vingt ans de main en main, et les relais seront pour le moins déroutants.

Étrange histoire que la leur : instaurées par les Fatimides entre le xe et le xie siècles, destinées aux pauvres, passants et voyageurs, les tables de charité deviendront au fil du temps l'apanage des notables des campagnes. En ville, elles ne sortiront pas des enceintes des mosquées. En 1968, la banque *Nasr*, appartenant à l'État socialiste, sera l'instigatrice dans la capitale de cette tradition religieuse. Peu après, elle revient entre des mains plus ortodoxes : les groupes islamistes, lors de leur expansion dans les années 1970, feront d'utilité vertue, la table de charité leur permettant aussi de gagner le soutien des plus démunis.

Pas pour longtemps : les hommes d'affaires, suivis d'une multitude de propriétaires de magasins et de petits commerçants, vont vite soustraire la table de charité au contrôle des hommes religieux. Depuis, mosquées, *businessmen* et possédants de tout bords vibrent de concert à l'appel de la *saddaqa* (la solidarité) au sein d'un marché de la miséricorde toujours plus concurentiel. Fifi Abdou, l'étoile du cabaret cairote, n'échappera pas au rituel de la fortune en Égypte. En 1993, sa table est confiée aux danseuses du ventre, divisant le petit peuple cairote entre partisans d'une ligne dure, qui considèrent sa table *haram* (illicite), et d'autres moins regardant sur l'origine des fonds qui alimente la centaine de couverts qu'elle offre au nécessiteux de son quartier. Ce qui était jusqu'alors le privilège des arrières-cours de mosquées a désormais bignon sur rue.

2. Conjuguer les verbes ci-dessous :

• Prédire
– passé simple • 1re personne du pluriel :
– conditionnel présent • 2e personne du singulier :

• Conjuguer
– imparfait 2e • personne du pluriel :
– participe • présent :

• Diffuser
– plus-que-parfait • 3e personne du pluriel :
– présent du subjonctif • 1re personne du pluriel :

• Séduire
– passé simple • 1re personne du singulier :
– passé composé • 2e personne du pluriel :

• Défaillir
– présent de l'indicatif • 1re personne du singulier :
– passé simple • 3e personne du pluriel :

3. Trouver un synonyme qui s'intègre parfaitement au texte pour chaque mot souligné.

Que l'on songe à ce qu'était Le Caire bourgeois des années 1960. La minijupe était acceptée, les styles vestimentaires ou les coupes de cheveux à l'occidentale étaient la norme, les maillots de bain dans les clubs également, et la mixité était de mise. Au cinéma, la censure faisait preuve d'une tolérance plus grande, à tel point que le réemploi d'affiches d'anciens films valut une condamnation au propriétaire de la salle de cinéma qui se risqua à un tel écart de conduite. La situation a changé : la mixité est sérieusement contestée, le voile se répand, beaucoup de femmes renoncent à la baignade, les pressions pour imposer des jours strictement réservés aux femmes dans les clubs sont fortes, les références à la pudeur et à la religiosité augmentent dans les exigences des garçons en quête d'une conjointe.

4. Trouver deux synonymes pour chaque mot souligné.

1. C'est l'agriculture intensive chimique qui a les impacts les plus délétères sur l'état de la ressource.

•

•

2. Marco Ferreri réalise une saisissante chronique *in vivo* de la décomposition des chairs, jusque dans les plus scabreux détails.

•

•

3. On ne badine pas avec la vérité.

•

•

4. Producteurs, coopératives et industriels laitiers étaient réunis mardi en conclave pour recherche un compromis sur le prix du lait.

•

•

5. L'enquête pour déterminer les causes de cette catastrophe sera « très longue et très complexe », a indiqué un porte-parole de la compagnie.

•

•

6. L'histoire de combattants, pacifiques gardiens d'une terre improbable à laquelle est amarrée leur âme.

•

•

7. Je me souviens, un après-midi de printemps, il pleuvait à verse.

•

•

8. Le système, par définition, c'est quelque chose de très lourd, comme un tank, qui détruit tout sur son passage. Qui ne tient pas compte des particularités locales. Moi, je crois qu'il faut y faire attention.

•

•

9. Sept lettres qui ont fait le tour du monde et ont fini par signifier le plaisir, les bas-fonds et le crime : Pigalle.

•

•

10. Il leur indique comment éviter les pièges, comme ces herbes propices à une glissade fatale.

•

•

5. Participes passés : accorder les verbes entre parenthèses.

- Il s'agit des enchaînements qui ont (conduire) au plus grand scandale financier du siècle.
- C'est là qu'étaient (entreposer) les actions détenues par la société de Bourse.
- Au nord-est de l'île, où des débris, dont sans doute un siège passager, ont été (repérer) par un avion brésilien.
- Durant quelques années, ses deux meilleurs amis ont été moi-même et lui-même. Et puis nous nous sommes moins (voir).
- Dans une cité universitaire de la capitale, les étudiants ont même (renvoyer) les cinquante euros qu'on leur avait (distribuer) pour protester contre cette curieuse gestion des finances publiques.
- Combien d'heures ai-je (perdre) ?
- Cette tenue est vraiment affriolante, je l'avais (croire) plus sobre.

• Nous avons été victimes d'une manipulation. Ils se sont (servir) de notre naïveté.
• Plus tard, à son retour d'Afrique, alors qu'elle rassemblait ses forces contre la maladie, sa famille l'avait (faire) interner.

6. Donner la définition des mots suivants :
1. affréter :
2. débouter :
3. converger :
4. renchérissement :
5. pantois :
6. narcotrafiquant :
7. détracteur :
8. subtil :
9. fruste :
10. frayère :

7. Donner un mot correspondant à chaque définition :
• Attitude des personnes qui refusent de voter, ou ne votent pas :
• Relatif au jeu :
• Abandon où est tombée une chose dont on a cessé depuis longtemps de faire usage :
• Marque qui garantit l'origine ou la qualité d'un produit :
• Chef de prière dans une mosquée :

8. Compléter ce texte.

Je voulais savoir des choses sur elle, je voulais connaître sa .... Un jour, je lui ai posé des questions : « Est-ce que tu vis seule ? Est-ce que tu as quelqu'un ? » Elle m'a regardé de son regard ...., méfiant. Puis elle a cessé de venir, et je me suis aperçu que j'avais plus .... d'elle, qu'elle de mes ...., et ça m'avait fait mal, honte, ça m'avait .... de dormir. J'avais besoins de l'entendre chanter *Là ci darem la mano*. C'était risible et insupportable. Moi, Jean André Bassi, violoncelliste à l'Opéra, à cinquante ans passés, marié à Juliette, tellement ...., vivant dans ce grand .... vétuste de la rue de l'Opéra. C'est Juliette qui a voulu qu'elle vienne vivre à la maison. Il y avait, sur le même palier, une .... indépendante qui devait servir autrefois pour la domestique, et qu'on appelait « la chambre inondée » parce que l'eau y entrait chaque fois qu'il y avait un .... C'est là que Zinna s'est installée, durant cette année extraordinaire et terrible qui a précédé sa ....

Le Clézio, *Printemps et autres saisons*

9. Choisir la formule juste en rayant la mauvaise réponse.
• L'eau cascadait de la gouttière dans sa chambre. Elle avait l'air désemparée.
• L'eau cascadait de la gouttière dans sa chambre. Elle avait l'air désemparé.

• Rarement une émission de radio a autant fait prendre la plume aux auditeurs.
• Rarement une émission de radio n'a autant fait prendre la plume aux auditeurs.

• Après qu'il ait levé des fonds pour sa nouvelle société.
• Après qu'il a levé des fonds pour sa nouvelle société.

• C'est le plus souvent autour de quelques individus que se développent ce qu'on appelle les réseaux informels.
• C'est le plus souvent autour de quelques individus que se développe ce qu'on appelle les réseaux informels.

• La plupart des figurants quittèrent le plateau.
• La plupart des figurants quitta le plateau.

• Tous comptes faits, le ministre n'a pas eu tort de céder sur ce point.

- Tout compte fait, le ministre n'a pas eu tort de céder sur ce point.
- Il faudrait, pour cela, que nous soyons assurés de notre victoire.
- Il faudrait, pour cela, que nous soyions assurés de notre victoire.
- C'est de la France qu'Alef était tombé amoureux.
- C'est de la France dont Alef était tombé amoureux.
- En quoi consistent les nouvelles règles ?
- En quoi consiste les nouvelles règles ?
- Ils ont fait appel à un militant censé connaître les journalistes.
- Ils ont fait appel à un militant sensé connaître les journalistes.

10. Supprimer les pléonasmes.

Au pied des dunes de sable, les étranges reptiles s'enchevêtraient les uns dans les autres, indolents et fragiles, comme seuls sur terre, contraints malgré eux de s'exposer au regard des promeneurs improbables. Quel hasard imprévu de tomber sur ces bêtes immémoriales dans cette immensité sans fin !

11. À partir de ces trois phrases, à intégrer DANS L'ORDRE et de façon espacée, composer un texte de 15 à 20 lignes maximum. Veiller à écrire un récit clair, dynamique, original et littéraire, à l'écriture soignée. Écrire très lisiblement.

1. Le titre lui plaisait tant qu'il le lut à voix haute : « Les Hauts Quartiers ».
2. Au-delà des apparences.
3. Elle préféra descendre à la station Blanche et remonter par la rue Lepic.

Questionnaire d'actualité

1. Que signifie le sigle LRU qui a mobilisé les étudiants cette année ?

2. De quelle sanction a écopé le juge Burgaud pour son instruction de l'affaire d'Outreau ?

3. Quelle mesure Nicolas Sarkozy a-t-il annoncé pour les stagiaires en entreprises ?

4. Quelles fonctions occupe Martin Hirsch au Gouvernement ?

5. Quel quotidien est à l'origine des révélations en entamant actuellement la popularité de Berlusconi ?

6. Quelle station radiophonique est perturbée depuis plusieurs semaines par un mouvement de grève ?

7. Quel scandale a éclaté en Grande-Bretagne en plein contexte électoral en mai dernier ?

8. Qui est Daniel Bouton ?

9. De quel pays la chanteuse Madonna souhaitait-elle adopter un enfant, ce qui lui a été refusé ?

10. Qui est Florence Cassez ?

11. Quels sont les derniers chiffres connus du nombre de chômeurs en France ?

12. Qui est Gérard Dalageville ?

13. Qui a terminé à la seconde place du championnat 2008-2009 de Ligue 1 de football ?

14. Quelles sont les deux entreprises toulousaines qui ont occupé la une de l'actualité sociale ces derniers mois ?

15. Quel constructeur automobile américain a récemment été déclaré en faillite ?

16. Qui est Stéphane Guillon ?

17. Qui est Jacques Viguier ?

18. Pourquoi les relations diplomatiques entre les États-Unis et Israël deviennent actuellement tendues ?

19. Quel est l'objectif de la conférence de Copenhague qui doit se tenir en décembre 2009 ?
20. Quel est le taux de rémunération du livret A depuis le 1er mai dernier ?
21. Qu'a-t-on appelé « loi Hadopi » ?
22. Quel projet de loi européen secoue actuellement le monde viticole ?
23. Quel a été l'objet du désaccord qui a opposé, en France et en Allemagne, les producteurs de lait et la Commission européenne ?
24. Quel site français du fabricant de pneumatiques Continental a récemment fermé ?
25. Où est située l'usine Caterpillar qui va perdre 600 emplois ?
26. Qui est Nathalie Artaud ?
27. Qui est Avidgor Lieberman ?
28. Quel est le nombre de voix d'écart entre le PS et Europe Écologie aux dernières élections européennes ?
29. La TVA dans la restauration va baisser : à quel taux ?
30. Quel homme politique français a sorti un livre intitulé « Abus de pouvoir » ?
31. Pourquoi a-t-on parlé de Hassan Jandoubi lors du procès AZF ?
32. Les tarifs (réglementés) du gaz ont sérieusement baissé début avril dernier. De combien ?
33. Quelle célèbre poupée a fêté ses 50 ans au mois de mars dernier ?
34. Quel pays occupe en ce moment la présidence tournante de l'Union Européenne ?
35. À qui Didier Deschamps va-t-il succéder au poste d'entraîneur de l'OM la saison prochaine ?
36. Quel est le nom du parti créé par Jean-Luc Mélenchon ?
37. Quel jour de la fin de l'hiver dernier les syndicats français ont-ils réussi une mobilisation « historique » ?
38. Quelle décision de politique étrangère prise par Nicolas Sarkozy a suscité un malaise dans les rangs de l'UMP ?
39. Quelles sont les deux personnalités qui se sont affrontées pendant la crise politique de janvier 2009 à Madagascar ?
40. De quel pays Ségolène Royal a-t-elle lancé ses « excuses » après le discours de Nicolas Sarkozy sur « l'homme africain » ?
41. Qui est Laurent Joffrin ?
42. Quel académicien, auteur notamment du « Chant des partisans » est décédé en avril dernier à l'âge de 90 ans ?
43. Le ministre de l'Immigration Éric Besson entend fermer la « jungle » de Calais. De quoi s'agit-il ?
44. Qui est Susan Boyle ?
45. Selon le dernier sondage Médiamétrie, quelle est la première radio de France en audience ?
46. Le plan d'économies baptisé « Power 8 » concerne quelle grande entreprise ?
47. Quelle est la profession du critique littéraire Éric Naulleau ?
48. Dans quelle spécialité officie le sportif Sébastien Loeb ?
49. Quel est le nom de la combinaison de natation qui a créé la polémique aux derniers championnats de France à Montpellier ?
50. Combien d'universités sont-elles déjà passées à l'autonomie depuis janvier 2009 ?
51. À combien s'élève cette année en France le nombre de ménages surendettés ?
52. Quels sont les deux antiviraux préconisés en cas de grippe A ?
53. Quelle est l'entreprise qui s'est engagée aux côtés de Martin Hirsch en faveur des jeunes ?
54. Pour quel motif doit comparaître John Demjanjuk devant la justice allemande ?

55. Qu'est-ce que le bisphénol A ?
56. Que sont les Blacks Blocs ?
57. Quelle est la mesure de la loi Bachelot qui est à l'origine de la contestation des médecins ?
58. Qu'est-ce que la loi Tepa ?
59. Quel est le groupe industriel qui a lancé la voiture la moins chère du monde ?
60. Quelle est la principale mesure de la réforme de la procédure de naturalisation annoncée récemment par Éric Besson ?
61. Quel est l'objet de la polémique soulevée par l'affaire Pérol ?
62. De quoi le vaccin contre l'hépatite B, qui fait actuellement l'objet de mesures de relance, a-t-il été accusé ?
63. Qu'est-ce que le DMP et quand sera-t-il généralisé ?
64. Dans quel département va avoir lieu la construction du second EPR ?
65. Quel sera le montant de la redevance audiovisuelle en 2010 ?
66. Qui est l'actuel président de Radio France ?
67. À quoi est chargé de veiller le « Comité des sages » présidé par Claude Bébéar ?
68. Quel type de polémique le pape Benoît XVI a-t-il déclenché lors de son récent voyage en Afrique en mars dernier ?
69. Qu'est-ce que l'affaire Tarnac ?
70. Quel objectif vise le plan Borloo 2 ?
71. Selon la dernière enquête Insee, quel est le nombre de personnes en France vivant sous le seuil de pauvreté ?
72. Quel est le nom de l'ancien responsable khmer rouge dont le procès s'est ouvert en février dernier ?
73. Quel accord vient d'être conclu entre l'Union européenne et les États-Unis, mettant ainsi fin à un long conflit commercial ?
74. Quel est le collectif à l'origine de la grève générale déclenchée en janvier en Guadeloupe ?
75. Où le séisme Aquila est-il survenu ?
76. Qui a gagné la finale femme de Roland Garros le 6 juin ?
77. Où s'est déroulée la 65e commémoration du débarquement de Normandie ?
78. Quel homme d'affaires français vient d'inaugurer le musée « La Pointe de la Douane » à Venise ?
79. Qui a déclenché un scandale lors de « Durban II » ?
80. Quelle est la décision politique prise récemment par la Russie à l'égard de la Tchétchénie ?
81. Qui est Yazid Sabeg ?
82. Quel débat ouvre l'avant-projet de loi déposé en mars dernier par Nadine Morano ?
83. Quelle décision le Conseil d'État a-t-il rendue au sujet des mères porteuses ?
84. Qui a remporté le Grand Prix d'Espagne ?
85. Quelle invention technologique a remporté le Concours Lépine 2009 ?
86. Quelle association n'aura désormais plus le monopole de l'aide juridique aux étrangers en rétention ?
87. Quels sont les trois ministres qui sont au gouvernement depuis 2002 ?
88. Qui est à la tête de la Commission européenne ?
89. Pourquoi le produit Roundup est-il mis sur la sellette ?
90. Quel scandale secoue actuellement l'Église catholique irlandaise ?
91. Quel produit a récemment été commercialisé sous le nom de Alli ?
92. Qui est Roxana Saberi ?
93. Quelle question a été débattue au Grenelle des ondes ?

94. Dans quelle région du monde la France vient-elle d'implanter une base militaire ?
95. Quel est le nom du secrétaire d'État chargé de l'Outre-mer ?
96. Pour quel motif une enquête judiciaire a-t-elle été ouverte en mars dernier à l'encontre du groupe EDF ?
97. Dans quel pays le « Sentier lumineux » menace-t-il de sévir à nouveau ?
98. Quel est le point emblématique de la réforme de la procédure pénale annoncée le 7 janvier 2009 ?
99. Qui est le président du Sénat ?
100. Quel problème, récurrent lors des débats parlementaires, a resurgi lors de l'examen du projet de loi Création et Internet à l'Assemblée nationale ?
101. Combien de poste de fonctionnaires vont-ils être supprimés en 2010 ?
102. À qui est destiné le RSA et combien de personnes sont-elles concernées ?
103. Combien de suicide en prison ont été dénombrés depuis le 1er janvier 2009 ?
104. Où a lieu actuellement l'exposition « L'Europe, c'est notre histoire » ?
105. Quel groupe industriel est à l'initiative du lancement de « Direct Sport » ?
106. Quelle victoire les salariés de Continental ont-ils obtenue à l'issue de leur mobilisation ?
107. Quel est le seuil atteint par l'euro au début du moins de juin, par rapport au dollar ?
108. Qui a proposé l'amendement sur le travail lors des congés maladie ?
109. Qu'appelle-t-on le processus de Bologne ?
110. Quelle mesure a permis de limiter la baisse du marché automobile européen ?
111. Que signifie atteindre « le niveau 6 » d'alerte pandémique pour la grippe A selon les critères de l'OMS ?
112. Qu'est-ce que le Rapport Cotis ?
113. Quelles étaient les forces en présence dans le conflit au Sri Lanka ?
114. Quelle est la zone géographique la plus exposée aux actes de piraterie maritime ?
115. Quelle est l'exposition qui a été interdite à Paris en avril dernier ?
116. Qu'est-ce que le rapport Albrand ?
117. Qu'est-ce que la loi Loppsi 2 ?
118. Quel pays de l'Union européenne affiche le taux de chômage le plus élevé selon les chiffres publiés en avril par Eurostat ?
119. Combien de salariés sont concernés par le plan d'économies à France Télévisions ?
120. Quel type de censure a récemment frappé l'affiche du film « Coco avant Chanel » et celle de l'exposition Jacques Tati ?

Questions de culture générale

1. Que signifie le mot « taliban » ?
2. Qu'était la Stasi ?
3. Que veut dit « une guerre pichrocoline » ?
4. Qui est le président de la Cour des comptes ?
5. Que désigne l'acronyme « SIVIS » ?
6. Qui est le fondateur de l'Église de scientologie ?
7. Que signifie le SMIC ?
8. De quelle année date l'abolition de l'esclavage en France ?
9. Dans quel domaine les prises de position de Claude Allègre ont-elle suscité des critiques ?
10. Que signifie l'Afssa ?
11. Citez le nom de l'actuel président de la Chine.
12. Qu'est-ce que le CJD ?

13. Où se passe le roman d'Amélie Nothomb « Stupeur et tremblements » ?
14. Quel est le principe des maisons médicales de garde ?
15. Qu'est-ce qu'un borborygme ?
16. Que fabrique un luthier ?
17. Quelle société a construit le viaduc de Millau ?
18. Dans quelles conditions et en quelle année a disparu Ben Barka ?
19. Comment appelle-t-on les habitants de Mayotte ?
20. Quelles places financières regroupe Euronext ?
21. Citez le nom du ministre de l'Industrie ?.
22. Quelle est la terre des Kanaks ?
23. Citez les deux fonctions majeures de Chateaubriant ?
24. À quelle date a été signé le Protocole de Kyoto ?
25. Quelle est la date du début du conflit israélo-palestinien ?
26. Qui est le directeur de l'Organisation mondiale du commerce ?
27. Qui est l'auteur du roman « Villa Amalia » ?
28. Indiquez les pays frontaliers de la Slovénie ?
29. Combien de Prix Nobel sont décernés chaque année ?
30. Qu'appelle-t-on le Club de Paris ?
31. Datez la fin tragique de l'État Inca.
32. Que signifie l'expression « a cappella » ?
33. Quel est le tirage moyen du quotidien l'Équipe ?
34. Quelle est la signification du sigle OTAN ?
35. Quelle réforme a modifié le statut des Dom-Tom en 2003 ?
36. Situez la période historique du jansénisme.
37. Pour quel film Isabelle Huppert avait-elle reçu un prix au festival de Cannes ?
38. En quelle année a été créé FO ?
39. En quelle année la pilule contraceptive a-t-elle été autorisée en France ?
40. Quelle convention vise à interdire tout emploi des mines antipersonnel ?
41. Qu'a-t-on appelé le « jeudi noir » ?
42. À quelle dynastie appartient la Reine Elisabeth II ?
43. Combien de joueurs composent une équipe de handball qui entre sur le terrain ?
44. Qui est l'auteur de la série « Les Aventures d'Adèle Blanc-Sec » ?
45. Quel est le pays qui, en 1989, a été rebaptisé « Myanmar » ?
46. Quelle est la mission de l'URSSAF ?
47. Qui est le secrétaire général de la CGT ?
48. À combien les scientifiques évaluent-ils la fonte de la banquise en Arctique depuis 40 ans (en %) ?
49. Citez les deux titres leaders dans la presse destinée aux seniors.
50. Quelle entreprise de la presse édite Le Petit Quotidien ?
51. Qui surnomme-t-on « le Cavaliere » ?
52. Quel est le nom de l'accord de libre-échange signé entre les États-Unis, le Canada et le Mexique ?
53. Qui a écrit le « Traité d'athéologie » ?
54. Citez le nom du président de la Syrie.
55. Qu'a-t-on appelé, à la fin des années 60, le « Nouveau journalisme » ?
56. Quel est le pays qui a remporté la toute première coupe du monde de football ?
57. Que signifie la FOL ?
58. Quel type d'exposition abrite le musée du Quai Branly à Paris ?
59. Citez le nom du secrétaire général de l'ONU.
60. Qu'appelle-t-on un encours bancaire ?

61. À quoi sont engagés les pays signataires du traité TNP ?
62. Qui a créé la légion d'honneur ?
63. Quel est le seuil, en nombre de salariés, par la création d'un comité d'entreprise ?
64. Quel est le premier syndicat français en terme d'adhérents ?
65. Quel est le nom du quotidien régional dont le siège social est situé à Nancy ?
66. Qui est Antigone dans la mythologie grecque ?
67. Pourquoi les plaques d'immatriculation des véhicules sont-elles appelées minéralogiques ?
68. Qu'est-ce que l'ISF ?
69. Quelle est l'altitude de vol d'un avion de ligne ?
70. De quelle année date le principe spécifique de laïcité en France ?
71. Quelle est la planète qui, depuis 2006, est appelée « planète naine » ?
72. Qui était Robert Poujade ?
73. Que signifie le mot « aréopage » ?
74. Quel groupe de presse est dirigé par Bruno Frappat ?
75. Qu'ont en commun Taslima Nasreen et Salman Rushie ?
76. Que signifie l'expression latine « noles volens » ?
77. Qui est Rosa Luxembourg ?
78. Que signifie UMP ?
79. Qui est le président de France Télévisions ?
80. Qu'est-ce qu'une commission rogatoire ?
81. Combien y a-t-il d'enseignants dépendant du ministère de l'Éducation nationale ?
82. Dans quels pays la France a-t-elle mené des essais nucléaires dont aujourd'hui les victimes demandent une indemnisation ?
83. Que s'est-il passé le 11 septembre 1973 ?
84. Qui a donné naissance au mythe de l'Atlandide ?
85. Situez la période de Léonard de Vinci.
86. Qui est l'auteur du livre « La Terre vue du ciel » ?
87. À quelle date ont été conclu les accords de Grenelle ?
88. Qui est le directeur général du FMI ?
89. Qu'est-ce que le « népotisme » ?
90. Quelle est la population de l'Irak ?
91. Qui a peint le tableau « Les Ménines » ?
92. Que sert à financer la « taxe Chirac » sur les billets d'avion depuis 2006 ?
93. En quoi consiste la « journée de solidarité » pour les salariés ?
94. Quel a été le premier mandat électoral de Nicolas Sarkozy ?
95. Qui fut la première et unique femme Premier ministre en France ?
96. Qui est Anna Politkovskaïa ?
97. Combient y a-t-il de quotidiens en France ?
98. Qu'appelle-t-on le « pot au noir » ?
99. Qu'est-ce que le CNDP dans le secteur de l'enseignement ?
100. Par quoi se caractérise une maladie nosocomiale ?
101. Quelle est la date de création du RMI et qui est à l'initiative de sa mise en place ?
102. D'où vient l'expression jouer les « Ponce-Pilate » ?
103. Qui est le fondateur de la Croix Rouge ?
104. De quels tournois est constitué le Grand Chelem de tennis ?
105. Sous quelle présidence le 8 mai a-t-il été re-déclaré jour férié ?
106. Quelle personnalité judiciaire a inspiré le film de Claude Chabrol « L'ivresse du pouvoir » ?
107. Que signifie le terme « interlope » ?

108. Quel est le film de Lubitsch qui dénonce le nazisme ?
109. Dans quel pays se situe le point culminant du monde ?
110. Qui est Parlement européen ou de la Commission européenne a la prérogative de proposer des textes de loi ?
111. Qui est le réalisateur des « Ailes du Désir » ?
112. Que signifie le terme revenu à la mode dans les articles de presse, « afféterie » ?
113. Quel groupe de presse est propriétaire du magazine *L'Express* ?
114. En quelle année le site Facebook s'est-il ouvert à tous les utilisateurs ?
115. Quel est le régime politique de la Thaïlande ?
116. Combien la France possède-t-elle de sites inscrits au patrimoine mondial de l'UNESCO ?
117. Donnez un synonyme du mot « atermoiement ».
118. Où se trouve le MoMA ?
119. Que signifie le mot « catharsis » ?
120. Quel est l'âge de la responsabilité pénale des mineurs ?

Reportage (24 h., coefficient 3)

Vous avez 24 h 00 pour réaliser un reportage de proximité sur la commune de Toulouse.
3 000 signes ou deux feuillets manuscrits environ, soit 1 recto verso du 4 pages qui vous est remis à l'issue de l'épreuve des questionnaires.
Il n'est pas nécessaire de fournir des photos. Celles-ci ne seront pas prises en compte.
Le choix du sujet et celui de l'angle de vue vous appartiennent.
L'objet de cette épreuve écrite consiste avant tout à juger votre capacité à collecteur l'information en lien avec l'actualité du jour, dans un style vivant. Sans utiliser des sources internet !
Un plan de la ville de Toulouse vous est remis en même temps que le sujet.

Pour aller plus loin

→ Retrouvez les corrigés en ligne sur www.supfoucher.com.

FICHE 63

Annales corrigées
Sujet 7 – ICM Grenoble – Concours d'entrée en Master Journalisme

Session 2008

Questionnaire de culture générale et d'actualité

1.	Pourquoi Paul Warfield Tibbets Jr est-il tristement célèbre ?
2.	Que veut dire SMS ?
3.	Combien de pays européens étaient dans la zone euro au 1er janvier 2007 ?
4.	L'Union Européenne (27 pays) compte : – 420 millions d'habitants, – 350 millions d'habitants, – 490 millions d'habitants.
5.	La part la plus importante du budget communautaire européen est consacrée : – aux dépenses administratives, – aux dépenses agricoles, – à la lutte contre le chômage.
6.	Dans quelle mer se trouve le golfe d'Akaba ?
7.	Quelle est la plus grande île de France métropolitaine ?
8.	Quel département français d'outre-mer (DOM) a une frontière commune avec le Brésil ?
9.	Quel est le pays d'Afrique qui a la plus grande superficie ?
10.	Combien de pays sont-ils membres de l'OCDE (Organisation de coopération et de développement économiques) ?
11.	Quel est le carburant d'un moteur à combustible ?
12.	Quel chorégraphe français est décédé en novembre 2007 ?
13.	En littérature, qu'est-ce qu'un chiasme ?
14.	Citez un film d'Eisentein
15.	Qui est né de la cuisse de Jupiter ?
16.	Pendant une audience, comment s'appelle le discours prononcé par un avocat qui présente oralement la défense de son client ?
17.	Combien de francophones sont recensés sur les 5 continents ?
18.	Quelle expression signifie que les choses empirent : – les choses vont de mal en pire, – les choses vont de mal en pis ?
19.	Le mot « tentacule » est-il masculin ou féminin ?
20.	Orthographiez le nombre 280
21.	Conjuguez le verbe « poindre » dans la phrase suivante : « le soleil (poindre) à l'horizon. »

22.	Lequel des termes suivants n'est pas synonyme des deux autres : - bimensuel, - bimestriel, - quinzomadaire.
23.	Quelle est la valeur de ce nombre romain : MCMLXXXVIII ?
24.	Comment faut-il accorder le verbe : - Aucun des participants n'a gagné le concours. - Aucun des participants n'ont gagné le concours.
25.	Quelles paroles adressaient les gladiateurs à l'empereur avant de se livrer au combat dans les arènes ?
26.	- Quelle expression scénique caractérise un événement qui apporte un dénouement inespéré à une situation tragique : - un deus ex-machina, - un modus operandi, - un Jupiter opitulator ?
27.	Quel écrivain a suivi pendant des mois le candidat à la présidence de la République française Nicolas Sarkozy pour son livre « L'Aube le soir ou la nuit » ? - Yasmina Reza, - Serge Moati, - Raphaëlle Bacqué.
28.	On la connaît sous le nom de Bécassine, mais quel est son vrai nom ? - Anaïck Labornez, - Guéanaelle Breiz, - Marion du Faouët.
29.	Quel conte de Voltaire débute ainsi : « Il y avait en Westphalie, dans le château de monsieur le baron de Thunder-ten-tronckh, un jeune garçon à qui la nature avait donné les mœurs les plus douces. »
30.	Qui a écrit : « Heureux qui comme Ulysse a fait un beau voyage... » ? - Ronsard, - Du Bellay, - François Villon.
31.	À quel siècle a vécu Confucius ?
32.	Quel grand philosophe français du XIXe siècle est l'auteur de l'ouvrage *Le Rire* ?
33.	Quel est le contraire de *libre échange* ?
34.	Quel est le principal organe du pouvoir cubain ?
35.	À qui succède Dominique Strauss-Kahn à la tête du FMI ?
36.	Combien d'États ont, à l'heure actuelle, adhéré à l'OMC ?
37.	Développez le sigle UNICEF
38.	En quelle année a eu lieu le printemps de Prague ?
39.	Qui a été le premier chef du gouvernement de l'État d'Israël ?
40.	En quelle année a eu lieu le premier coup d'État de Musharraf ?
41.	Que sont Reggane et d'In Eker ?
42.	À l'automne 2007, une vague de manifestations contre le régime en place a eu lieu en Birmanie. Où se sont-elles principalement déroulées ?
43.	Qui est Manuel Marulanda ?
44.	Quels sont les 9 États qui sont entrés dans l'espace Schengen le 21 décembre 2007 ?

45.	Nommez deux des quatre candidats à la dernière élection présidentielle en Russie.
46.	À quelle occasion les moines bouddhistes ont-ils commencé à manifester au Tibet ?
47.	Quels pays ont reçu le statut de candidats à l'OTAN lors du sommet de l'organisation qui a eu lieu à Bucarest du 2 au 4 avril 2008 ?
48.	Citez deux des six nouveaux secrétaires d'État qui ont été nommés suite aux municipales ainsi que leurs attributions.
49.	Que concernait la motion de censure déposée par les députés socialistes contre le gouvernement Fillon et soumise au vote le mardi 8 avril 2008 ?
50.	Quel musée a ouvert ses portes le 10 octobre 2007 près de la Porte Dorée à Paris ?
51.	Le vendredi 29 février 2008, le Pentagone a signé l'un de ses plus gros contrats. Que concerne ce contrat ? Avec qui a-t-il été signé ?
52.	Quel était le principal objet de la conférence qui s'est tenue à Bali en décembre 2007 ?
53.	Citez deux coupables reconnus dans le procès du pétrolier Erika qui avait fait naufrage en décembre 1999 au large de la Bretagne.
54.	Le Français Albert Fert a été récompensé par le dernier prix Nobel de physique pour ses travaux dans une discipline qu'il a contribué à créer. Quel est le nom de cette discipline ?
55.	Que concerne le projet *Galileo* ?
56.	Quelle partie du corps produit l'hormone de croissance ?
57.	À qui le groupe LVMH a-t-il racheté *Les Echos* ?
58.	Qui est le propriétaire du *Figaro* ?
59.	Qui était Norman Mailer ?
60.	Quel est le principal objet du *Rapport Olivennes* ?
61.	En quelle année a été créée la Commission nationale de l'informatique et des Libertés (CNIL) ?
62.	Comment nomme-t-on le délit constitué par l'allégation ou l'imputation de faits de nature à porter atteinte à l'honneur ou à la considération d'une personne ou d'un corps ?
63.	Que représentent les « trois voix » de l'info sur Rue89 ?
64.	De quels termes « Internet » est-il la contraction ?
65.	Quel est le nom de la chaîne de télévision locale à Grenoble ?
66.	Dans le monde médiatique, que sont les Mojo ?
67.	Citez trois navigateurs web.
68.	Qu'est-ce que *Technorati* ?
69.	Quel est le nom générique des déclinaisons locales du site liberation.fr ?
70.	Qu'est-ce qu'*Ohmynews* ?
71.	Dans quelle ville s'est tenu le Sommet mondial sur la société de l'information en 2005 ?
72.	Qui héberge le *Bondy blog* ?
73.	Qui est le président et directeur de la publication de *Mediapart* ?
74.	Quel quotidien français est disponible en version e-paper ?
75.	Qui fut le premier ministre de la Culture lors de la création de ce ministère en 1959 ?
76.	Quels sont, en dehors du ministère de la Culture, les trois ministères qui financent le plus le secteur culturel ?

77.	Quel cinéaste a réalisé *Œdipe Roi* (1967), *Théorème* (1968) et *Le Décaméron* (1971) ? – Ingmar Bergman – Luis Bunuel – Pier Paolo Pasolini – Maurice Pialat – Jacques Rivette
78.	La Nuit Blanche à Paris est : – une boîte de nuit branchée – une expression pour désigner la St Sylvestre – une fête populaire en l'honneur de l'arrivée de l'hiver – un événement annuel d'art contemporain
79.	Quel est le nom du quotidien sportif lancé en 1987 pour concurrencer *L'Equipe* et disparu un an plus tard ?
80.	Que signifie l'acronyme AIPS ?
81.	Quel est le nom du président du Comité National Olympique et Sportif Français (CNOSF) ?
82.	Dans quelle ville seront organisés les Jeux Olympiques d'hiver de 2014 ?
83.	À qui et pour combien ont été attribués les droits télé de la Ligue 1 de football pour la période 2008-2012 ?
84.	Où se déroulera l'édition 2009 du rallye Dakar ?
85.	Où et quand a été fondée l'Agence Mondiale Antidopage (AMA) ?
86.	Quel est le nom du pilote champion du monde de Formule 1 2007 ? À quelle écurie appartient-il ?
87.	En quelle année l'Olympique Lyonnais a gagné son premier titre de Champion de France de Ligue 1 de football ?
88.	De quand date la loi Bichet ?
89.	Quel impôt français rapporte le plus à l'État ?
90.	Quelle est, selon les critères de convergence européens, la limite du déficit public ?
91.	De quoi parle la courbe de Phillips ?
92.	Qu'entend-on par « double marché » de la presse ?
93.	Comment appelle-t-on un bien auquel on ne peut pas appliquer le principe d'exclusion par le prix ?
94.	Quel est le nom de la Bourse des valeurs mobilières née de la fusion des places de Paris, Amsterdam et Bruxelles ?
95.	Qu'est-ce que Monsanto ?

CORRIGÉ QUESTIONNAIRE DE CULTURE GÉNÉRALE ET D'ACTUALITÉ

1.	C'est lui qui a largué la bombe atomique sur Hiroshima le 6 août 1945. Il est mort le 1er novembre 2007 à âge de 92 ans
2.	Short. Message Service ou Short Messaging System
3.	13 : Allemagne, Belgique, France, Luxembourg, Pays-Bas, Espagne, Autriche, Finlande, Slovénie, Grèce, Irlande, Italie, Portugal
4.	492,8 millions au 1er janvier 2007 (Eurostat)
5.	Aux dépenses agricoles
6.	Mer Rouge

7.	La Corse
8.	La Guyane
9.	Le Soudan 2 505 810 km^2
10.	30 (à 5 près)
11.	L'oxygène
12.	Maurice Béjart
13.	Symétrie obtenue par l'inversion de l'ordre des termes dans une opposition : « Il faut manger pour vivre et non vivre pour manger. »
14.	Ivan le Terrible, Le Cuirassé Potemkine
15.	Bacchus
16.	Une plaidoirie
17.	200 millions
18.	Les choses vont de mal en pire
19.	Masculin
20.	Deux cent quatre-vingts
21.	Point
22.	Bimestriel
23.	1988
24.	Aucun des participants n'a gagné le concours.
25.	Morituri te salutant.
26.	Un deus ex-machina
27.	Yasmina Reza
28.	Anaïck Labornez
29.	Candide
30.	Du Bellay
31.	VIe avant J.C.
32.	Bergson
33.	Le protectionnisme
34.	Conseil d'État
35.	Au conservateur espagnol Rodrigo Rato À Rodrigo Rato (Qui fut ministre des Finances dans le gouvernement de Jose Maria Aznar.)
36.	151 (+ ou – 2 – réponse acceptable)
37.	United Nations International Children's Emergency Found
38.	En 1968
39.	David Gryn dit Ben Gourion Ben Gourion
40.	En 1999
41.	Les sites où ont eu lieu des essais nucléaires français dans le Sahara entre 1960 et 1966 Les sites en Algérie où ont eu lieu les premiers essais nucléaires français
42.	À Rangoun

43.	Le chef des Forces armées révolutionnaires de Colombie (FARC) Le chef des FARC
44.	Les États baltes (la Lituanie, la Lettonie, l'Estonie), la Pologne, la République tchèque, la Slovaquie, la Hongrie, la Slovénie et Malte.
45.	Medvedev Guennadi Ziouganov Vladimir Jirinovski Andreï Bogdanov Medvedev, Ziouganov, Jirinovski, Bogdanov
46.	À l'occasion du 49e anniversaire du départ de dalaï-lama de Chine, suite au soulèvement populaire à Lhassa violemment réprimé par la Chine (Un seul de deux volets de la réponse peut être accepté)
47.	La Croatie et l'Albanie
48.	Christian Blanc - Développement de la région capitale, Hubert Falco - Aménagement du territoire, Anne-Marie Idrac - Commerce extérieur, Yves Jégo - Outre-Mer, Alain Joyandet - Coopération et francophonie, Nadine Morano - Famille
49.	Le refus par l'exécutif que le débat au Parlement sur l'envoi de renforts français en Afghanistan soit suivi d'un vote.
50.	Cité nationale de l'histoire de l'immigration
51.	La vente de 179 avions ravitailleurs par EADS associé à Northrop Grumman La vente des avions par EADS
52.	Préparer l'après-protocole de Kyoto, qui expire en 2012 Préparer l'après-protocole de Kyoto
53.	L'affréteur d'un pétrolier, Total SA, la société RINA, qui avait fourni les certificats de navigation de l'*Erika*, Giuseppe Savarese, l'armateur, et Antonio Pollara, le gestionnaire du navire
54.	La spintronique La magnétorésistance géante (GMR)
55.	Le système européen de radionavigation par satellite
56.	L'hypophyse
57.	Au groupe britannique Pearson
58.	Le groupe Dassault
59.	Journaliste et écrivain américain (Un des deux volets de la réponse peut être accepté)
60.	La lutte contre le piratage (téléchargement illégal) sur Internet
61.	1978 (Tolérance + ou - 2 années, soit réponse admise : entre 1976 et 1980)
62.	La diffamation
63.	Internautes, experts, journalistes
64.	Interconnected networks
65.	Telegrenoble
66.	Des mobile journalists Des journalistes mobiles Des journalistes multimédia mobiles
67.	[Mozilla] Firefox, [Internet] Explorer, Safari, Opera, Netscape, SeaMonkey, Konqueror, Epiphany, Amaya, Mosaic
68.	Le principal moteur de recherche de blogs Un moteur de recherche de blogs

69.	Les Libévilles
70.	Le premier site de journalisme citoyen au monde, créé en Corée du Sud en 2000
71.	À Tunis
72.	20minutes.fr
73.	Edwy Plenel
74.	*Les Echos*
75.	André Malraux
76.	Affaires étrangères Éducation nationale Enseignement supérieur
77.	Pier Paolo Pasolini
78.	Un événement annuel d'art contemporain
79.	*Le Sport*
80.	Association Internationale de la Presse Sportive
81.	Henri Sérandour (depuis 1993)
82.	À Sotchi, ville russe du Caucase située au bord de la mer Noire À Sotchi
83.	À Canal+ et Orange pour un montant de 668 millions d'euros par an
84.	En Argentine et au Chili du 3 au 18 janvier 2009
85.	À Lausanne, le 10 novembre 1999 À Lausanne, en 1999
86.	Kimi Raïkkönen (Finlande) de l'écurie Ferrari Raïkkönen (Finlande) de l'écurie Ferrari (L'orthographe fautive peut être admise dans la limite d'homophonie)
87.	2002
88.	2 avril 1947 1947
89.	La TVA
90.	3 % du PIB
91.	Des liens entre inflation et chômage
92.	Le marché des annonceurs + le marché des lecteurs
93.	Un bien public
94.	Euronext
95.	La firme multinationale qui commercialise 90 % des organismes génétiquement modifiés (OGM) La firme multinationale qui commercialise des OGM

FICHE 64

Annales corrigées
Sujet 8 – Concours SciencesPo – Procédure d'admission en master

Session 2009 — Durée : 4 heures

Connaissance et critique de l'actualité

L'épreuve est composée de deux exercices indépendants. Les candidats gèrent leur temps comme ils le souhaitent.

Connaissance de l'actualité **(Temps conseillé : 1 h 15)**

Les candidats doivent situer et expliquer chacun des événements suivants, qui ont fait l'actualité des six derniers mois, en veillant à la clarté et à la précision de l'expression (une vingtaine de lignes par événement maximum).

- Samuel Huntington
- Ponzi/Madoff
- Gaza
- L'industrie automobile américaine et la crise
- La réforme de l'audiovisuel public

Critique de l'actualité

Rédigez un article en deux pages maximum sur un sujet que les médias auraient, selon vous, oublié ou négligé. Comment l'auriez-vous présenté et pourquoi est-ce important ?

À partir des documents mis à disposition, vous comparerez et analyserez le traitement de l'information par les différents médias. Vous devrez dégager les principales évolutions et montrer les clivages et les similitudes, en faisant preuve de discernement et de recul.

Document 1
Le Figaro – mercredi 7 janvier 2009 :
Sarkozy envisage la fin du juge d'instruction
Document 2
Le Figaro – mercredi 7 janvier 2009 :
Vingt ans de critiques contre « l'homme le plus puissant de France »
Document 3
Le Figaro – mercredi 7 janvier 2009 :
Me Le Borgne : « Clarifier les rôles sans aller jusqu'au système américain »
Document 4
Le Figaro – jeudi 8 janvier 2009 :
Sarkozy lance la révolution de l'instruction

Document 5
Libération – mercredi 7 janvier 2009 :
L'indépendance de l'instruction en sursis
Document 6
Libération – jeudi 8 janvier 2009 :
Sentence présidentielle sans appel contre les juges d'instruction
Document 7
Libération – jeudi 8 janvier 2009 :
« C'est un geste d'autocrate »
Document 8
Le Monde – mercredi 7 janvier 2009 :
M. Sarkozy souhaite supprimer le juge d'instruction
Document 9
Le Monde – mercredi 7 janvier 2009 :
Mireille Delmas-Marty : « Garantir l'indépendance du parquet »
Document 10
Le Monde – vendredi 9 janvier 2009 :
La justice réorganisée autour du face-à-face procureur-avocat
Document 11
Le Monde – vendredi 9 janvier 2009 :
Des avocats et des juges d'instruction s'inquiètent
Document 12
Le Monde – vendredi 9 janvier 2009 :
« J'ai confiance en la justice, car je n'en ai pas peur »
« Ce projet ne règle pas les vrais problèmes »

Sarkozy envisage la fin du juge d'instruction

JUSTICE

Le président de la République doit évoquer aujourd'hui devant la Cour de cassation la nouvelle architecture de la procédure pénale.

CET APRÈS-MIDI, devant l'ensemble des hauts magistrats français, Nicolas Sarkozy doit annoncer une réforme en profondeur du système pénal qui devrait signer la fin du juge d'instruction telle qu'est aujourd'hui définie cette institution judiciaire centrale. Le chef de l'État sera présent à l'audience solennelle de rentrée de la Cour de cassation. Un événement pour cette haute institution qui se souvient de deux visites de Jacques Chirac et de François Mitterrand respectivement en douze et quatorze ans d'Élysée. Sauf revirement de dernière minute, le président, qui était hier au Proche-Orient, doit profiter de son intervention pour présenter solennellement son souhait de faire évoluer la fonction de juge d'instruction vers un juge « de » l'instruction.

Un petit article qui change tout. Le magistrat ne serait plus directement l'acteur de l'enquête, mais une sorte d'arbitre, chargé de trancher par exemple sur les mesures coercitives, comme une mise sur écoute ou une perquisition demandées par les enquêteurs. L'objectif est également de donner plus de place à la défense, et sans doute d'en finir avec cette procédure secrète aux mains d'un seul homme qu'est actuellement l'instruction.

Le projet a suscité un début de polémique

Les failles de la procédure pénale ont souvent été soulignées par le chef de l'État. Après la récente interpellation de Vittorio de Filippis, ex-responsable du quotidien Libération dans une banale affaire de diffamation, Nicolas Sarkozy avait déjà demandé que « la confu-

sion des pouvoirs d'enquête et juridictionnels soit réexaminée ». Dans nos colonnes, Jean-Claude Magendie, premier président de la Cour d'appel de Paris, avait averti : « Le juge d'instruction évoluera ou disparaîtra ».
Les parlementaires UMP invités à l'Élysée en fin d'année ont également noté qu'en toute fin d'échange, et sans qu'aucune question sur le sujet leur soit posée, le chef de l'État avait fait part de son souci de mettre en place un « juge de l'instruction » – faisant même référence, souligne un participant, à l'« habeas corpus » anglo-saxon.
La procédure pénale, qui touche au cœur de la justice et des libertés publiques, est un sujet hautement symbolique auquel ses deux prédécesseurs à l'Élysée s'étaient attaqués avec prudence. Cet automne, une réflexion a été confiée à la commission présidée par l'avocat général Philippe Léger, qui doit rendre un prérapport en février avant une version définitive prévue fin juin. Les membres du groupe de travail ont récemment élaboré un questionnaire qui doit servir de base de travail et qui pose directement la question de la suppression du juge d'instruction.
La commission devra bâtir cette nouvelle architecture judiciaire. À l'avenir, l'enquête pourrait être menée par le parquet, arbitrée par le juge de l'instruction, les avocats étant amenés à jouer un rôle plus actif. Dans cette hypothèse, il n'est pas certain que le juge des libertés et de la détention ait toujours sa place.
Mais la réforme de la procédure pénale pose une question majeure, et elle aussi récurrente, à laquelle le président ne devrait pas répondre dès aujourd'hui : le statut des magistrats du parquet, aujourd'hui soumis à l'autorité hiérarchique, doit-il lui aussi évoluer pour être indépendant du pouvoir politique ?
Avant même que Nicolas Sarkozy ait prononcé son discours, le projet a suscité un début de polémique hier. Le président du groupe PS à l'Assemblée, Jean-Marc Ayrault, a dénoncé une « tentation autoritaire » du chef de l'État, et le président de l'Union syndicale des magistrats (majoritaire) s'est inquiété d'une « régression majeure pour les libertés individuelles ». Plusieurs magistrats célèbres, comme Renaud Van Ruymbeke ou l'ancien avocat général Philippe Bilger ne seraient toutefois pas opposés au projet, mais à condition que le parquet devienne indépendant.

Document 1 – *Le Figaro* – mercredi 7 janvier 2009
Laurence de Charrette

Vingt ans de critiques contre « l'homme le plus puissant de France »

Des affaires politico-financières au scandale d'Outreau, la solitude et la toute-puissance du juge n'ont cessé d'être critiquées.
LE « PERSONNAGE le plus puissant de France », selon l'expression de Balzac, issu du code Napoléon, a-t-il vécu ? Depuis plus de deux décennies, il fait en tout cas l'objet de critiques récurrentes qui ont fini par ternir son image.
À la fin 2008, c'est l'affaire de Filippis – du nom de ce journaliste de Libération interpellé à l'aube à la demande du juge et fouillé à corps plusieurs fois dans le cadre d'une simple affaire de diffamation – qui a sans doute donné le dernier coup de boutoir. La disproportion entre les enjeux en présence et les méthodes déployées a été soulignée par de nombreux observateurs – magistrats compris.
Mais la disgrâce du juge d'instruction vient de beaucoup plus loin. Dans les années 1990, les magistrats s'attaquent pour la première fois, avec l'affaire Urba, au financement de la vie politique. Thierry Jean-Pierre et Renaud Van Ruymbeke deviennent vite des icônes médiatiques dans une société qui perd confiance dans ses leaders. Ils sont bientôt rejoints par Éric Halphen, partant à l'assaut du fonctionnement de la mairie de Paris sous l'ère Chirac.
En envoyant sous les verrous l'ancien patron d'Elf, Loïk Le Floch-Prigent, Eva Joly franchit le pas de l'entreprise, pour lutter contre la corruption internationale. Cette fois, ce sont les grands patrons qui crient aux loups, accusant les « petits juges », fonctionnaires, de méconnaître les réalités économiques. Les puissants découvrent alors à leurs dépens les pouvoirs du juge d'instruction en fonction.

Failles apparues au grand jour
Présentée par Élisabeth Guigou en 2000, la loi sur la présomption d'innocence cherche alors à limiter ces pouvoirs. La question centrale de la détention est confiée à un autre magistrat, le « juge des libertés et de la détention ». Le nombre d'affaires transmises aux juges d'instruction diminuent progressivement – pour atteindre moins de 5 % aujourd'hui.
Par ailleurs, plusieurs grands faits divers sont venus souligner que personne, y compris le juge d'instruction aux pouvoirs étendus, n'est infaillible. Après les errements du juge Lambert dans l'enquête sur la mort du petit Grégory au cœur des années 1980, Outreau est surtout devenu aux yeux de la France entière synonyme de « catastrophe judiciaire ». Paradoxalement, ce drame est sans doute surtout celui de la détention provisoire. Une partie des acquittés ont passé plusieurs années sous les verrous et peinent encore à s'en remettre. Outreau est venu rappeler que, s'il ne décide plus seul de placer sous les verrous une personne visée dans un dossier, le juge d'instruction restait bien le seul maître à bord de l'enquête – et donc des éléments qu'il transmet au juge des libertés, puis à la cour d'assises.
Les travaux de la commission d'enquête parlementaire sur ce fiasco ont été médiatisés comme jamais. Devant la France entière, le juge Burgaud, magistrat instructeur en tout début de carrière interrogé par les députés en direct à la télévision, est apparu comme un homme trop jeune, trop faible, et surtout beaucoup trop seul…
Suite à l'affaire d'Outreau, le Parlement a voté un texte créant les « pôles d'instruction », c'est-à-dire le regroupement des juges d'instruction en équipes. Ce texte a d'ailleurs pris partiellement effet en mars dernier. La loi prévoit qu'à l'avenir les magistrats instructeurs devraient travailler systématiquement de façon « collégiale ». Ce qui laisse une partie de la profession sceptique – et nécessiterait des moyens humains importants. Les parlementaires n'ont pas alors voulu s'engager plus avant dans la réforme du Code pénal, refusant de s'orienter vers un système à l'anglo-saxonne, qui fait encore figure d'épouvantail.
Mai les failles du système français sont apparues au grand jour, disséquées par les spécialistes, et pour la première fois sans doute, devant les yeux des Français nombreux à avoir suivi ces travaux retransmis sur plusieurs chaînes. En marge de ce débat public, certains, dans le monde feutré de la haute magistrature, se sont également réjouis de ces difficultés : la starisation dont ont bénéficié les grands noms de l'instruction a toujours agacé de nombreux magistrats.

Document 2 – *Le Figaro* – mercredi 7 janvier 2009
Laurence de Charrette

Me Le Borgne : « Clarifier les rôles sans aller jusqu'au système américain »

Élu en décembre, Me Jean-Yves Le Borgne prendra ses fonctions de vice-bâtonnier de Paris dans un an. Il préside aujourd'hui l'Association des avocats pénalistes.

LE FIGARO. – La suppression du juge d'instruction est-elle une réforme indispensable ?

Jean-Yves LE BORGNE. – Sans être absolument nécessaire, cette réforme aura le mérite de clarifier les rôles. Aujourd'hui, le juge d'instruction, censé instruire à charge et à décharge, ne peut être que schizophrène, déchiré entre le respect des principes et l'efficacité de son enquête. On lui impose des obligations morales et intellectuelles très contradictoires. Certes, moins de 5 % des affaires pénales donnent lieu à une instruction, mais il convient que ces dossiers soient traités avec des critères totalement objectifs. Le « bon juge », pesant les éléments qui accusent et ceux qui disculpent, je n'y crois pas. La réforme de 2000 qui a créé le juge des libertés et de la détention, a déjà permis des progrès majeurs. La détention-pression destinée à faire craquer un suspect n'existe plus.

Quel système garantirait le mieux cette objectivité ?

Dans ce nouveau système, l'enquête est confiée au parquet. Le rôle de la défense est renforcé, l'avocat du suspect étant présent aux interrogatoires dès la première heure de garde à vue et ayant accès à la procédure. Un juge de l'enquête est chargé d'arbitrer et de garantir le respect des principes légaux, avec une possibilité d'appel de ses décisions. En revanche, je ne suis pas partisan de bouleverser notre architecture pénale pour imiter le système américain. Il ne peut être question de demander au mis en cause de se payer les services d'un détective ou d'un expert. Tous les actes d'investigation doivent demeurer publics et gratuits.

Les critiques ne vont pas manquer sur la mainmise du pouvoir politique et sur le risque d'étouffement des affaires.

Sans doute la question de l'indépendance du parquet va-t-elle se reposer. Briser le lien entre les procureurs et l'exécutif est-il souhaitable ? Personnellement, à observer ce que peuvent faire aux États-Unis des procureurs indépendants, j'ai quelques réticences ! Parfois, le lien hiérarchique est une forme de garantie contre les aberrations. Cela étant, dans cette nouvelle procédure pénale, le vrai risque est de voir des dossiers susceptibles de donner lieu à des poursuites ne pas « sortir ». Si le parquet peut les garder sous le coude, toutes les spéculations et suspicions sont possibles.

Les avocats sont-ils gagnants dans cette affaire ?

Ils seront sur un pied d'égalité avec le parquet après avoir longtemps été des personnages secondaires de l'instruction et n'avoir eu un rôle actif qu'à la fin du XXe. Avant, ils n'étaient souvent que des alibis, traités avec une certaine condescendance par les juges.

Document 3 – *Le Figaro* – mercredi 7 janvier 2009

Marie-Amélie Lombard

Sarkozy lance la révolution de l'instruction

JUSTICE

La réforme dont le chef de l'État a dressé hier les contours rapprocherait la procédure pénale française du système anglo-saxon.

« IL EST TEMPS que le juge d'instruction cède la place à un juge de l'instruction, qui contrôlera le déroulement des enquêtes mais ne les dirigera plus », a clairement expliqué hier le président de la République lors de l'audience solennelle de rentrée de la Cour de cassation. Devant un parterre de hauts magistrats, il a décrit les grandes lignes de la réforme de la procédure pénale qu'il veut mettre en œuvre autour de deux mots clefs : le renforcement du « contradictoire » et le respect des « libertés individuelles ». Deux principes qu'il a martelés à travers son discours, dessinant sa vision de la justice du « XXIe siècle » : « À l'heure de l'ADN, la procédure pénale ne peut plus avoir pour socle le culte de l'aveu. Elle doit avoir le culte de la preuve. »

À l'avenir, le juge « de » l'instruction qu'a intronisé hier le chef de l'État devra jouer un rôle d'arbitre, car « un juge en charge de l'enquête ne peut raisonnablement veiller en même temps à la garantie des droits de la personne mise en examen ». La mise en examen elle-même ne se fera plus dans le bureau du juge, mais devra faire l'objet d'une audience publique, où l'on examinera les charges. Poursuivant son raisonnement, le président a annoncé la suppression du secret de l'instruction, une « fable à laquelle plus personne ne croit ». À l'avenir, la décision – lourde de conséquences – de placer ou non un prévenu en détention provisoire sera prise en collégialité. Le juge des libertés et de la détention, tel qu'instauré par Élisabeth Guigou en 2000, devrait donc disparaître.

C'est une procédure totalement différente s'approchant, pour la première fois de l'histoire française, du fonctionnement anglo-saxon que projette Nicolas Sarkozy, qui n'hésite pas à évoquer un « habeas corpus à la française ». Les avocats deviendront plus actifs dans l'enquête, et seront présents « dès les premiers moments de la procédure ». À la différence des Anglo-Saxons, toutefois, l'enquête à charge et à décharge reste assurée par l'institution judiciaire : elle n'est pas dévolue aux parties.

Les risques de pressions de l'exécutif

S'il a déjà tracé une architecture précise, dans laquelle devront désormais se glisser les membres de la commission présidée par Philippe Léger et chargée de réformer la procédure pénale, Nicolas Sarkozy s'est gardé d'aborder la question épineuse de la conduite de l'enquête elle-même et du statut du parquet, point qui cristallise la polémique. Les membres du parquet étant soumis à l'autorité du garde des Sceaux, beaucoup craignent qu'ils soient soumis aux pressions de l'exécutif dans la conduite de leurs enquêtes. Dans les milieux gouvernementaux, on réfute une telle hypothèse et on écarte à ce stade une réforme du statut du parquet. Hier, devant les parlementaires, François Fillon a évoqué l'instauration d'un juge « indépendant » chargé des investigations sous l'arbitrage du nouveau juge de l'instruction. Auparavant, Nicolas Sarkozy avait pris soin de souligner l'importance de la réforme constitutionnelle, votée à Versailles, qui doit prendre effet dans l'année. Cette réforme prévoit entre autres que les nominations de procureurs généraux (la haute hiérarchie du parquet) seront proposées par le Conseil supérieur de la magistrature, et non plus par la Chancellerie. Plus largement, évoquant la place des juges dans la société, le président n'a pas hésité à parler d'un « pouvoir judiciaire », mais en précisant que « la justice n'est pas une planète en orbite indéfinie autour d'un monde qui lui serait étranger ».

Document 4 – *Le Figaro* – jeudi 8 janvier 2009

Laurence de Charrette

L'indépendance de l'instruction en sursis

L'essentiel. Le président Sarkozy devrait annoncer aujourd'hui qu'il souhaite une réforme supprimant le juge d'instruction. Les enquêtes seraient menées sous le contrôle du parquet. **Le contexte**. Cette idée refait surface après la vague d'affaires financières qui a mis en cause le pouvoir politique, et à la suite du fiasco de l'affaire d'Outreau. **L'enjeu**. La fin de l'indépendance de la justice est au cœur des inquiétudes des magistrats.

En finir avec les juges d'instruction. C'est ce que Nicolas Sarkozy s'apprêterait à proposer aujourd'hui à l'occasion de la rentrée solennelle de la Cour de cassation. Mais face au tollé suscité par ce projet de réforme, dévoilé hier par Lemonde.fr, il n'est pas sûr que le président de la République aille jusqu'au bout de ses velléités. « Aucun commentaire », se borne à communiquer l'Élysée.

Ce serait une révolution. Le juge d'instruction, figure emblématique de la magistrature française, est en charge des affaires les plus compliquées et sensibles, en matière criminelle ou politico-financière. Censé enquêter à charge et à décharge, il fait théoriquement figure d'arbitre entre l'accusation, incarnée par le parquet, et la défense, représentée par des avocats, tout en laissant une petite place à la partie civile – les victimes. Au fil des ans, à mesure de la couardise de nombreux parquets, peu soucieux de déranger les puissants (chefs d'entreprise, responsables politiques…), sa fonction a évolué : d'arbitre, le juge d'instruction est devenu accusateur, le parquet aux ordres freinant des quatre fers.

Arbitre. La problématique n'est pas nouvelle. De nombreuses commissions de réflexion ont proposé de la rebaptiser juge « de » l'instruction, afin de le repositionner dans sa fonction d'arbitre. Tel n'est pas le projet sarkozien : il serait purement et simplement remplacé par un procureur, désormais en charge de mener l'enquête. L'idée a parfois été soulevée dans le microcosme judiciaire, mais à cette condition expresse : couper le cordon ombilical entre le parquet et la chancellerie, afin qu'il soit indépendant du pouvoir politique. Ce n'est pas au programme, Rachida Dati ayant déjà eu l'occasion de réaffirmer son rôle de chef du parquet.

D'où les réactions indignées dans les milieux judiciaires. L'Union syndicale de la magistrature (USM, majoritaire), dénonce une « régression majeure pour les libertés individuelles : le pouvoir politique veut régler son compte à un juge indépendant qui s'en est pris depuis les années 80 aux hommes politiques et aux grands patrons. » Le Syndicat de la magistrature (SM, de gauche) redoute que « les affaires sensibles seront d'autant plus facilement occultées que le parquet déterminera seul le champ des investigations ». Au nom des avocats, la Conférence nationale des barreaux rappelle que « dans un certain nombre d'affaires, on a pu constater que c'est le juge d'instruction qui a soulevé des lièvres que le parquet n'aurait pas soulevé seul ».

Le mouvement vient pourtant de loin. Dès 2003, les lois Perben II élargissaient le champ des procédures pénales sous l'égide du seul parquet, sans recourir à un juge d'instruction. Seulement 5 % des enquêtes pénales passent désormais par lui. En 2007, sous prétexte de loi Outreau visant à renforcer les droits de la défense, le Parlement français adoptait un amendement n'ayant rien à voir – un cavalier législatif : un plaignant n'a plus le droit de saisir directement un juge d'instruction sous forme de constitution de partie civile, il doit au préalable déposer une plainte simple auprès du parquet, lequel a tout loisir d'ouvrir une simple enquête préliminaire, sans moyens coercitifs, et de la faire lanterner – bref, de garder la plainte sous le coude. Après un classement sans suite, le plaignant retrouve le droit de saisir un juge d'instruction. Toutefois, relève l'Association française des magistrats instructeurs (AFMI), « comment le parquet, qui a classé un dossier, pourrait-il être à nouveau mobilisé par la suite après une plainte avec constitution de partie civile ? »

Étouffeur. L'actualité judiciaire pullule d'exemples où, principalement en matière politico-financière, le parquet se comporte surtout en étouffeur. Ce n'est pas pour déplaire à Nicolas Sarkozy, qui milite ouvertement pour une « dépénalisation » de la vie des affaires : « Comment rendre aux Français le goût du risque si la moindre erreur de gestion peut conduire en prison ? » Fidèlement relayé par Rachida Dati : « Une pénalisation excessive de la vie économique pèse sur l'attractivité économique de la France. » Commentaire d'Eva Joly, ex-juge d'instruction : « Les valeurs que dessinent Sarkozy ne sont pas celle de la France que j'aime, mais celles de Berlusconi. »

Le Président a raison sur un point. L'actuelle prolifération des enquêtes préliminaires, sous l'égide du seul parquet, prive la défense de tout accès au dossier pénal – Julien Dray en fait actuellement l'expérience. Ça ne peut pas durer. Et si on transformait les parquetiers en juges d'instruction indépendants et inamovibles ?

Document 5 – *Libération* – mercredi 7 janvier 2009

Renaud Lecadre

Sentence présidentielle sans appel contre les juges d'instruction

Nicolas Sarkozy a confirmé hier la suppression du poste de magistrat indépendant.

« Sans surprise… hélas ! » La rédaction de Christophe Régnard, le président de l'Union syndicale des magistrats (USM, majoritaire), a été discrètement partagée par les très nombreux magistrats présents hier à la Cour de cassation, si l'on en croit le niveau quasi inaudible des applaudissements ponctuant le discours du chef de l'État. Car, sans grande surprise, Nicolas Sarkozy a confirmé son intention de supprimer le juge d'instruction (Libération d'hier) à l'occasion d'un discours prononcé lors de l'audience solennelle de rentrée de la plus haute juridiction française.

Le juge d'instruction, magistrat indépendant qui pilote les enquêtes à charge et à décharge en vue de la préparation du procès, sera, selon les vœux du chef de l'État, remplacé par « un juge de l'instruction qui contrôlera le déroulement des enquêtes mais ne les dirigera plus ». Nicolas Sarkozy n'en dit pas plus sur le futur chef des enquêtes, mais tout indique qu'il s'agira d'un magistrat du parquet. L'architecture est donc bien là : les enquêtes judiciaires (en matière financière, de terrorisme, de santé publique) devraient être à terme menées sous la houlette d'un magistrat dépendant du ministère de la Justice. C'est bien une révolution dans laquelle le code de procédure pénale français s'engage.

Victimes. Conscient de l'enjeu explosif entourant cette réforme, l'avocat Nicolas Sarkozy est resté prudent, et malin. Comme sur de nombreux sujets, il a manié l'empathie et le bon sens, affirmant sa « confiance » dans la justice (« qui pourrait aujourd'hui nier qu'il existe dans notre pays un réel pouvoir judiciaire ? Sans justice indépendante et forte, pas d'État de droit »), mais dans une justice qui garantit les droits de la défense. Donc, CQFD, les pouvoirs du juge d'instruction doivent être contenus, car, « en la forme actuelle, il ne peut être l'arbitre. Comment lui demander de prendre des mesures coercitives, des mesures touchant à l'intimité de la vie privée alors qu'il est avant tout guidé par les nécessités de son enquête, » s'est interrogé Nicolas Sarkozy, pourtant souvent si prompt à choyer les victimes plutôt que les personnes poursuivies.

Si l'intention est claire, le chemin sera long et compliqué pour atteindre un consensus autour de cet aggiornamento. Il suffisait d'entendre, venant de la rue, les cris d'une centaine d'avocats et de juges d'instruction brandissant des pancartes sur lesquelles on lisait « procureur = justice dépendante du politique = justice à deux vitesses ». Plusieurs juges d'instruction « de poids » étaient présents, dont le juge antiterroriste Marc Trévidic, la doyenne des juges d'instruction parisiens Françoise Desset, la juge des affaires de santé publique Marie-Odile Bertella-Geffroy. De même, plusieurs avocats pénalistes de renom protestaient contre cette réforme, dont Patrick Maisonneuve, Françoise Cotta, Léon-Lef Forster.

Détermination. La bataille sera également violente sur le plan politique. Dans l'opposition, bien sûr, les critiques du projet tombent dru, par les voix des socialistes Benoît Hamon, Jean-Marc Ayrault, de François Bayrou pour le Modem. Mais, dans la majorité aussi, certains estiment qu'une telle évolution du code de procédure pénale mérite au minimum un débat. Le président UMP de l'Assemblée nationale, Bernard Accoyer, a souligné que cette réforme devait de toute façon passer devant le Parlement, car « c'est vraiment au cœur de la mission du législateur que de légiférer là-dessus ». Mais vu la détermination de l'Élysée, qui peut vraiment douter de l'issue de ce débat ?

Document 6 – *Libération* – jeudi 8 janvier 2009

Fabrice Tassel

« C'est un geste d'autocrate »

Eva Joly, juge de l'affaire Elf, dénonce le bâillonnement d'un contre-pouvoir : « C'est un geste d'autocrate ».

Aujourd'hui conseillère du gouvernement norvégien, Eva Joly, l'ex-juge d'instruction de l'affaire Elf, sera candidate sur la liste des Verts aux européennes.

Quel est le sens de l'annonce, par Nicolas Sarkozy, d'une suppression du juge d'instruction ?

J'ai pensé jusqu'au dernier moment qu'il ne s'agissait que d'une fausse rumeur. Ce projet du président de la République est une atteinte majeure à notre État de droit et à l'équilibre de nos institutions. Le juge d'instruction est une garantie pour le citoyen d'une instruction à charge et à décharge. Comment croire qu'un parquet aux ordres – qui viendrait le remplacer – conduirait mieux l'enquête ? En réalité, on s'apprête à désarmer la justice, au moment où de grands acteurs économiques portent, par leurs fautes de gestion, une immense responsabilité dans la crise financière. Il est aussi profondément choquant que le président de la République vienne dire que cette réforme pourra entrer en application en 2009. C'est un geste d'autocrate. Envisage-t-il aussi de revenir aux ordonnances ? La procédure pénale ne peut être réformée qu'après un débat parlementaire, et c'est mépriser nos institutions que de l'ignorer à ce point. Il ne fait pas de doute que le Président veut installer une dépénalisation des délits financiers.

Nicolas Sarkozy évoque le respect des droits des personnes mises en examen…

Le véritable projet est de bâillonner et de supprimer les contre-pouvoirs en France. Seules 5 % des affaires viennent devant le juge d'instruction. Mais ce sont les dossiers compliqués, qui ne concernent pas la délinquance ordinaire. Pourquoi penser que la défense des libertés individuelles seraient, dans une affaire, mieux assurées par le parquet et la police qu'avec un juge d'instruction indépendant, contre lequel il existe des recours ? Le juge est une personne identifiée, nommée par décret, après avis conforme du Conseil supérieur de la magistrature, qui mène l'enquête, contrairement aux policiers ou aux parquetiers qui peuvent être mutés, sont interchangeables, et n'offrent pas une garantie de continuité. Si le souci était de mieux garantir les libertés individuelles, il faudrait plutôt mettre fin à la possibilité pour les policiers ou le parquet de placer en garde à vue nos concitoyens pour outrages. Ou encore se pencher sur les comparutions immédiates. On y juge encore le vol de deux bouteilles de shampoing restituées… La commission sur l'affaire d'Outreau n'a pas non plus préconisé la suppression du juge d'instruction. À l'époque d'Outreau, c'est un système entier qui avait dysfonctionné.

Quelles peuvent être les conséquences de cette mesure ?

Repensez à l'affaire Elf. Lorsque je m'apprêtais à mettre en examen l'ancien PDG de la compagnie, le président Jacques Chirac l'avait fait nommer à la tête de la SNCF ! Que croyez-vous qu'il serait arrivé si le parquet avait été chargé de l'enquête ? Que croyez-vous qu'il arrivera demain si des proches du Président sont visés par des enquêtes ?

Document 7 – *Libération* – jeudi 8 janvier 2009

Karl Laske

Nicolas Sarkozy souhaite supprimer le juge d'instruction

JUSTICE

La commission présidée par le magistrat Philippe Léger rendra un prérapport sur cette question en février.

Nicolas Sarkozy envisage de supprimer le juge d'instruction pour confier l'ensemble des enquêtes judiciaires au parquet, sous le contrôle d'un magistrat du siège, appelé juge de l'instruction. Il devrait l'indiquer lors de la rentrée solennelle de la Cour de cassation, mercredi 7 janvier. Ce léger changement sémantique marque un bouleversement de la procédure pénale française, dont le juge d'instruction reste le symbole. Si le nombre d'affaires dont il est saisi n'a cessé de diminuer pour représenter moins de 5 % des affaires pénales aujourd'hui, le juge d'instruction est chargé des dossiers les plus sensibles.

On passerait d'un système où un magistrat indépendant instruit à charge et à décharge, à un système où l'enquête est confiée à l'autorité de poursuite, c'est-à-dire le parquet, qui est soumis à l'autorité hiérarchique du garde des sceaux. Le juge de l'instruction serait alors un arbitre entre l'accusation et la défense, dont les droits seraient renforcés.

La question du juge d'instruction est posée depuis plus de vingt ans. Elle a ressurgi après l'affaire d'Outreau et, plus récemment, après l'interpellation de l'ancien directeur de Libération Vittorio de Filippis. M. Sarkozy a alors demandé à la commission dirigée par le magistrat Philippe Léger, en charge de préparer la réforme du code de procédure pénale, que « la confusion des pouvoirs d'enquête et juridictionnels soit réexaminée ». Il visait la double casquette de juge et d'enquêteur de celui que Balzac avait appelé « l'homme le plus puissant de France ».

Une majorité des membres de la commission, qui rendra un prérapport sur cette question en février, serait favorable à la suppression du juge d'instruction. En contrepartie, la procédure pénale devrait donner une plus grande place aux droits de la défense, permettant à l'avocat d'avoir accès au dossier au début de l'enquête ; ce qui n'est pas le cas, actuellement, dans le cadre des enquêtes préliminaires du parquet. Le juge de l'instruction (ou de l'enquête) interviendrait pour les mesures attentatoires aux libertés (détention, écoutes, etc.). L'Élysée, qui estime que ces garanties sont suffisantes, n'envisage pas de remettre en cause le statut du parquet.

À l'instar de Mireille Delmas-Marty, de nombreux professionnels estiment que l'indépendance du parquet est une condition sine qua non de la suppression du juge d'instruction. Bon nombre de magistrats et d'avocats redoutent un renforcement de la mainmise du pouvoir sur les enquêtes les plus sensibles, qui ne seraient plus confiées à un juge du siège, indépendant, mais à un magistrat du parquet, dépendant du ministère de la justice.
« On va transformer le juge en une espèce d'arbitre pour trancher entre les prétentions et les démarches opposées de la défense et du parquet », explique le juge du pôle antiterroriste Gilbert Thiel, qui a instruit l'affaire du bagagiste de Roissy en infirmant la thèse de la police. « Cela fera du procureur de la République l'homme le plus puissant de France. Il aurait d'abord fallu couper le cordon ombilical du ministère public avec la chancellerie, poursuit-il. Cela aura des conséquences sur les affaires politico-financières, de terrorisme, de santé publique. »

« RÉGRESSION EXTRAORDINAIRE »

Si des avocats comme Thierry Herzog, membre de la commission Léger et avocat du président, sont partisans de cette suppression, d'autres sont plus sceptiques. « S'il s'agit de donner tous les pouvoirs au parquet et à la police avec un vague juge-arbitre, c'est une régression extraordinaire des libertés publiques, s'inquiète Francis Szpiner. Je ne veux pas d'une justice aux mains de l'exécutif. Qu'adviendra-t-il par exemple des plaintes avec constitution de partie civile ? Malgré tous ses défauts, le juge d'instruction reste une garantie d'indépendance. »
« Si le juge d'instruction disparaît complètement, explique Jean-Yves Le Borgne, il n'y a plus de possibilité pour le justiciable de déclencher l'action publique si le parquet n'y consent pas. Est-il concevable que la poursuite pénale soit désormais exclusivement entre les mains du parquet ? S'il s'agit de mettre une dose de contradictoire, très bien, mais on ne peut faire disparaître le juge d'instruction. »
Le risque d'une justice à deux vitesses est également évoqué, chacun n'ayant pas les moyens financiers pour disposer d'un avocat disponible à toutes les phases de l'enquête.

Document 8 – *Le Monde* – mercredi 7 janvier 2009

Patricia Jolly et Alain Salles

Mireille Delmas-Marty : « Garantir l'indépendance du parquet »

Professeure au Collège de France, vous avez rédigé en 1990 un rapport dont s'inspire le président de la République pour envisager la suppression du juge d'instruction. Quelle est votre réaction ?

En 1990, nous avions proposé de mettre fin à la double casquette du juge d'instruction, qui peut faire craindre qu'il ne soit pas suffisamment impartial : comme enquêteur, il doit faire des hypothèses sur l'innocence ou la culpabilité des suspects, mais comme juge il devrait redevenir neutre. Nous proposions de confier l'enquête au parquet, sous le contrôle d'un juge, arbitre entre l'accusation et la défense, qui correspond en effet à l'idée d'un juge de l'instruction.

Mais nous posions des conditions : un nouveau statut du parquet, le renforcement des droits de la défense, et de vrais pouvoirs pour ce juge appelé à contrôler le travail du parquet. Sans ces conditions, la réforme ne serait qu'un rapiéçage de plus, un leurre qui risquerait d'aggraver le malaise de la justice, d'autant qu'aujourd'hui, le parquet semble encore plus soumis que dans les années 1990 à la tutelle hiérarchique du ministère.

C'est pourquoi le transfert des pouvoirs d'enquête devrait être accompagné de mesures statutaires garantissant l'indépendance des magistrats du parquet. Pour que le juge de l'instruction soit l'arbitre entre l'accusation et la défense, il faut aussi que la défense puisse s'adresser à lui si les enquêteurs rejettent ses demandes. Le juge de l'instruction doit, enfin, avoir les moyens qui lui permettent d'exercer un véritable contrôle sur l'enquête du parquet : une révolution culturelle. Il faut tirer les leçons de la réforme qui avait créé précédemment le juge des libertés et de la détention. On a découvert dans l'affaire d'Outreau qu'il restait extérieur au dossier sans véritable pouvoir pour infléchir l'enquête.

Cet ensemble de conditions est donc indispensable si l'on ne veut pas que la réforme se limite au transfert des pouvoirs d'un petit juge indépendant à un grand parquet dépendant.

Votre rapport date 1990, l'ancien président de la Cour de cassation, Pierre Truche, a proposé une réforme en 1997, puis il y a eu les travaux de la commission Outreau, sans résultats en profondeur. Pourquoi ?

Il y a toujours eu deux motifs en faveur de la réforme de l'instruction. L'un est officiel et juridique : l'amélioration de la procédure. L'autre est inavoué et politique : la méfiance à l'égard d'un juge indépendant qui ne peut recevoir d'injonctions du gouvernement. Depuis vingt ans, ces deux motifs se sont enchevêtrés, aboutissant à des demi-mesures qui ont entraîné une marginalisation progressive du juge d'instruction, de moins en moins saisi. Aussi est-il nécessaire de réorganiser l'ensemble des procédures. La question est de savoir si les responsables politiques sont réellement prêts à engager une réforme qui garantisse les deux qualités d'une bonne justice : l'impartialité et l'indépendance.

Quelle est la situation dans les autres pays européens ?

Presque tous les pays qui avaient introduit un juge d'instruction sur le modèle français l'ont supprimé. Ce fut le cas de l'Allemagne dans les années 1970 ou de l'Italie à la fin des années 1980. Le Portugal l'a quasiment supprimé et en Belgique, il a un rôle marginal. En Allemagne, il y a eu quelques critiques sur l'insuffisance des pouvoirs des juges de l'instruction pour contrôler l'enquête du parquet ; mais celui-ci, bien qu'il ne soit pas statutairement indépendant, ne reçoit pas d'injonctions du ministère de la justice. En Italie, comme au Portugal, l'indépendance du parquet est garantie par la Constitution. L'Italie avait même profondément changé de système en adoptant une procédure accusatoire, sur le modèle dit anglo-saxon, mais la Cour constitutionnelle a progressivement rééquilibré la procédure.

Pour dépasser le vieux clivage qui oppose une justice inquisitoire à la française à une justice accusatoire à l'anglo-saxonne, nous proposions une procédure « contradictoire », combinant par hybridation le meilleur de chaque système. C'est un tel choix hybride qui a été fait pour la Cour pénale internationale, avec un procureur indépendant et une chambre préliminaire qui contrôle le procureur, délivre les mandats et veille au respect des droits des victimes et de la défense.

Document 9 – *Le Monde* – mercredi 7 janvier 2009

Alain Salles

La justice réorganisée autour du face-à-face procureur-avocat

La suppression du juge d'instruction est confirmée au profit du procureur. La dépendance du parquet vis-à-vis de l'exécutif reste le maillon faible du système envisagé.

Président, avocat et ministre de la justice. Nicolas Sarkozy avait trois raisons de s'exprimer lors de l'audience de rentrée de la Cour de cassation, mercredi 7 janvier, pour annoncer la fin du juge d'instruction et une modification de la procédure pénale. Devant la garde des sceaux Rachida Dati, sobrement félicitée pour la réforme de la carte judiciaire, le président a exposé ses vues et expliqué qu'il s'occupait de tout. La réforme de l'École nationale de la magistrature : « J'y veillerai. » La commission sur la réforme de la procédure pénale : « Je suis attentivement ses travaux. » Sans en attendre les conclusions, il a voulu indiquer « les lignes directrices de cette réforme qui devra être commencée dès cette année ».

Il annonce une « nouvelle procédure pénale, plus soucieuse des libertés, plus adaptée aux évolutions de la police technique et scientifique », qui respecte « l'exigence du contradictoire » : « À l'heure de l'ADN, la procédure pénale ne peut plus avoir le culte de l'aveu, elle doit avoir le culte de la preuve. » Conséquence : le juge d'instruction est supprimé. Cela met fin au système inquisitoire, qui caractérise le droit pénal français. Même s'il ne l'a pas explicitement annoncé dans son discours, l'enquête sera confiée au parquet, chargé de l'accusation, sous le contrôle d'un juge de l'instruction, qui sera un arbitre entre l'accusation et la défense.

Les avocats seront présents dès la première heure de garde à vue. La France s'apprête à basculer dans un nouveau système qui souhaite éviter la procédure purement accusatoire en vigueur dans de nombreux pays anglo-saxons, pour être « contradictoire », mélange des deux systèmes qui régit la cour pénale internationale. Le président souhaite renforcer le débat entre l'accusation et la défense notamment lors de la mise en examen et du placement en détention provisoire, qui auraient lieu lors d'une audience publique, devant plusieurs juges. Il veut mettre fin au secret de l'instruction qui « est une fable », mais pour le remplacer par un « réel secret de l'enquête ».

Mais l'annonce présidentielle soulève la question du statut du parquet. M. Sarkozy a opposé « l'indépendance nécessaire des magistrats du siège » à « l'autonomie tempérée par la règle hiérarchique qui est l'honneur des magistrats du parquet ». C'est ce lien hiérarchique qui remonte jusqu'au garde des sceaux, qui soulève la polémique dans la réforme de la procédure pénale, en posant la question de l'indépendance et de l'impartialité de l'enquête. La commission Outreau avait renoncé à supprimer le juge d'instruction, car il n'était pas « envisageable que le magistrat conduisant l'enquête soit soumis au pouvoir exécutif ».

« La généralisation du système de l'enquête pose le problème fondamental du positionnement du ministère public qui dirige l'action de la police, car il est magistrat. Cela doit conduire à une réflexion sur son mode de nomination et les instructions individuelles, qui sont, il faut le rappeler, rares et encadrées », explique Patrick Beau, président de la conférence des procureurs. Le ministère de la justice passe régulièrement outre les avis négatifs du Conseil supérieur de la magistrature pour les nominations à des postes importants du parquet. La Cour européenne des droits de l'homme a estimé que le magistrat du parquet français n'était pas « une autorité judiciaire », en raison de sa dépendance du pouvoir politique. « Le problème n'est pas que le parquet soit sous la hiérarchie du garde des sceaux. Il faut couper le cordon ombilical entre le siège et le parquet », explique l'avocat Daniel Soulez-Larivière.

« Une réforme qui prévoit plus de contradictoire paraît séduisante, explique Denis Salas, magistrat et chercheur, mais il y deux limites : un parquet dans la dépendance statutaire et des avocats qui n'ont pas une culture de l'enquête. » Face aux moyens d'enquête importants dont dispose le ministère public, « le barreau s'adaptera », certifie le bâtonnier de Paris, Christian Charrière-Bournazel, séduit par le discours de son confrère président de la République : « On change d'univers pour entrer dans un système d'enquête contradictoire où l'on pèse sur les moyens de preuve. » Le président du conseil national des barreaux, Paul-Albert Iweins, est plus mesuré : « Un juge de l'instruction est possible dès l'instant où l'on garantit l'indépendance du parquet. Sinon cela posera de vrais problèmes, il faut aller vers une enquête impartiale. » Le président a également confirmé un projet de loi sur la dépénalisation, notamment des délits financiers, mais aussi de la diffamation.

Document 10 – *Le Monde* – vendredi 9 janvier 2009

Alain Salles

Des avocats et des juges d'instructions s'inquiètent

DES AVOCATS, des juges d'instruction et des greffiers : mercredi 7 janvier, ils étaient au total une centaine pour dénoncer sur les marches du Palais de justice de Paris la suppression de la fonction de juge d'instruction.

Rassemblés à quelques dizaines de mètres de la Cour de cassation où le président de la République annonçait publiquement son projet d'en finir avec l'un des piliers du système judiciaire français, ils souhaitaient faire entendre leur colère.

Un cordon de gendarmes bon enfant leur a interdit l'accès à la salle de la première chambre où Nicolas Sarkozy prononçait son discours. « Le gouvernement ne peut pas prendre de mesures sans compter sur notre résistance » a déclaré Me Françoise Cotta, l'une des organisatrices de cette manifestation. Fustigeant « la justice dépendante du pouvoir politique », les manifestants se sont inquiétés des implications qu'auraient ces nouvelles dispositions.

« Le parquet est déjà chargé de poursuivre les suspects et de porter l'accusation à l'audience ; il ne pourra pas mener des investigations à décharge », déplore Me Patrick Maisonneuve. L'avocat de Gilles Ménage, ancien secrétaire général de l'Élysée dans l'affaire des écoutes téléphoniques, redoute « un déséquilibre » entre l'accusation et la défense.

Un sentiment partagé par nombre de ses confrères. Ainsi, Me Léon-Lev Forster, défenseur de Charles Pasqua et de Julien Dray, relève qu'« une justice égale pour tous exige que l'enquête ne soit pas la seule affaire de ceux qui choisissent de poursuivre ». Me Pascal Garbarini affirme qu'« on ne peut pas envisager une telle modification sans offrir des garanties aux droits de la défense ». Pour ce conseil d'Yvan Colonna, « le parquet qui représente l'accusation ne peut être à la fois le lapin et le chasseur ». L'avocat y voit « un mélange des genres tendancieux, avec le risque d'une justice élitiste ».

« Mythe »

Plusieurs juges d'instruction – notamment des pôles antiterroristes, santé et financiers – ont participé à cette manifestation. « Notre fonction est de rechercher la vérité ; celle du procureur est de porter l'accusation », indique l'un d'eux qui préfère conserver l'anonymat. Et de souligner le risque d'une justice à deux vitesses : « Si cette réforme passe, ce sera au suspect de démontrer son innocence et cela introduira des inégalités : il y a les justiciables qui ont les moyens de se payer une bonne défense et les plus démunis qui ne le pourront pas. »

Selon ces magistrats, il faut en finir avec « ce mythe » du juge présenté comme « l'homme le plus puissant de France ». « Le placement en détention ne relève plus de nos prérogatives », rappellent-ils. « Ce qui me révolte, assure un juge du pôle financier, c'est qu'à la faveur de quelques faits divers médiatisés, on décide de réformer en bafouant les principes fondamentaux de notre système. »

Document 11 – *Le Monde* – vendredi 9 janvier 2009

Yves Bordenave

« J'ai confiance en la justice, car je n'en ai pas peur »

Voici les principaux extraits du discours de Nicolas Sarkozy, mercredi 7 janvier, lors que l'audience de rentrée de la Cour de cassation.

« Oui, les relations entre le politique et le judiciaire sont dans notre pays marquées d'une tradition au pire de rivalité, au mieux de méfiance mutuelle. (...) Et si l'un ou l'autre s'indigne de quelques déclarations générales, force est de constater qu'elles trouvent leur origine dans un syndrome syndical né de l'après-1968 ou dans un phénomène de glorification, bien temporaire, de telle ou telle figure élevée au rang de chevalier blanc. Mais de revendication globale d'un pouvoir autre que celui reconnu par la Loi, je n'en vois pas trace dans la magistrature française.

(...) L'indépendance nécessaire des magistrats du siège qui s'exerce dans leurs pouvoirs juridictionnels, l'autonomie tempérée par la règle hiérarchique qui est l'honneur des magistrats du parquet sont autant de garanties

d'égalité et d'impartialité dans l'exercice de la justice de notre pays. Ils ne les placent pas pour autant hors de l'État.
(...) J'ai réellement confiance dans la justice. Au risque d'être mal compris, je dirai que j'ai confiance en elle, car je n'en ai pas peur. À chaque fois que j'ai eu à constater un dysfonctionnement, je l'ai dénoncé non pas pour stigmatiser l'institution judiciaire mais pour qu'elle trouve en elle-même les moyens de le résoudre. Qui niera que j'ai été le plus souvent entendu ? Nul ne pourra contester non plus que lorsque dans ma vie privée ou publique j'ai été l'objet d'accusations fallacieuses ou d'instrumentalisations intéressées, c'est à la justice que j'ai demandé protection et réparation.
(...) La confusion entre les pouvoirs d'enquête et les pouvoirs juridictionnels du juge d'instruction n'est plus acceptable. Un juge en charge de l'enquête ne peut raisonnablement veiller, en même temps, à la garantie des droits de la personne mise en examen (...) Le juge d'instruction, en la forme actuel, ne peut être l'arbitre. Comment lui demander de prendre des mesures coercitives, des mesures touchant à l'intimité de la vie privée alors qu'il est avant tout guidé par les nécessités de son enquête ? Il est donc temps que le juge d'instruction cède la place à un juge de l'instruction, qui contrôlera le déroulement des enquêtes, mais ne les dirigera plus.
(...) La question de la détention provisoire est une question difficile. On a cru pouvoir la résoudre en multipliant les contraintes procédurales au point de faire (...) un champ de mines propres aux erreurs et aux nullités. Telle ne me semble pas la solution et il faudra sans doute rendre plus simples les règles en la matière. En revanche, la décision en elle-même est suffisamment grave pour qu'elle implique, comme l'audience de charge que j'appelais de mes vœux, une audience collégiale publique. (...) Au total, je pense qu'il est possible d'aborder toutes ces questions avec le souci d'un dispositif équilibré et pleinement contradictoire. C'est la prise en compte d'un réel débat contradictoire dès l'origine du procès qui nous donnera les voies et moyens d'un véritable habeas corpus à la française. »

Document 12 – *Le Monde* – vendredi 9 janvier 2009
Alain Salles

Dominique Inchauspé, vous être avocat et auteur d'un essai sur « L'innocence judiciaire » (LexisNexis, 2001). Estimez-vous que nous sommes en train de changer de système pénal ?
Oui, selon l'architecture générale du discours de Nicolas Sarkozy : un parquet enquêteur et un juge de l'instruction, c'est autre chose qu'un juge d'instruction qui fait presque tout. En pratique, j'en suis moins certain. En Allemagne, en Italie, où le parquet enquête aussi sous le « contrôle » d'un juge de l'instruction, ce dernier entérine presque toutes les demandes du parquet, idem aux États-Unis, beaucoup de ces actes se font désormais sans mandat ! En France, quand l'administration fiscale demande une autorisation de visite domiciliaire au juge des libertés et de la détention, elle l'obtient. En Allemagne ou en Italie, le Code de procédure pénale fait obligation au parquet d'enquêter à charge et à décharge ! On va passer de la schizophrénie du juge d'instruction à celle du parquetier.
Nicolas Sarkozy demande un véritable système contradictoire. Est-ce un progrès ?
Il existe en grande partie déjà, mais je vois un très bon point dans le discours du président : la défense aurait accès très tôt au dossier de l'enquête. Elle pourrait donc y porter très vite un regard critique, et cela accentuera l'autocensure de tous les intervenants (enquêteurs et juges). Je crois plus à l'autocensure qu'aux pressions. Mais la présence de l'avocat dès la première heure de garde à vue est une fausse bonne idée. Plus le délai de garde à vue est long, plus il y a d'aveux controversés, comme en Angleterre ou aux États-Unis, même si l'avocat assiste ; Cela va obliger les avocats à être présent des heures et des heures. Beaucoup ne le pourront pas. L'enregistrement audio et, mieux, vidéo systématique des gardes à vue me semble préférable.

Êtes-vous satisfait de la création d'audiences publiques pour les mises en examen ou les placements en détention provisoire ?

Pourquoi pas ? D'une part, ces mesures seront peut-être plus difficiles à prendre en audience publique, mais d'autre part, être mis en examen devant des journalistes apparaîtra plus grave que devant un juge d'instruction. Mais surtout le projet de Nicolas Sarkozy ne règle pas les vrais problèmes de la procédure pénale française : la durée de l'instruction et celle de la détention provisoire. Il n'y a aucune indication pour limiter les délais d'enquête, et il ne parle pas de date butoir pour la détention provisoire. Les délais sont de trois ou quatre ans pour la détention dans les affaires criminelles (et bien plus pour la durée des instructions elles-mêmes) ! C'est énorme pour des gens présumés innocents, même s'ils peuvent déposer des demandes de mises en liberté. Sur ces deux points fondamentaux, je ne vois aucune rupture.

Et avec la culture de l'aveu ?

Cette « culture » est propre à toutes les justices et, dans les pays anglo-saxons, on peut même condamner sur un seul aveu non corroboré ! Ce qui n'est pas le cas en France.

L'enquête peut-elle être conduite par un parquet qui n'est pas indépendant ?

Je ne suis pas favorable à ce que l'on coupe le lien entre le parquet et la chancellerie. Ce n'est pas la tradition française. En Allemagne, le parquet est composé de fonctionnaires : pas de récriminations. En Italie, le parquet est indépendant : tous les avocats se plaignent. À partir du moment où les pièces sont communiquées à la défense très tôt, la question du parquet me semble moins importante.

Le Monde – vendredi 9 janvier 2009

Alain Salles

Pour aller plus loin

→ Retrouvez les corrigés en ligne sur www.supfoucher.com.

Repères bibliographiques

Voici quelques ouvrages indicatifs, qu'il est conseillé de lire ou de parcourir pendant votre préparation aux concours. Documentez-vous en priorité sur les thèmes qui vous sont les moins familiers.

Médias

Yves AGNES, *Manuel de journalisme*, Éditions La Découverte, 2008, nlle édition.

Francis BALLE, *Médias et sociétés*, Éditions Montchrestien, 2005, 12e édition.

Francis BALLE, *Les Médias*, Éditions PUF, « Que sais-je ? », 2004.

Frédéric BARBIER, Catherine BARTHO-LAVENIR, *Histoire des médias de Diderot à Internet*. - Paris, Armand Colin, 2004, 437 p.

Claude-Jean BERTRAND, *Médias : introduction à la presse, à la radio et à la télévision*, Éditions Ellipses, 1999.

CRAP – DDM (Direction du développement des médias), *Devenir journaliste : sociologie de l'entrée sur le marché du travail*, Éditions La Documentation française, 2002.

Jean-Marie CHARON. *Les Journalistes et leur public : le grand malentendu*. Vuibert (Comprendre les médias), 2007.

Christian DELPORTE, *Les Journalistes en France (1880-1950) : naissance et construction d'une profession*, Éditions du Seuil, 1999.

Michel MATHIEN. *Les Journalistes : Histoire, pratiques et enjeux*. Ellipses (Infocom), 2007.

Érik NEVEU, *Sociologie du journalisme*, Éditions La Découverte, 2004.

Rémy RIEFFEL, *Que sont les médias ?* – Paris, Gallimard-Folio, 2005.

Mireille THIBAULT, - *Comprendre les médias*. – Paris, Ellipses, 2005.

Actualité et culture générale

Collection des *Cahiers français* (diffusés par la Documentation française).

Collection *Le Monde Dossiers & Documents* (actualité, politique, économie, social).

Le Journal de l'année, Éditions Larousse.

L'État de la France, Éditions La Découverte (lire l'édition la plus récente).

L'État de l'opinion, SOFRES, 2009.

Gérard MERMET, *Francoscopie*, Éditions Larousse, 2010, 13e édition.

Philippe MOREAU DEFARGES, *Les Institutions européennes*, Éditions Armand Colin, 2002.

Histoire et relations internationales

L'édition la plus récente d'un manuel d'histoire de classe terminale.

Serge BERSTEIN, Pierre MILZA, *Histoire de la France au xxe siècle*, tome 5, *De 1974 à nos jours*, Éditions Complexe, 2006.

Georges DUBY, *Histoire de la France*, édition abrégée, Éditions Larousse, 2006, nlle édition.

Jean-Baptiste DUROSELLE, André KASPI, *Histoire des relations internationales de 1945 à nos jours*, Éditions Armand Colin, 2009.

Philippe MOREAU DEFARGES, *Les Relations internationales*, tomes I et II, Éditions du Seuil, 2007.

Géographie et géopolitique

L'édition la plus récente possible d'un manuel de géographie de classe terminale.

L'État du monde, annuaire économique et géopolitique mondial, Éditions La Découverte (lire l'édition la plus récente).

Aymeric CHAUPRADE, François THUAL, *Dictionnaire de géopolitique : États, concepts, auteurs*, Éditions Ellipses, 2009.

Économie

Jean-Jacques BECKER, *Histoire économique de la France depuis 1945*, Éditions Armand Colin, 2008.

Dominique CHAMBLAY, Gilles RENOUARD, *50 fiches pour comprendre les débats économiques actuels*, Éditions Bréal, 2007.

Denis CLERC, *Dictionnaire des questions économiques et sociales*, Éditions de l'Atelier, 1997.

Yves CROZET, Lahsen ABDELMAKI, Daniel DUFOURT, René SANDRETTO, *Les Grandes Questions de l'économie française*, Armand Colin, 2005.

Patrick LE FLOCH, Nathalie SONNAC. *Economie de la presse*. La Découverte (Repères), 2005 (nouvelle éd.)

Histoire scientifique et culturelle

Les manuels de littérature du secondaire.

Marie-Claire BANCQUARD, Pierre CAHNE, *Littérature française du xxe siècle*, Éditions PUF, 1992.

Yves MARTIN, *Le Cinéma français*, Éditions Méréal, 1999.

Colin RONAN, *Histoire mondiale des sciences*, Éditions du Seuil, 1999.

Glossaire

Accroche. C'est le début de l'article, ce qui « accroche » l'œil du lecteur. Ce n'est pas une introduction au sens universitaire du terme. L'accroche peut mettre l'accent sur des éléments vécus : citation, anecdote, détails visuels. Elle doit permettre d'entrer dans le sujet.

Actualité « chaude ». C'est l'actualité immédiate, celle qui est sous les feux des projecteurs. Cette actualité peut évoluer à chaque instant. Les articles dits « chauds » sont ceux que les rédactions des journaux bouclent au dernier moment.

Agence de presse. Organisme pour lequel travaillent de très nombreux journalistes à travers le monde. Ceux-ci collectent des informations dans leurs pays respectifs, les envoient à un bureau qui les centralise puis les redistribue, après les avoir vérifiées et complétées, aux médias abonnés (journaux, TV, radio). Ces nouvelles peuvent être consultées par tous les journalistes des rédactions : c'est ce qu'on appelle le « fil agence ». Les trois plus grandes agences de presse : l'AFP, agence française dont le siège est à Paris ; Reuters, agence anglaise dont le siège est à Londres ; AP (Associated Press), agence américaine dont le siège est à New York.

Angle. Manière de traiter un sujet. Point de vue, « viseur » à travers lequel le sujet sera enquêté et traité. L'angle peut être par exemple économique, historique, social...

Chapô. Un article est en général introduit par un chapô, petit texte de 200 à 300 signes (caractères). Concis et clair, il énonce le message essentiel de l'article et doit inciter le lecteur à le lire. Il répond à la question : « De quoi parle-t-on dans l'article, quel est l'angle de traitement choisi ? » Le chapô et le texte doivent être autonomes et ne se répondent pas.

Chute. Elle termine l'article. Son objectif : laisser une bonne impression au lecteur, lui donner envie d'aller plus loin. La chute peut ouvrir sur des questions non abordées dans l'article. Comme l'accroche, elle peut aussi prendre la forme d'une interrogation, d'un jeu de mots, d'une citation. Elle doit idéalement rester dans le même ton que le papier.

Conférence de rédaction. Réunion périodique des journalistes d'une publication pour parler de l'évolution des articles en cours, des sujets à venir. C'est l'occasion pour chaque journaliste ou service d'un journal d'exposer ses priorités et de définir les angles et calibrages des futurs articles. Tout cela se fait bien sûr sous l'arbitrage du rédacteur en chef ou du chef de service.

Correspondant. Il existe deux sortes de correspondants dans la presse : – les correspondants à l'étranger : ces journalistes sont le relais de la presse française dans un pays étranger. Ils couvrent l'actualité de ce pays puis en rendent compte dans les colonnes de leur organe de presse ; – les correspondants locaux : relais essentiels dans la presse quotidienne régionale, ils couvrent l'actualité locale au plus près : communes rurales ou quartiers urbains. Ce ne sont pas des professionnels de l'information et ils exercent souvent une autre activité.

Dépêche. La dépêche est de l'information brute. Elle est réalisée par les journalistes des agences de presse et fournit l'essentiel de l'information sur un événement donné. L'organisation de la dépêche diffère de celle d'un article de journal. Elle expose les faits à l'état de données immédiates, paragraphe par paragraphe, de l'information jugée la plus importante à l'information la moins essentielle.

Infographie. L'infographie est la mise en valeur visuelle de l'information. Dans l'infographie, on regroupe la cartographie, les graphiques statistiques, les schémas explicatifs, les tableaux. Ce sont des éléments d'information à part entière, qui offrent une autre approche du sujet.

Intertitre. L'intertitre est un mot, une expression, une citation, qui relance la lecture et annonce ce qui va suivre dans le ou les prochains paragraphes de l'article.

Journaliste reporter d'images (JRI). Ces journalistes sont des reporters « biqualifiés » : ils sont à la fois rédacteurs et cameramen, et possèdent la maîtrise du média télévision dans son ensemble. Les JRI sont très recherchés par les chaînes de télévision. Plusieurs écoles offrent la possibilité de suivre cette formation.

Localier. Les journalistes localiers travaillent pour la presse quotidienne régionale et sont répartis dans les rédactions locales du journal. Ils traitent surtout l'actualité locale (faits divers, réunions d'associations, inaugurations, spectacles...). Mais le localier réalise aussi des enquêtes et des reportages.

PAO. Publication assistée par ordinateur. Utilisation des techniques informatiques pour la rédaction et la fabrication du journal (saisie des textes, correction, maquette, mise en page...).

Photoreporter. Dépêché sur le terrain, dans l'arrondissement voisin ou au bout du monde, ce journaliste se sert de son appareil photo pour saisir une information et la ramener à sa rédaction. Plus ou moins valorisé selon le type de presse, il travaille aussi bien pour les quotidiens nationaux, régionaux que pour les agences de presse et les news magazines.

Pigiste. Le pigiste est un journaliste indépendant qui n'est pas attaché à une rédaction. Ce statut lui permet de travailler pour plusieurs journaux, tout en restant fidèle la plupart du temps à un ou plusieurs supports. Payé à l'article, son statut est précaire, mais il bénéficie d'une certaine liberté de travail, sans surveillance ni horaires.

PQN. Presse quotidienne nationale. Elle regroupe les journaux nationaux comme *Le Monde*, *Le Figaro*, *Libération*, *La Croix*.

PQR. Presse quotidienne régionale. Elle regroupe les journaux régionaux tels que *Ouest-France*, *Sud-Ouest*, *Le Progrès*, *Le Parisien*, *Le Midi libre*, *La Voix du Nord*...

Secrétaire de rédaction. Journaliste qui travaille en concertation avec les rédacteurs. Il est le « premier lecteur » de leurs articles et, à ce titre, il est autorisé à effectuer des corrections (titraille, légendes mais aussi imprécisions ou erreurs...). Il travaille ensuite avec un maquettiste pour la mise en page des articles qu'il a relus. Il supervise aussi toute la mise en forme de la page (articles, photos, publicités).

Signes. Un signe est un caractère du clavier informatique. Chaque lettre, chiffre, ponctuation compte pour un signe. Cette mesure est celle utilisée pour calculer la longueur d'un article. On parle aussi de feuillets : un feuillet = 1 500 signes.

Titraille. La titraille est constituée par l'ensemble des titre, surtitre, parfois sous-titres de l'article. Le titre contient l'information principale ; il indique le sujet de l'article, son angle de traitement, l'information nouvelle. Le titre peut être purement informatif ; il peut aussi être incitatif. Le surtitre ne fait que compléter le titre. Il répond aux questions où ? comment ? pourquoi ? en situant l'événement dans un contexte plus large.

Mise en page : STDI

Éditions Foucher 58, rue Jean-Bleuzen, 92178 Vanves Cedex – N° d'éditeur : 130998
Janvier 2010 – 02 – MV/EP

Normandie Roto Impression s.a.s., 61250 Lonrai – N° d'impression : 100054 – Imprimé en France